可愛貓咪攝影術

Cat Photo Lesson Book

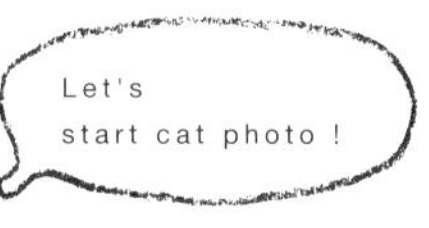

收錄大量令人難以抗拒的貓咪寫真

透過本書讓你更喜歡

貓咪與拍照！

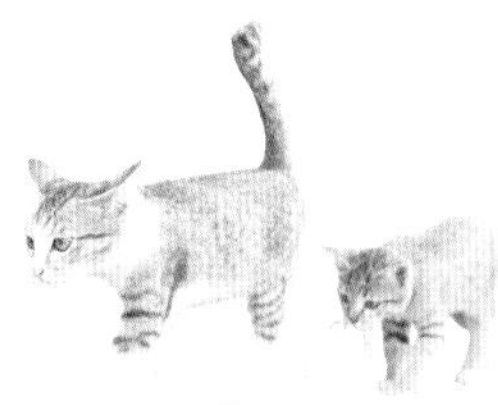

為了貓咪拍攝愛好者誕生的書籍

喜歡「貓咪」！
喜歡「拍照」！
專屬於你的貓咪攝影書！！

攝影是平日的興趣，
希望攝影技術能越來越好，
但攝影知識好像很難懂。

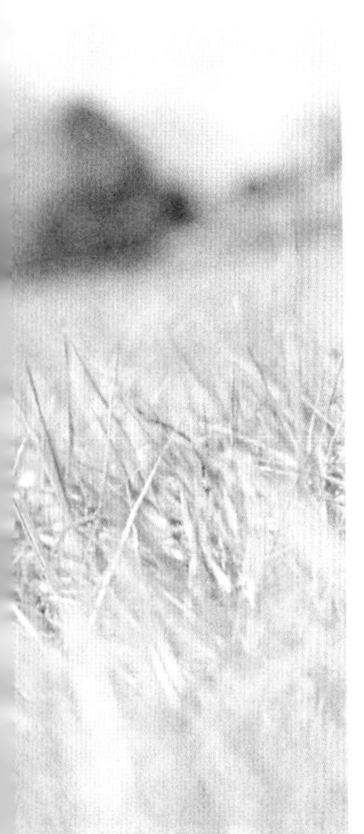

We Love
Camera , Photo & Cat !

為了解決各位的煩惱，
我們將透過可愛的貓咪照片，
傳授簡明易懂的攝影基本知識。

貓咪往往展現出惹人憐愛的一面，
有時候卻十分倔強……。
本書有90%以上的照片都是貓咪，
為了傳達拍攝貓咪與欣賞的樂趣，
本書誕生了。

更加沉迷於跟貓咪玩與拍照
讓每天的生活更有樂趣！

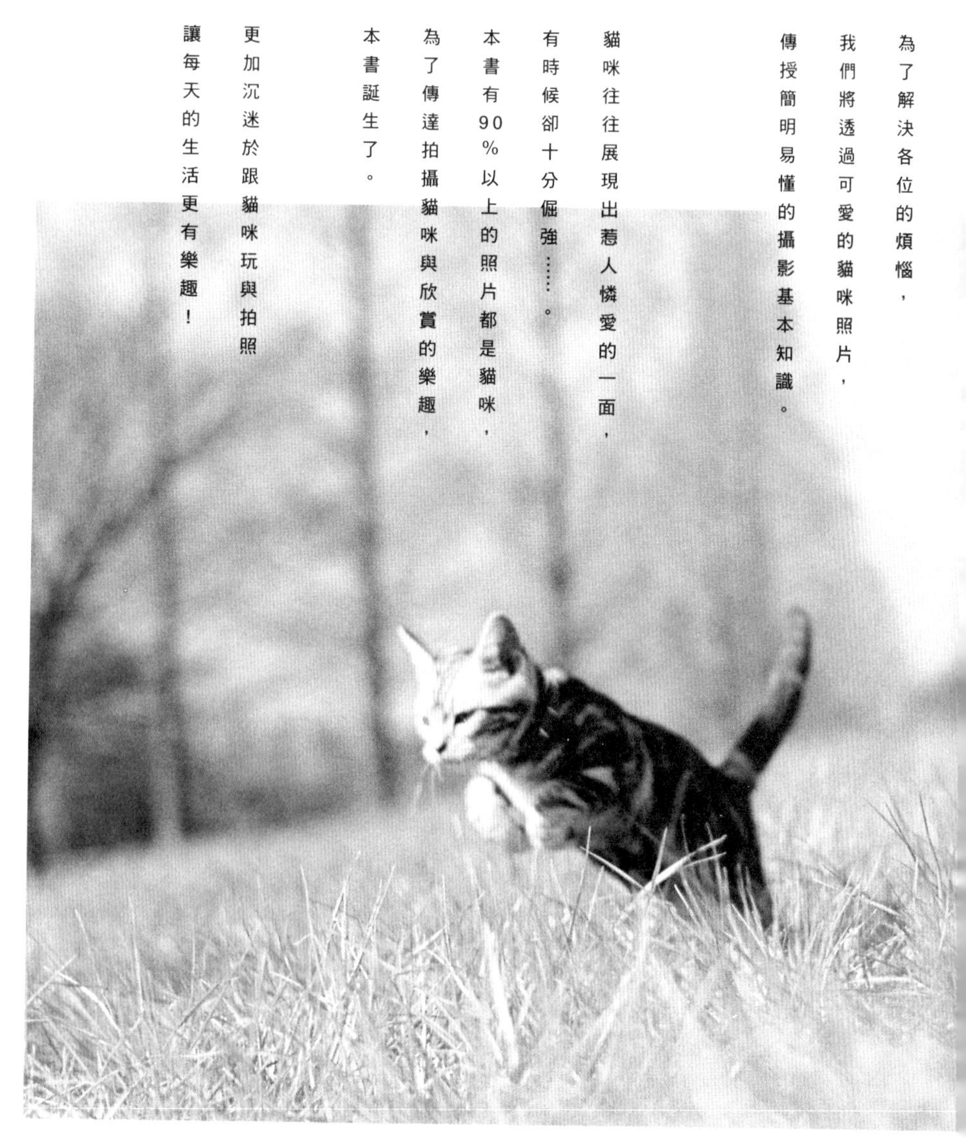

呈現貓咪自然而可愛姿態的祕訣為何？

122 貓咪攝影的奧祕

124 遇上野貓的場合⋯準備、尋找貓咪篇／接近篇／攝影篇

128 遇上家貓的場合⋯準備篇／攝影篇

132 特別篇

How to choose your best camera

134 選擇最適合自己的相機

136 單眼數位相機篇

139 消費型數位相機篇

142 底片相機篇

146 推薦機種規格一覽表

150 相機用語辭典

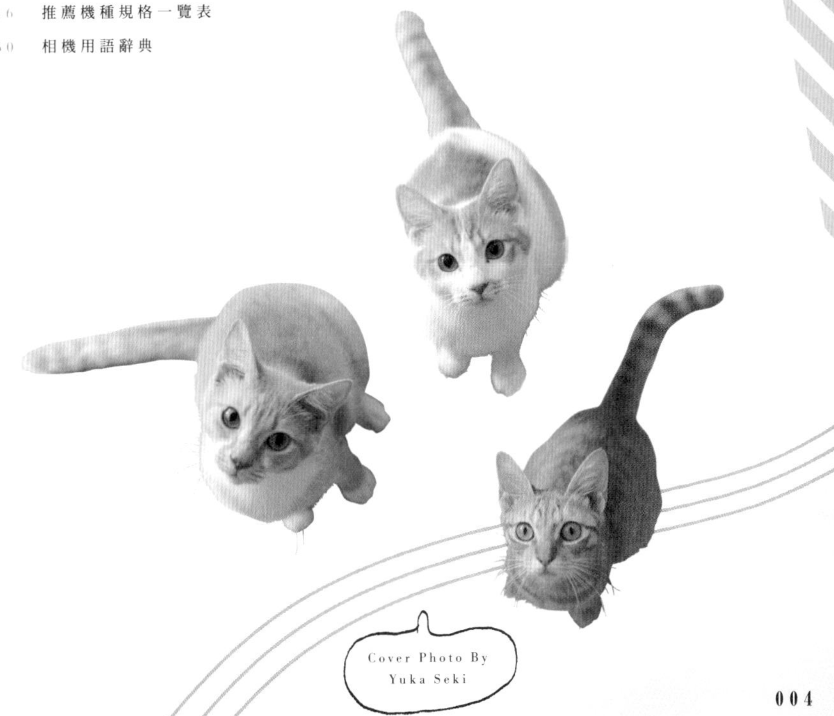

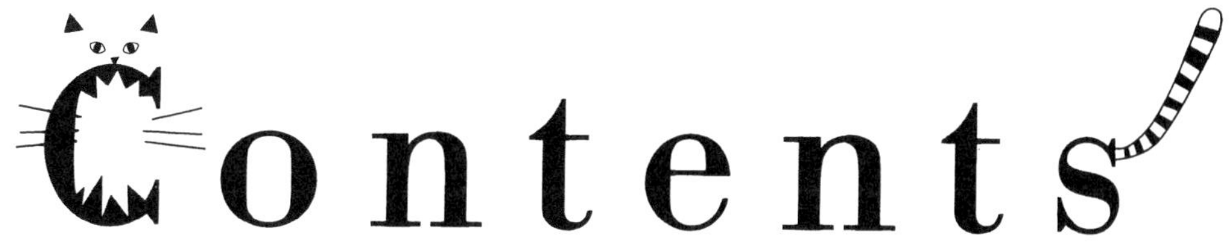

002 前言

太喜歡貓咪了！不拍下來對不起自己！

008 **Cat photo** Photographs by Yuka Seki

016 Interview 貓咪攝影師 關由香

想知道更多貓咪與攝影的知識！

018 **透過拍攝貓咪來學習攝影基礎知識**

- 020 光圈…柔和與清晰的拍攝方式
- 026 快門速度…捕捉貓咪動態的方式
- 031 曝光…控制照片明暗的方法
- 037 半按快門對焦鎖定…對焦於主體的方法
- 040 光線…掌握光線的貓咪拍攝法
- 048 構圖…具有故事性的拍法
- 055 拍攝角度…活用角度的貓咪拍攝法
- 059 鏡頭…根據場所選擇合適鏡頭的方法

如何捕捉貓咪可愛姿勢的祕訣

064 **挑戰！貓咪寫真大模仿**

- 066 初級篇…軟趴趴肉蹄／昏沉沉睡眠貓咪／胖嘟嘟肚子／躲貓貓／嗅嗅貓咪
- 090 中級篇…捕捉細部的重點／站立的貓咪／貓咪拳／戲劇性的貓咪姿態
- 108 高級篇…滑稽表情與姿勢／整齊劃一的姿勢
- 116 特別篇…跳躍抓取

078 【Column】要如何享受貓咪攝影的樂趣？

File01-05 貓咪睡眠篇
File06-011 可愛貓咪寫真篇
File12-017 逗趣的貓咪寫真篇
File18-023 戲劇性的貓咪寫真篇

如何和貓咪好好相處？

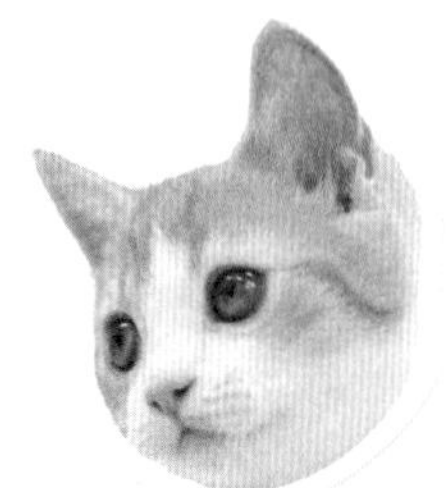

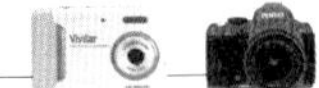

那些相機適合拍攝貓咪？

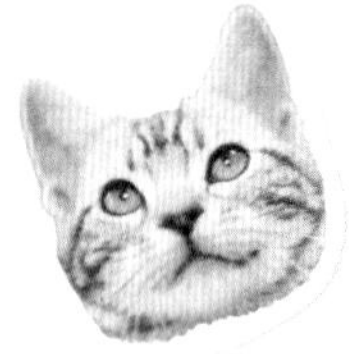

如何捕捉貓咪的柔和表情？

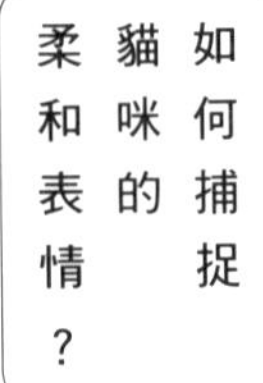

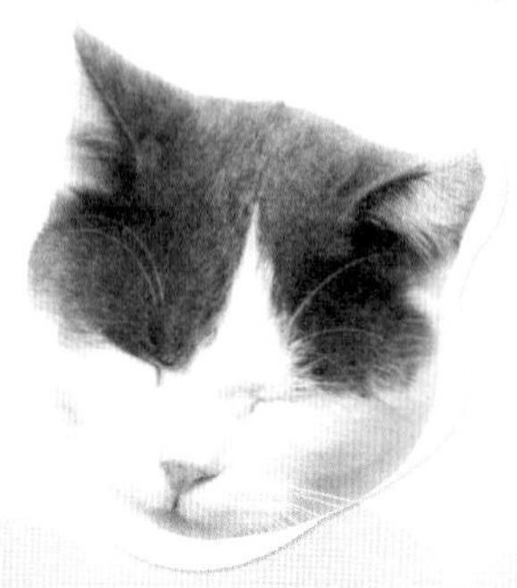

就能成為貓咪攝影通！

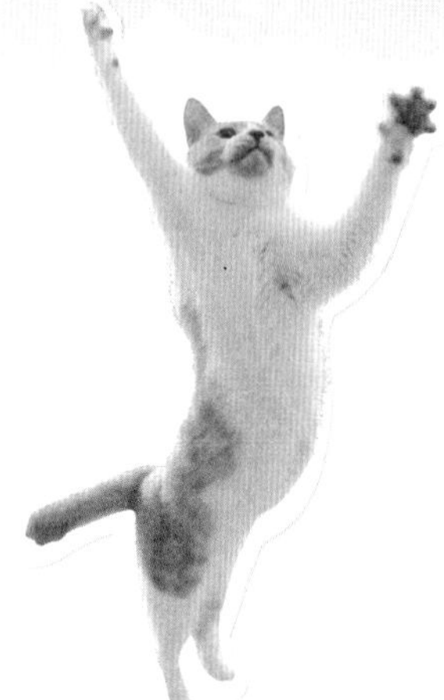

We Love
Camera , Photo & Cat !

如何拍攝生動的貓咪照片

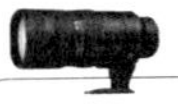

推薦的鏡頭是？

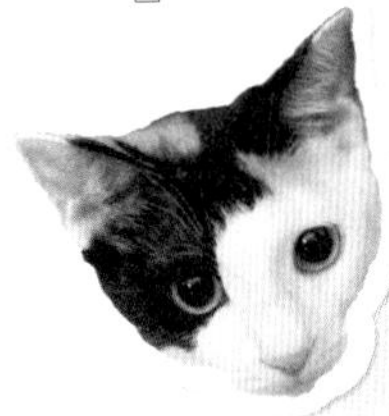

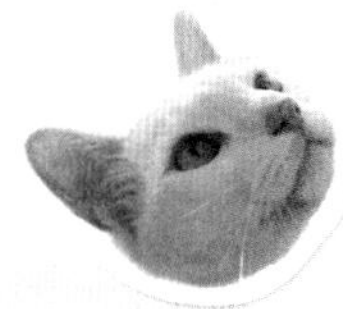

利用光線
讓貓咪看起來更柔和？

如何解讀貓咪的心情？

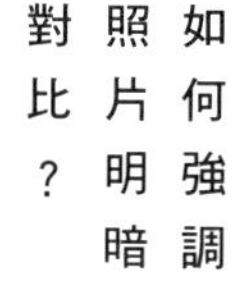

如何強調照片明暗對比？

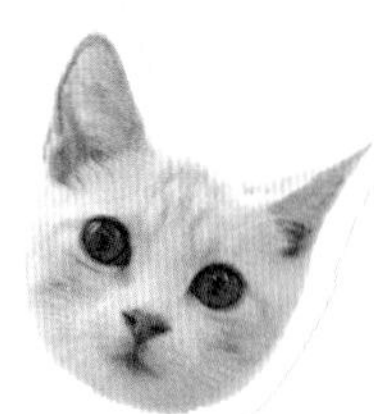

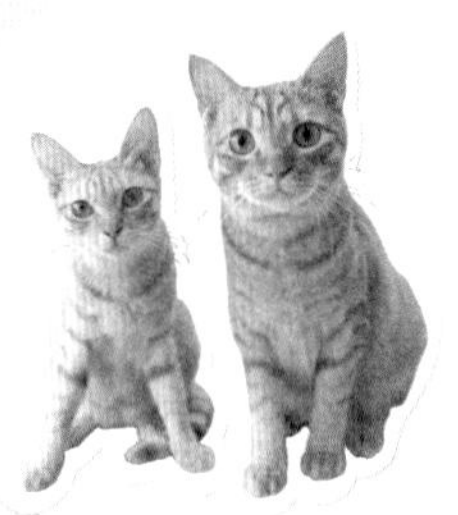

如何捕捉貓咪的瞬間表情？

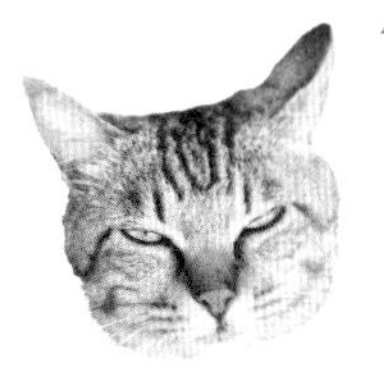

貓咪的知識、相機的知識
滿載有關於攝影的一切

閱讀本書後，

如何拍攝不晃動的照片？

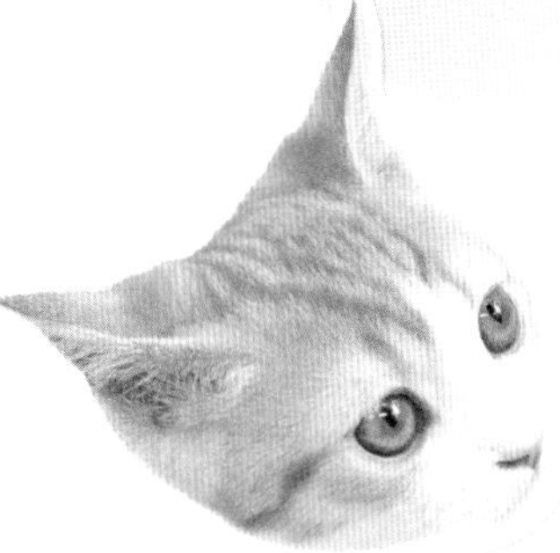

貓咪有哪些可愛的角度？

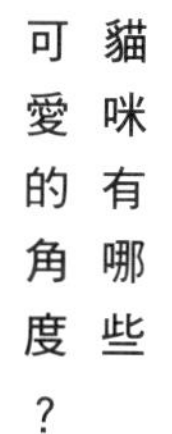

貓咪拍攝的專用配件有哪些？

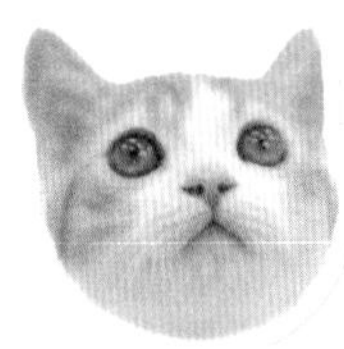

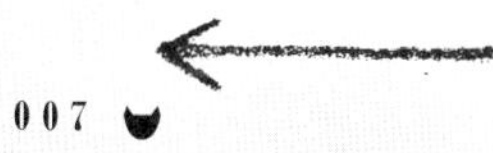

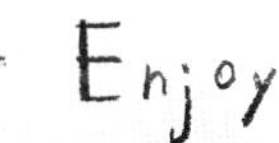

"cat photo"

太喜歡貓咪了！不拍下來對不起自己！

Photographs by
Yuka Seki

每一隻貓咪都獨具個性，活潑的姿態與表情療癒眾人的心，到哪裡總能博取許多笑容，不妨帶著相機拍攝貓咪吧！你看，牠們馬上做出可愛的姿勢了。

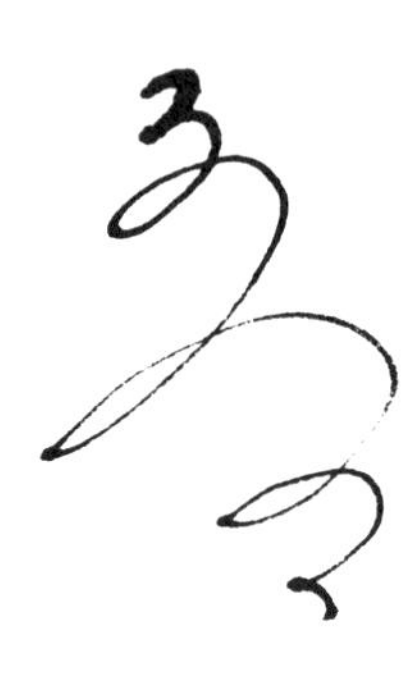

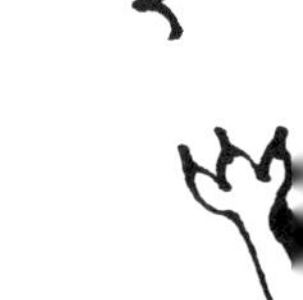

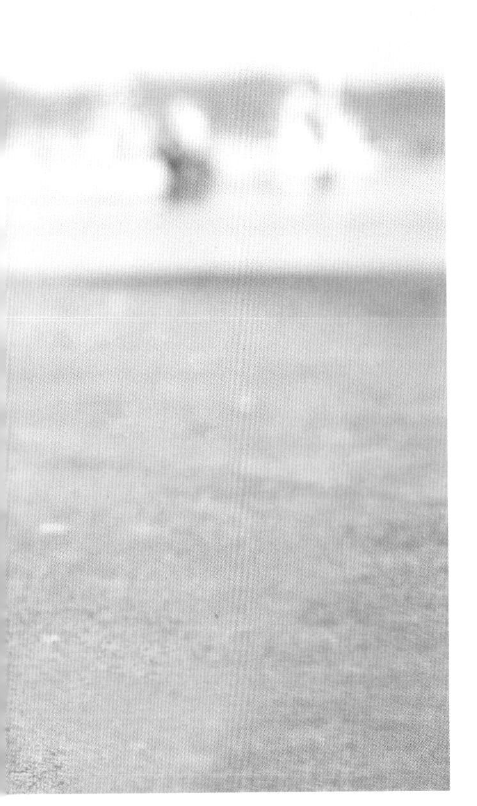

閉上眼睛看起來很愛睏的貓咪，可愛的表情令人難以忘懷，柔和的光線照射在港邊，舒服到昏昏欲睡，在如此舒適的空間中，貓咪也讓人大感放鬆。

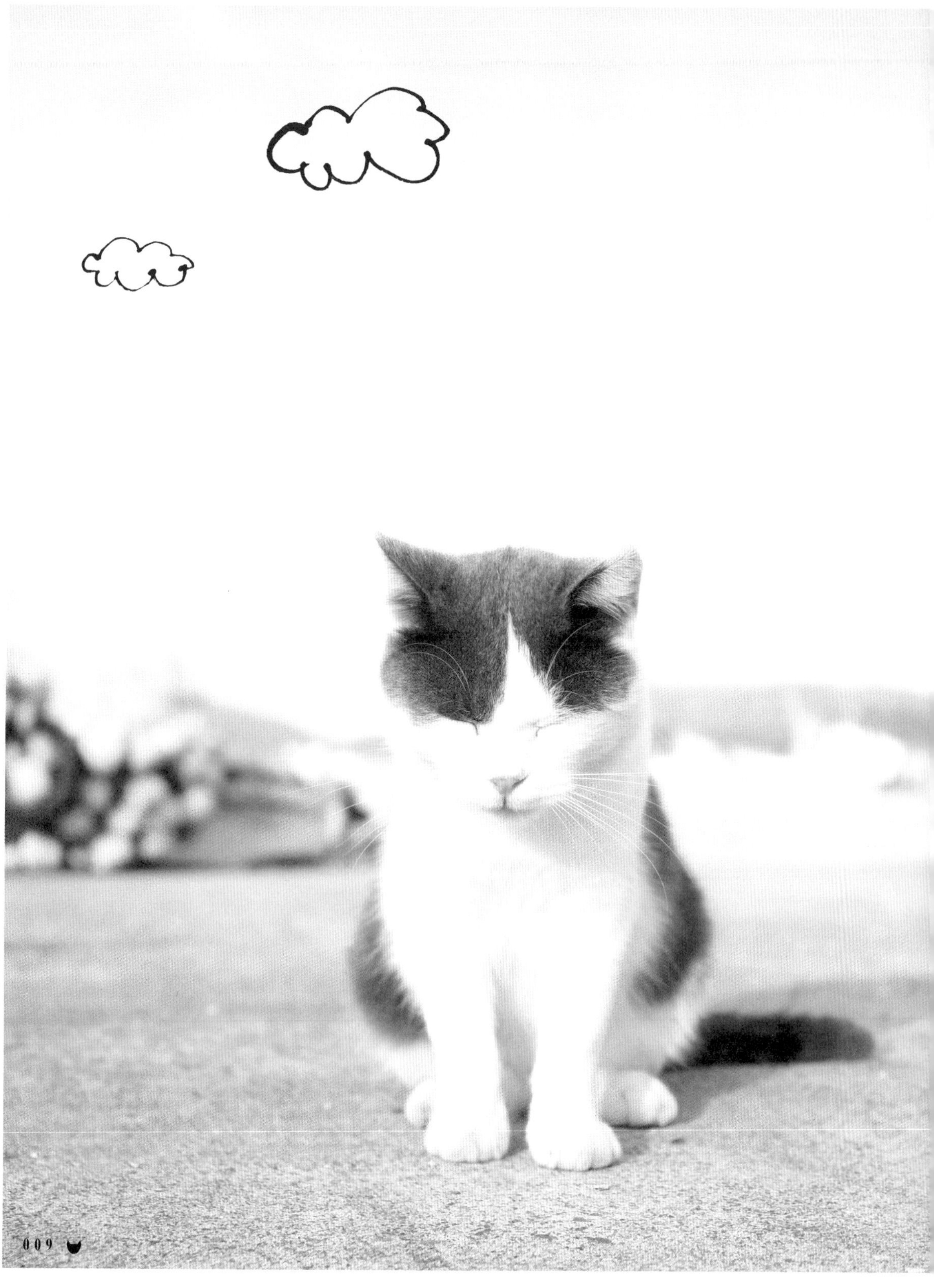

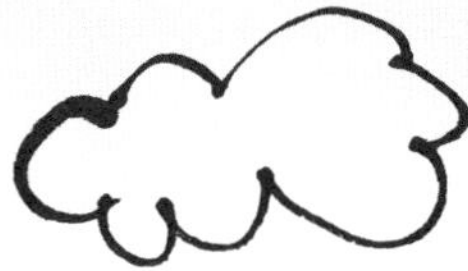

"Cat photo"

Photographs by
Yuka Seki

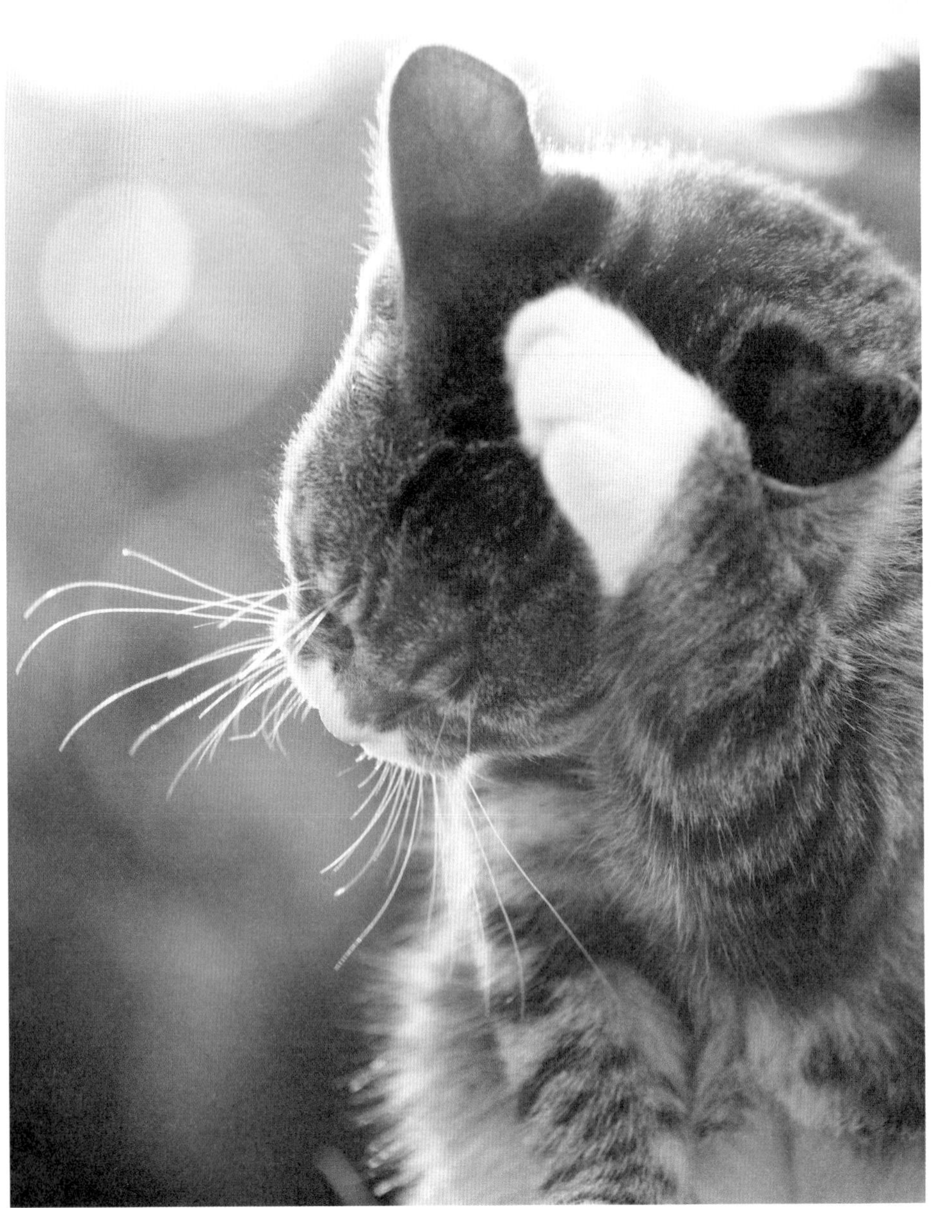

軟綿綿的雙腳讓人好想摸摸看，貓咪正舒服地整毛中。

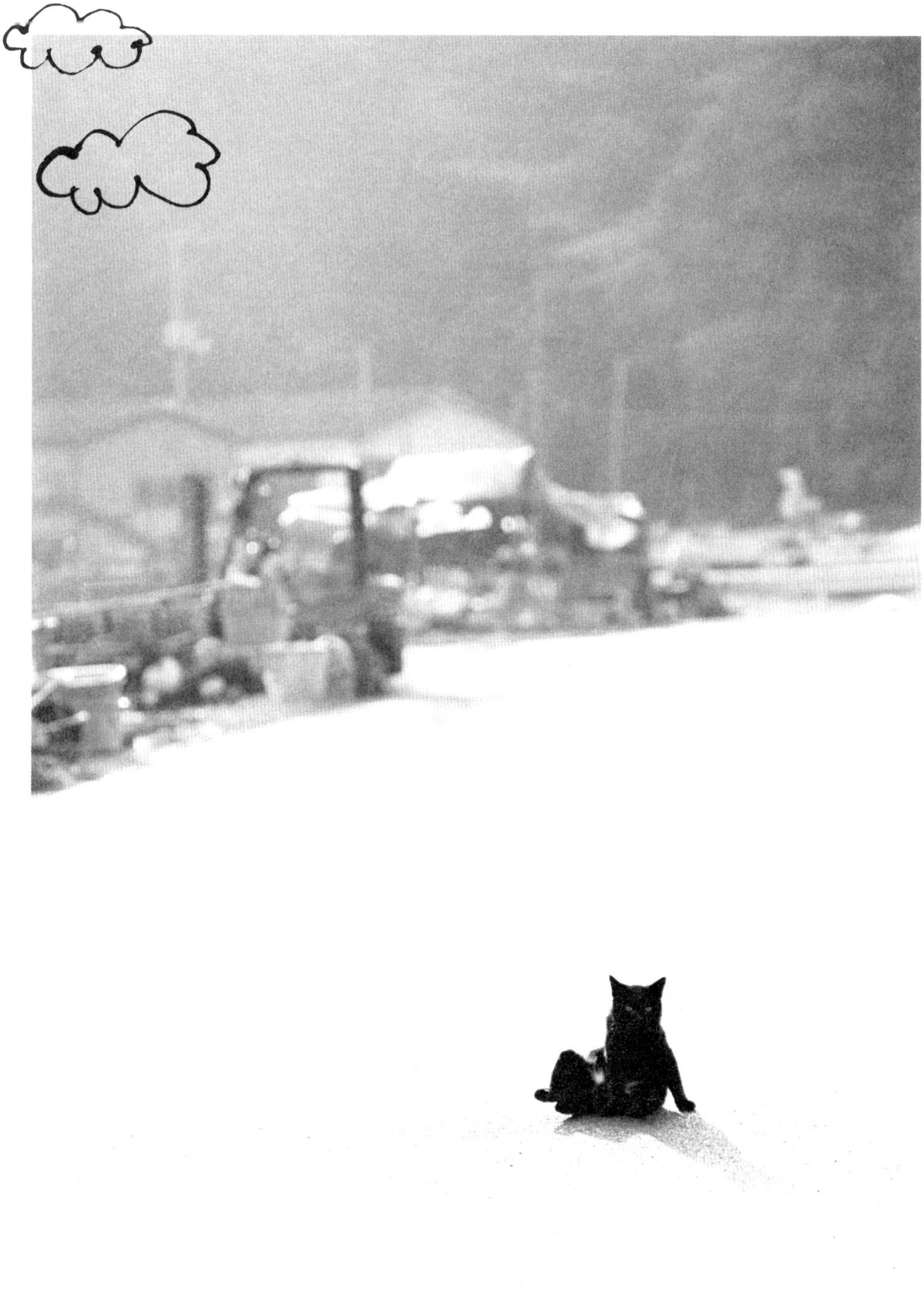

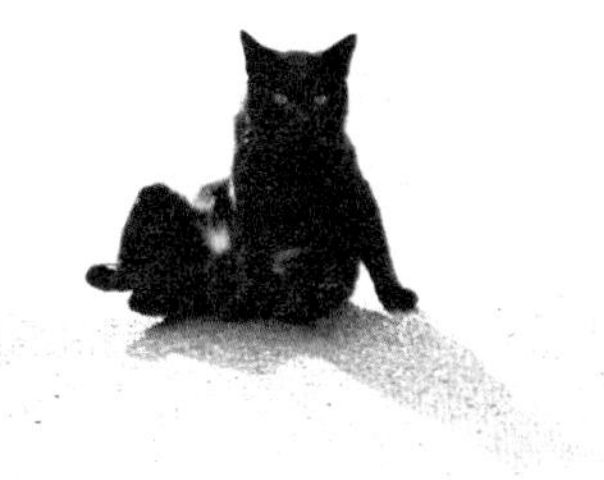

橘色光線照射於閑靜的港口，黑貓看起來非常醒目。

"Cat photo"

Photographs by
Yuka Seki

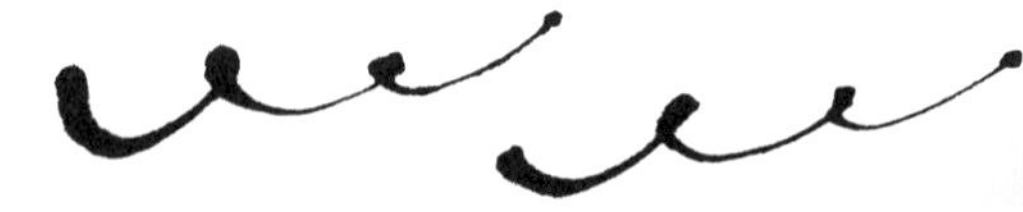

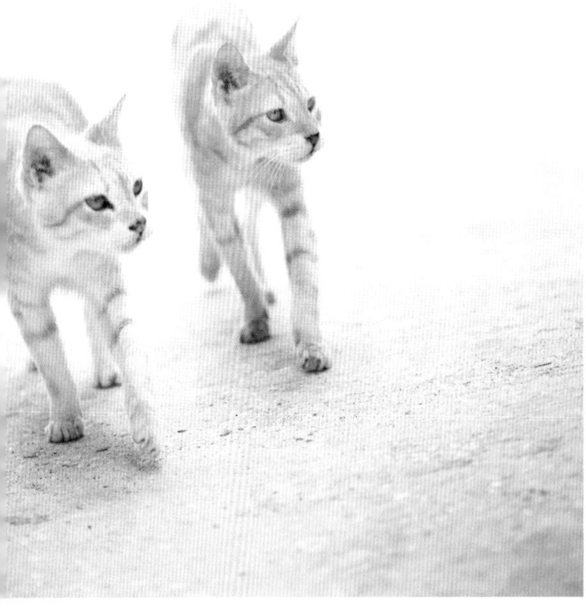

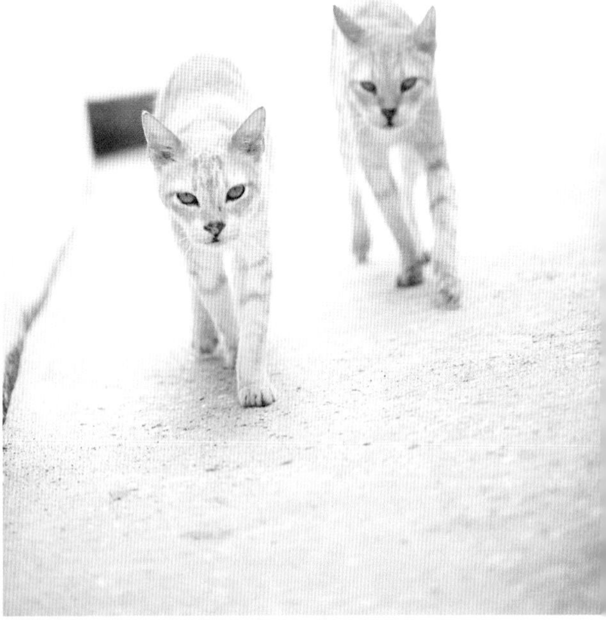

這對貓兄弟的臉部、外觀與體型都很相似，甚至連踏出腳步與行走節奏都很像，遇到牠們超感動！看到這景象不禁按下數次快門。

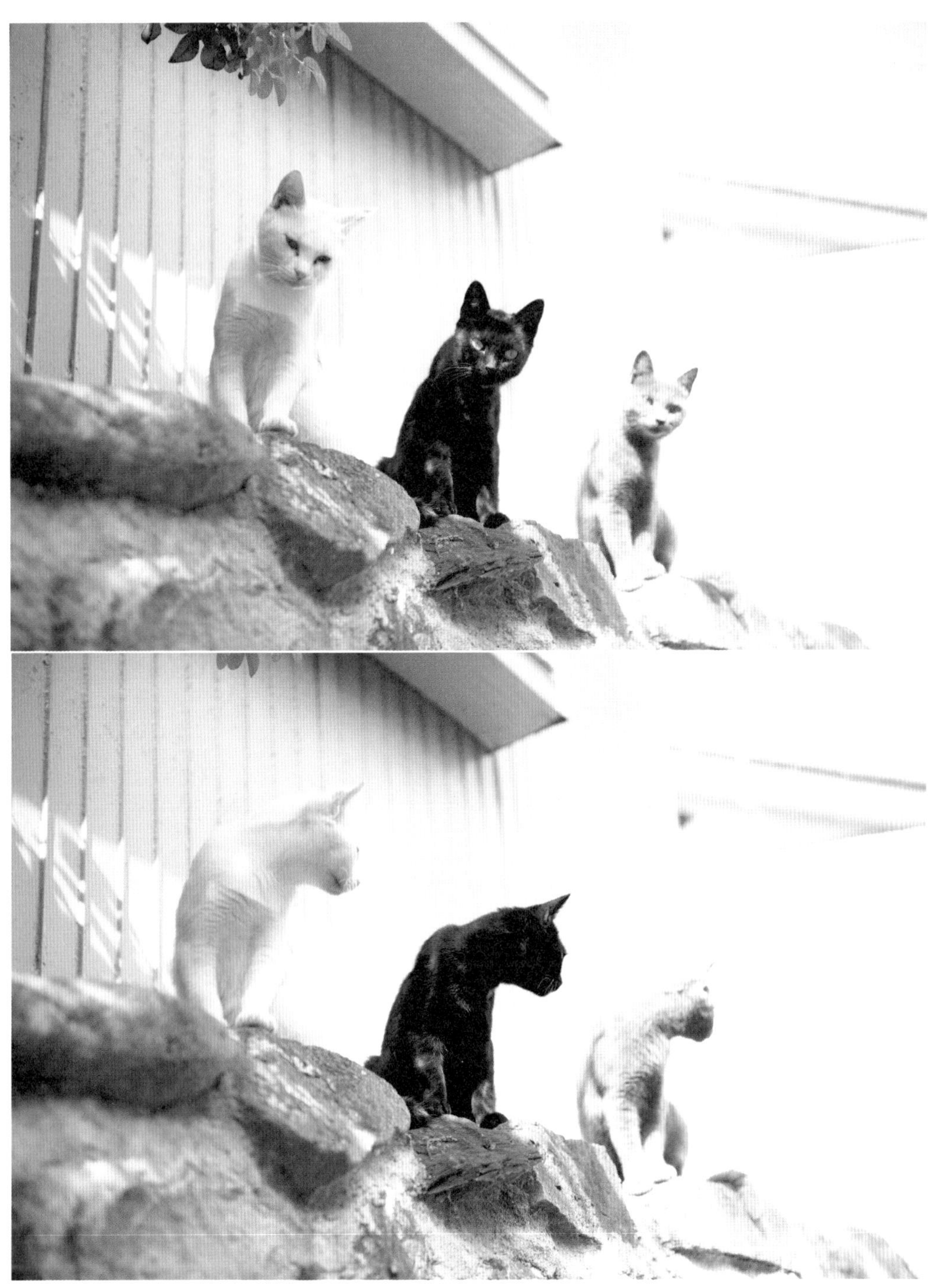

灰貓、黑貓、白貓整齊地坐在圍牆上，聽到道路某處的聲音又很有默契地轉頭，正因為隨身攜帶相機，才能捕捉如此可愛的瞬間。

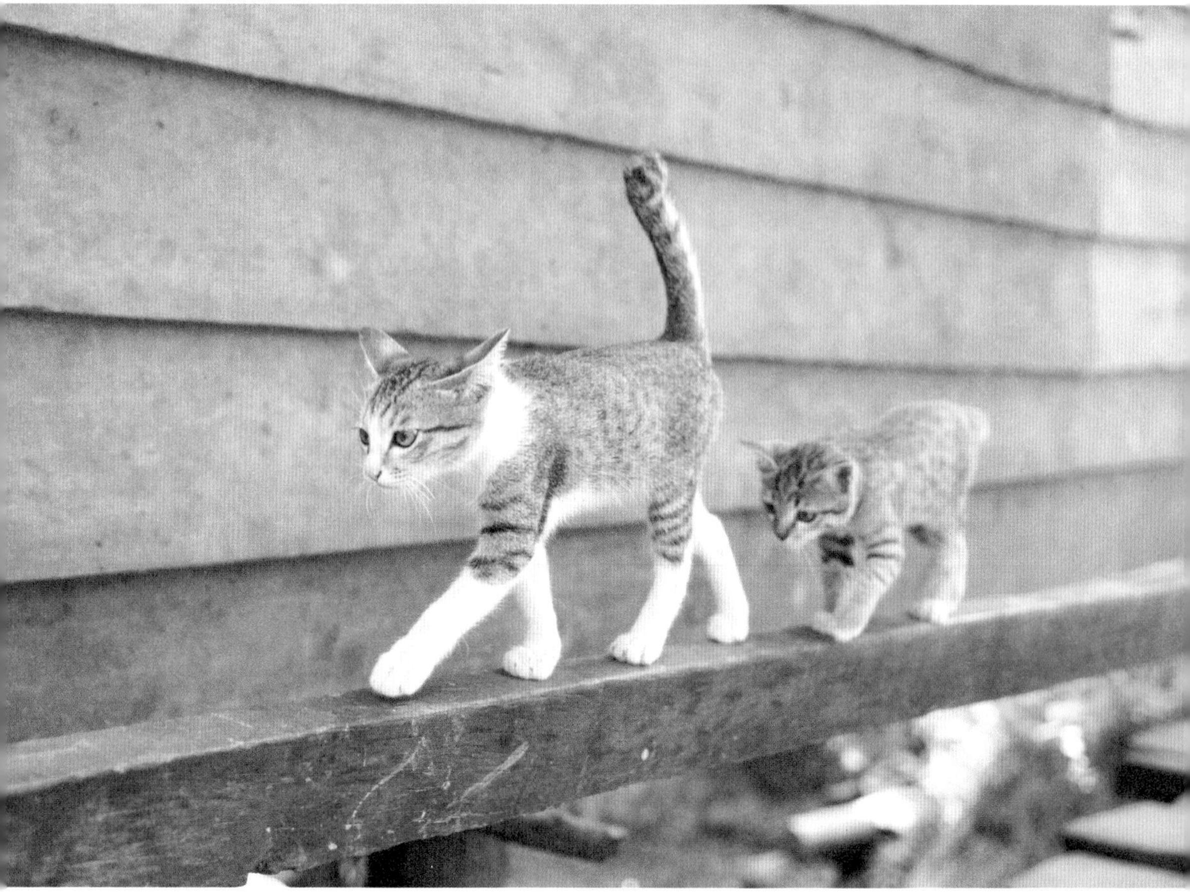

柬埔寨的可愛貓咪母子，高聳著尾巴表情認真的貓媽媽，以及尾隨於後相當依賴的貓兒子，就像是小孩的成長過程。

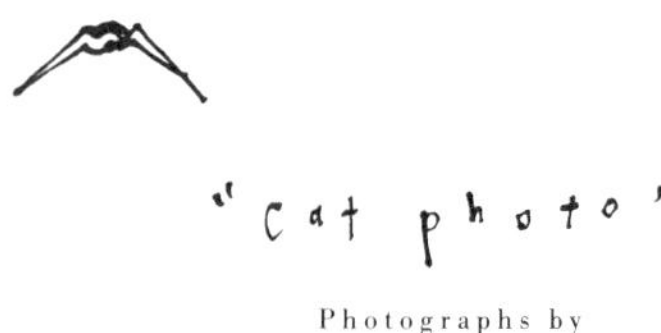

Photographs by
Yuka Seki

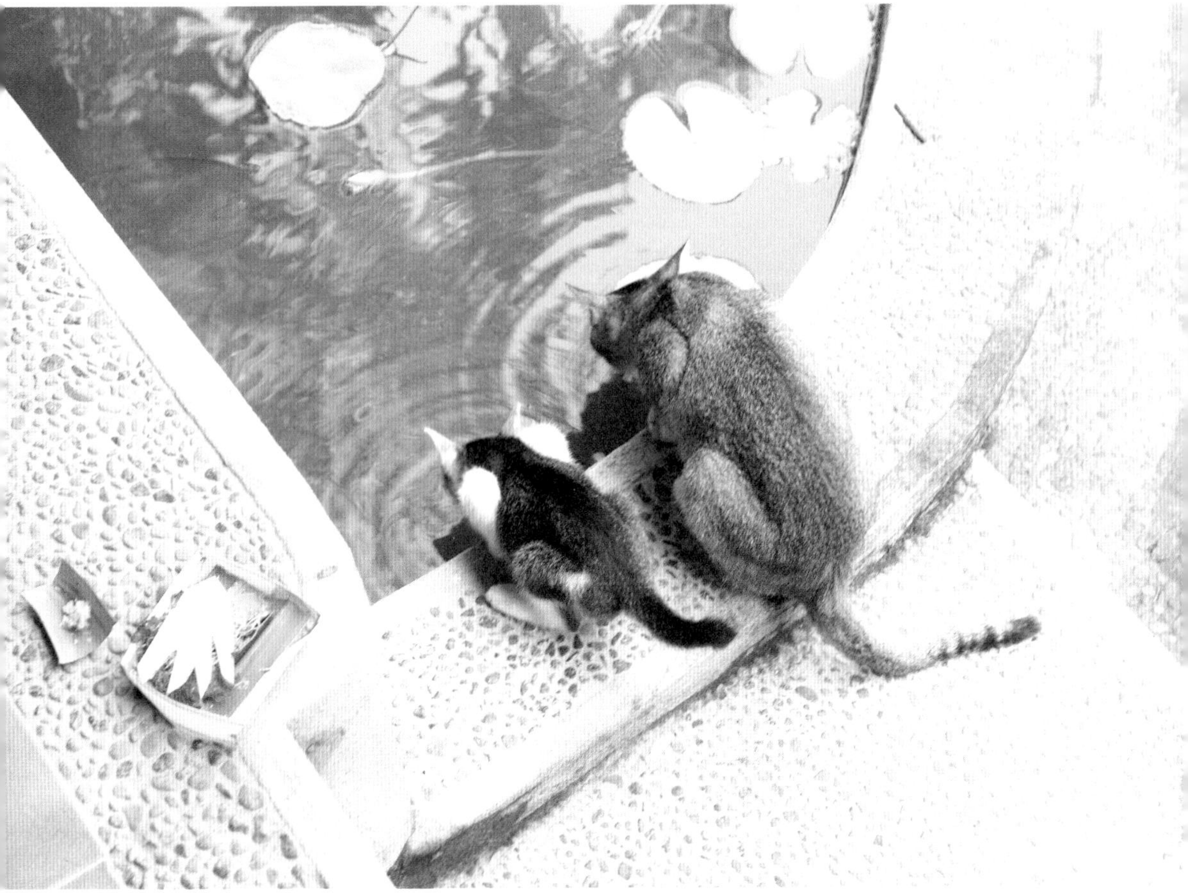

正在池邊喝水的2隻貓咪，必須經常觀察貓咪的習性才能拍到這樣的畫面，配合牠們出沒的時間從容不迫地拍攝。

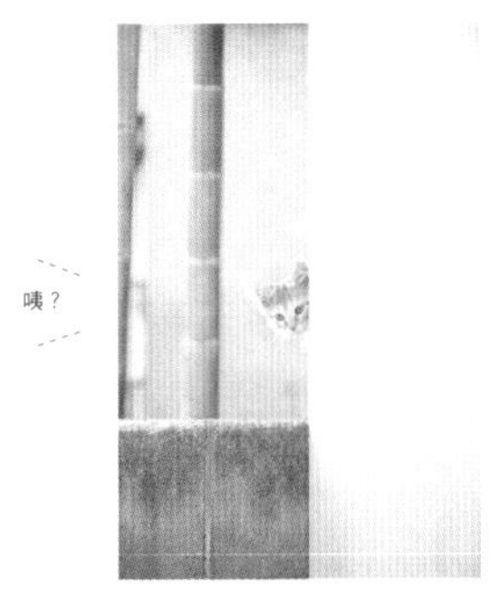

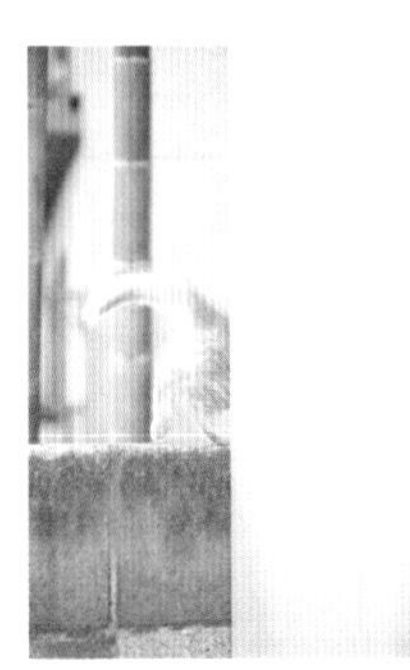

貓咪正打算躲進牆後，但也許是在意相機的存在，反而探出頭來偷看。每隻貓咪的怕生程度不同，要透過照片捕捉不同的個性。

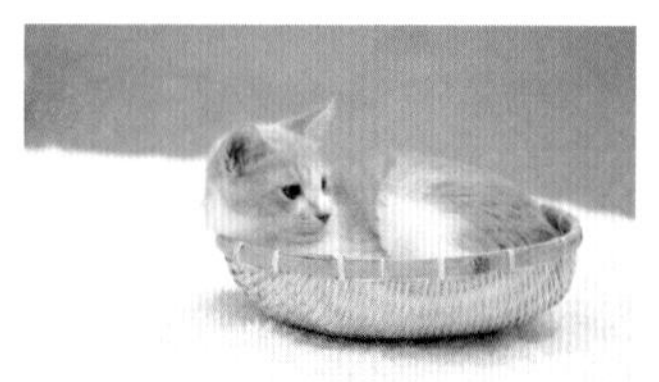

Photographer
Yuka Seki

Interview

貓咪攝影師　關由香

最喜歡貓咪與柔和的光線
提升攝影技術關鍵是「樂在其中」

profile

2004年以拍攝沖繩島貓的攝影集《島之貓》（新風舍）出道，目前活動領域為亞洲與日本各島，最大的風格是透過貓咪照片傳達平和而溫暖的感受。其他還有《貓島》（brite出版）、《島貓與島貓》《下町之貓》（MEDIA FACTORY）等以貓咪為題材的攝影集。部落格「任性貓咪」
http://ameblo.jp/seki-yuka/

關由香曾經發表許多貓咪攝影集，
從她眼中所見的攝影魅力為何？
該如何提升攝影技術呢？

攝影＝Arata Jun　文＝飯野央子

拍貓時善於稱讚 並且不斷地與貓咪對話

貓咪攝影師關由香至今已拍過無數的貓咪，不僅是透過工作來接觸貓咪，自家也飼養了6隻愛貓。「每天與貓咪共同生活，就能展露笑容，6隻貓咪的感情表現方式也各有不同，真的十分有趣。」

從關由香的談話中感受到一股幸福，自從小學收養了流浪貓咪咪以來，她對於貓咪的愛不曾動搖過，也許是貓咪也感受到這股熱情，在關由香拍攝貓咪時，貓咪會主動找她玩耍，或是跟隨在身後。

「在接觸或是拍攝貓咪最重要的，就是配合貓咪的節奏，貓咪我行我素的個性不覺得很可愛嗎？這也許就是一大魅力吧！與其說貓咪是雙面性格或隨興的動物，倒不如說是大剌剌的個性，每隻貓咪我行我素的程度也會有所差異，因此都獨具個性。為了不給貓咪造成壓力，需要配合牠們的節奏才行，不僅如此，配合節奏來拍攝，才能透過照片傳達每隻貓咪的個性。」

關由香在拍攝貓咪時，常常會說「真可愛！」、「表情真棒」等話語來誇獎牠們，聲音溫柔而愉悅，受到誇讚的貓咪們，也會露出得意的表情，宛如在訴說「我還有更多好表情喔」似地跟在關由香的身後，並進入取景的範圍中。

我們欣賞關由香的照片時，能感受到一股溫暖的光線，關由香從小就喜歡貓咪與柔和的光線，14年前開始從事攝影，早期大多以婚攝為主，她會利用空餘的時間到各地取材，幾乎都在尋找並拍攝貓咪，等到有一天查覺到自己的志向後，便朝向貓咪攝影師的目標邁進。每當透過照片捕捉到柔和的光線時，就能感受到自身對於光線的喜好，是件令人開心的事。

「照片也會反映拍攝者的性格，雖然不擅長言談，但透過照片也能傳達自身的心情，是攝影最大的魅力。我會一邊跟貓咪對話一邊拍攝，或是尋找貓咪圍繞於柔和光線下的風景，我想這就是透過照片將個人的喜好呈現給世人。」

大多數由關由香所拍攝的照

最重要的是對於貓咪的體貼之心

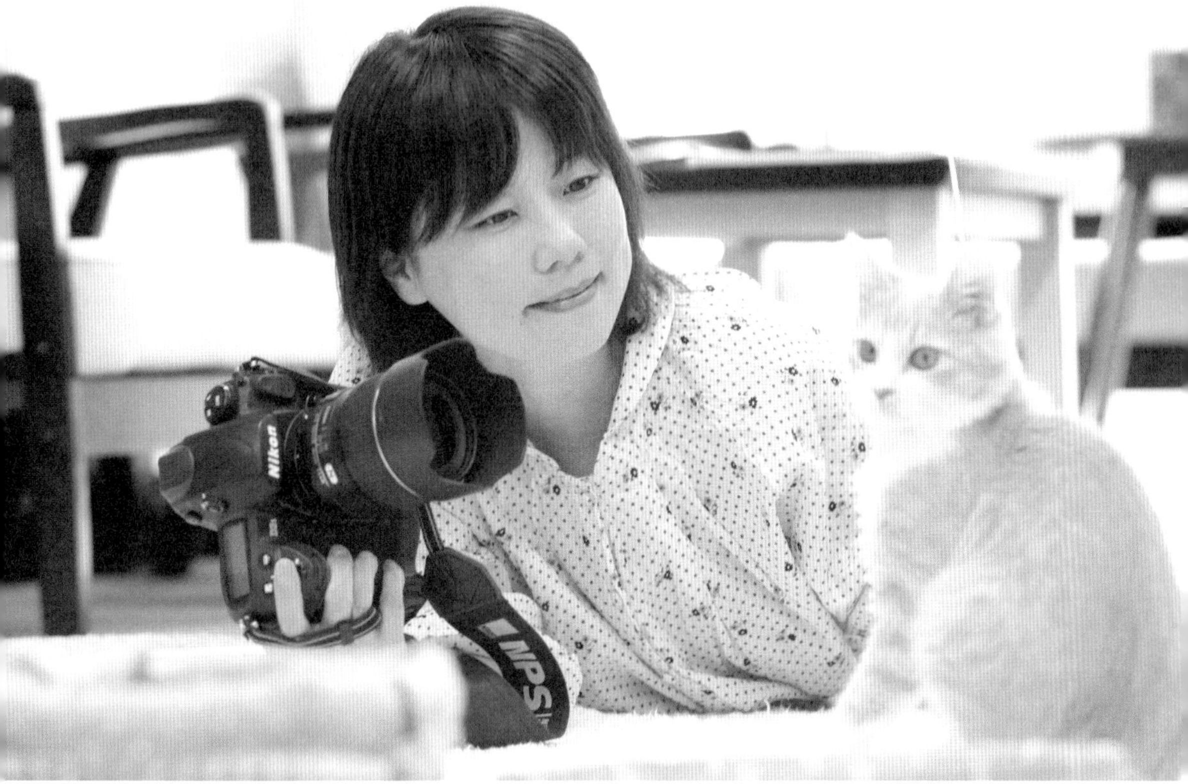

片，都能夠捕捉感動人心的一瞬間，之所以讓觀者產生溫暖的心情，也是因為關由香的溫和個性所形成的。要拍攝「喜好」，讓自身樂在其中並鍛鍊攝影功力，是最有效的方式。

貓咪攝影對於關由香而言，是每天熱在其中的事情，也能找到生活的價值，甚至在拍攝過程中感到興奮不已，每次的拍攝都有無法想像的奇遇，十分具有樂趣。透過拍攝貓咪走訪各地，在不知名的土地上與當地人交流，也是一個很棒的體驗。

「我也曾到過老街的婆婆家拍攝貓咪，當時婆婆因為有事而外出，居然讓我一個人幫忙看家，雖然當天是初次見面，婆婆卻完全信任我，把我當家人看待，在拍照時也受到許多人的幫助，跟親切的人們相遇，是件很幸福的事情呢！」

除了當地人，拍攝時還能欣賞滿天星斗與古色古香的街道等，各種驚奇等著我們。攝影具有豐富人生的力量，從關由香的談話中讓人深深感受到這件事。

Photo lessons with cats !

攝影基礎知識

與可愛的貓咪一起
提升攝影功力！

想知道更多貓咪與攝影的知識！

透過拍攝貓咪來學習

惹人憐愛的貓咪十分上相，
各種可愛的表情往往讓人欲罷不能。
本單元要透過拍攝貓咪
傳授各種攝影的基礎知識。
所有範例照片都是貓咪！
療癒又實用的攝影教室開課了！

監修・攝影＝關由香
文＝成田美友

Contents

P.020 ······ 光圈
P.026 ······ 快門速度
P.034 ······ 曝光
P.037 ······ 半按快門對焦鎖定
P.040 ······ 光線
P.048 ······ 構圖
P.055 ······ 拍攝角度
P.059 ······ 鏡頭

Photo lessons with cats !

01

F-number

光圈

柔和與清晰的拍攝方式

表情豐富的貓咪給人溫和的印象，有時也會呈現靈敏的一面，這時候就調整不同的光圈來突顯柔和與清晰的效果。

當放大光圈時合焦範圍變窄，製造出淺景深效果，這張照片對焦於貓咪的臉部，並開大光圈拍攝。除了臉部以外的景物都變得模糊，整體給人柔和的印象。

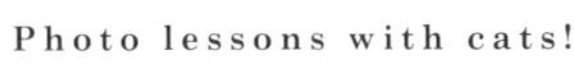

沐浴在柔和的陽光下熟睡的貓咪❤
看到如此幸福的臉龐，
不自覺地散發出笑容
按下快門。

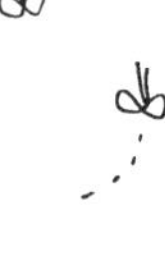

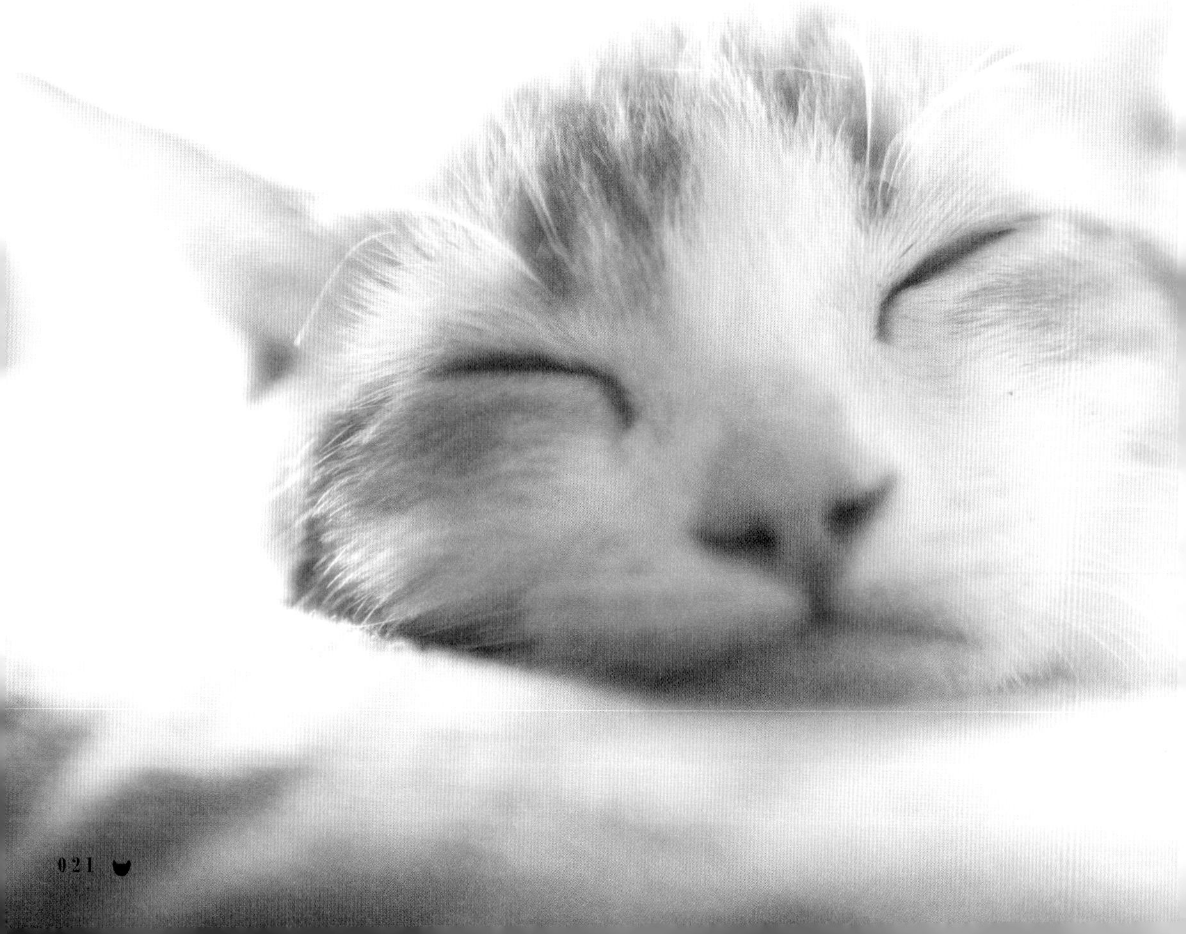

memo

何謂　光圈
F值放大
↓
畫面越清晰

何謂　開放光圈
F值縮小
↓
畫面越柔和

對焦時不可或缺

一同學習光圈的知識

光圈縮小與放大並調整對焦，
藉此控制景深，
也能調整進入鏡頭的光量。

光圈與畫面清晰度的關係

透過光圈能調整景深，放大光圈時合焦範圍變窄，淺景深效果越強（畫面變柔和）；
縮小光圈時合焦範圍變廣，淺景深效果不明顯（畫面變清晰）。

開放光圈

F5.6

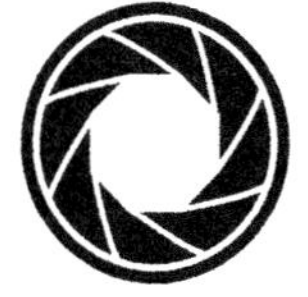

F4

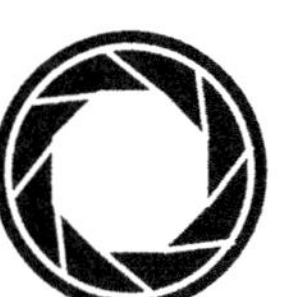

F2.8

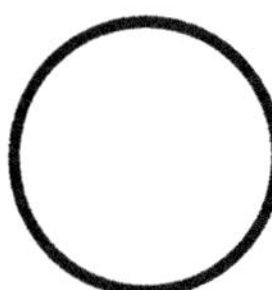

拍攝資訊

光圈值：F5.6
快門速度：1/250秒
ISO感光度：400
白平衡：自動
鏡頭：50mm（標準）

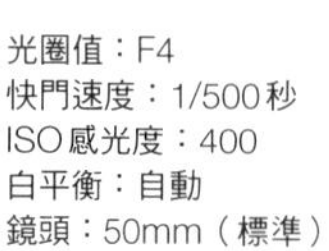

拍攝資訊

光圈值：F4
快門速度：1/500秒
ISO感光度：400
白平衡：自動
鏡頭：50mm（標準）

拍攝資訊

光圈值：F2.8
快門速度：1/1000秒
ISO感光度：400
白平衡：自動
鏡頭：50mm（標準）

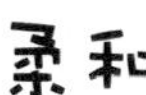

改變光圈的同時也要改變對焦的方式

光圈就是光線穿透鏡頭的孔徑，當孔徑變大時就是放大光圈，孔徑變小則為縮小光圈，光圈的大小是用光圈值來標記，光圈值數字越大＝孔徑越小…雖然聽起來有點複雜，不妨想像一下縮小光圈時孔徑就會變小的感覺。

光圈扮演兩大作用：第一個是調整合焦範圍，當放大光圈時合焦範圍變窄，縮小光圈時合焦範圍變廣。第二個作用是調整光線進入鏡頭的光量，鏡頭光圈孔徑越大，能使更多的光線穿透，當孔徑越小就只有少量光線進入。人類在明亮的場所瞳孔會縮小，陰暗的場所瞳孔放大，兩者是同樣的道理。放大光圈時合焦範圍變窄，容易製造淺景深，呈現出柔和印象的照片，如果能更加靠近貓咪來拍攝，圓形的散景看起來更為迷人。反之，若縮小光圈後合焦範圍變廣，照片整體變得清晰。簡單來說，想要呈現柔和的效果就放大光圈，清晰效果則縮小光圈。

縮小光圈

F16

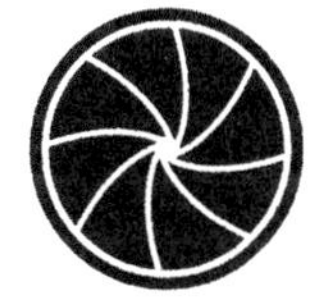

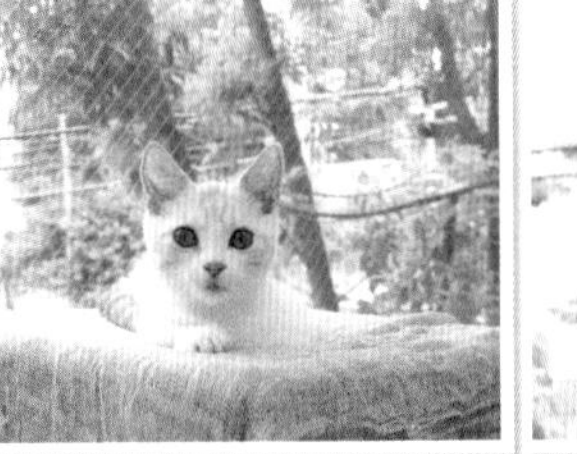

拍攝資訊

光圈值：F16
快門速度：1/30秒
ISO感光度：400
白平衡：自動
鏡頭：50mm（標準）

F11

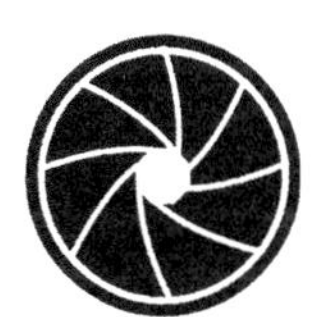

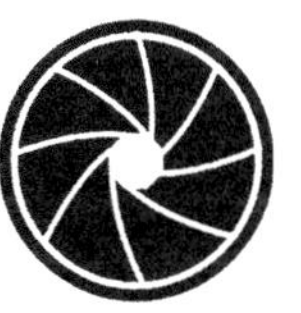

拍攝資訊

光圈值：F11
快門速度：1/60秒
ISO感光度：400
白平衡：自動
鏡頭：50mm（標準）

F8

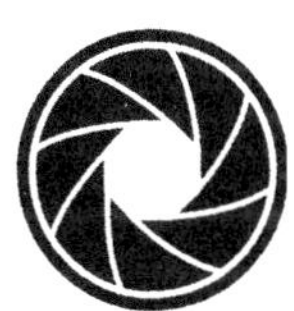

拍攝資訊

光圈值：F8
快門速度：1/125秒
ISO感光度：400
白平衡：自動
鏡頭：50mm（標準）

清晰

確認鏡頭的最大光圈值

鏡頭上會標示「F●」，代表最大光圈值，當光圈放到最大的狀態下，該數值即為最大開放光圈值，光圈值數字越小，代表最大光圈越大，就能稱為大光圈鏡頭。

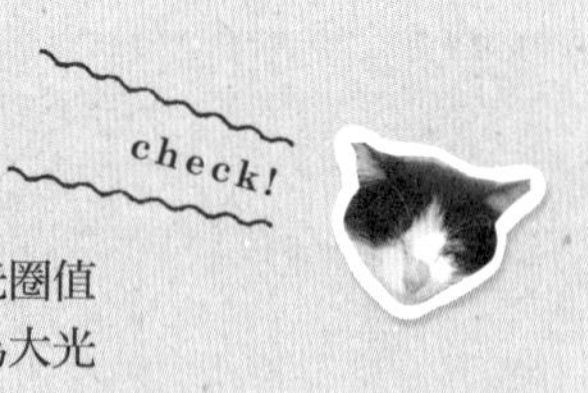

Other Technique

除了光圈外 還有其他的柔和拍攝方式

01 製造貓咪與背景的距離

相機與貓咪、貓咪與背景的距離差異，也會造就景深效果的不同。當對焦於貓咪，背景的位置與貓咪接近時，焦點也會同時對在背景，如果背景與貓咪距離較遠時，就容易製造淺景深。

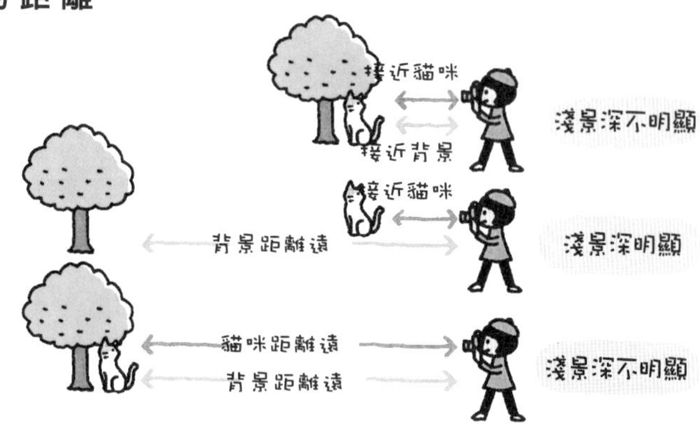

要強調柔和的效果，就必須讓貓咪與背景保持一定的距離，若要拍攝清晰的整體畫面，將貓咪與背景放在相同的距離即可。

02 活用鏡頭的焦距

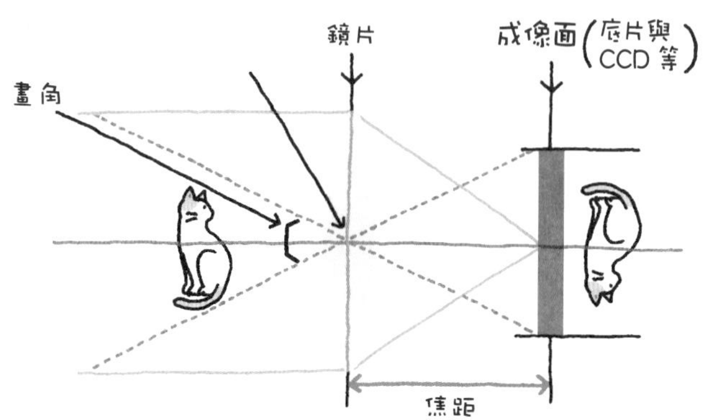

鏡頭上標示「●mm」代表鏡頭的焦距，廣角鏡頭的拍攝範圍寬廣，望遠鏡頭拍攝範圍狹窄，此外兩者最大的差異在於景深。望遠鏡頭比廣角鏡頭更容易製造淺景深＝焦距越長時容易製造淺景深，這是最大的特性。

焦距是鏡頭到成像面之間的距離，50mm為最接近人類肉眼的視角，稱為標準鏡頭。一般而言在35mm以下稱為廣角鏡頭，85mm以上為望遠鏡頭。

貓咪攝影師關由香的光圈運用法

Cat photo gallery

光圈篇

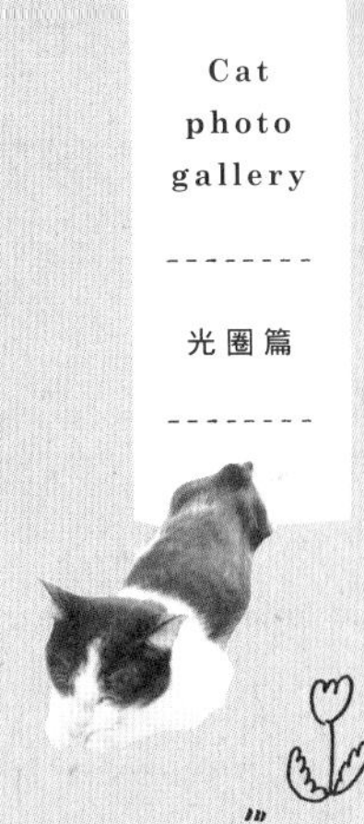

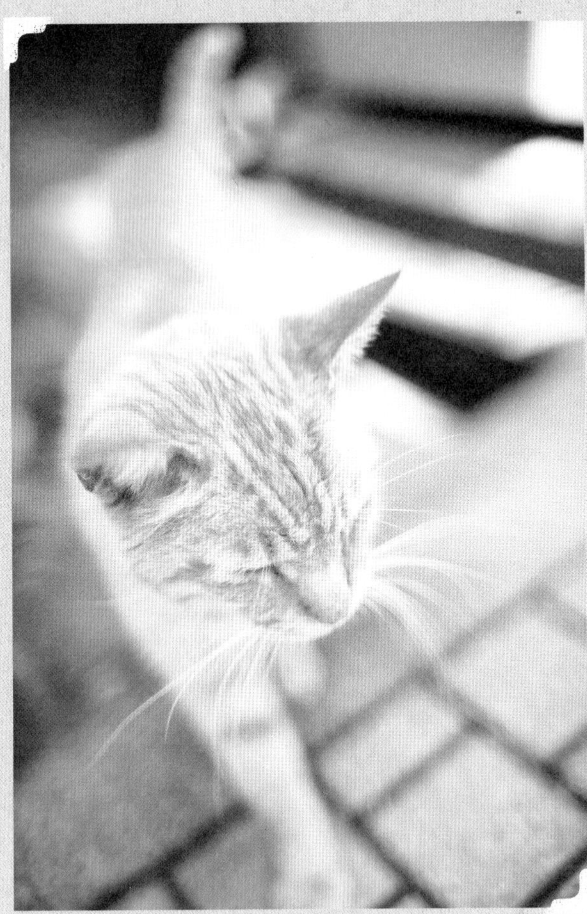

柔和

放大光圈讓光線更為柔和

用最大光圈（鏡頭的光圈值到最小的狀態）來拍攝。「光線擴散於整體畫面，透過淺景深效果讓柔和的光線更具印象，對焦於貓咪的眼睛，越靠近貓咪拍攝時淺景深越明顯。」

拍攝資訊

光圈值：F1.4
快門速度：1/2000秒
ISO感光度：400
白平衡：自動
鏡頭：35mm（廣角）

清晰

縮小光圈讓畫面更清晰 背部的花紋非常明顯

貓咪的毛色與細節可呈現得非常清楚。「背部的花紋很特別，因此縮小光圈來拍攝。」廣角鏡頭具有放大近物的效果，因能更為強調花紋的樣子。

拍攝資訊

光圈值：F11
快門速度：1/250秒
ISO感光度：400
白平衡：自動
鏡頭：35mm（廣角）

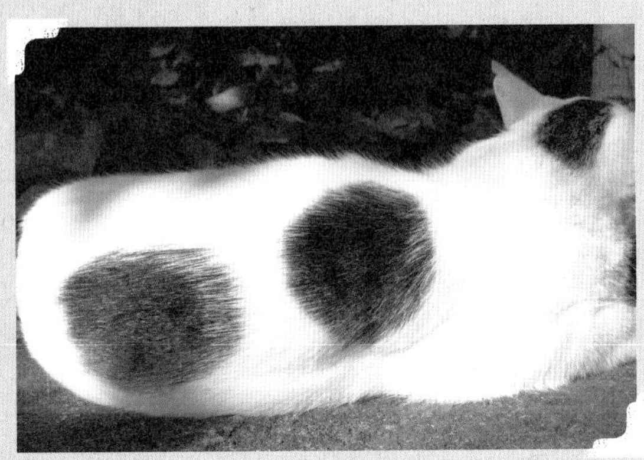

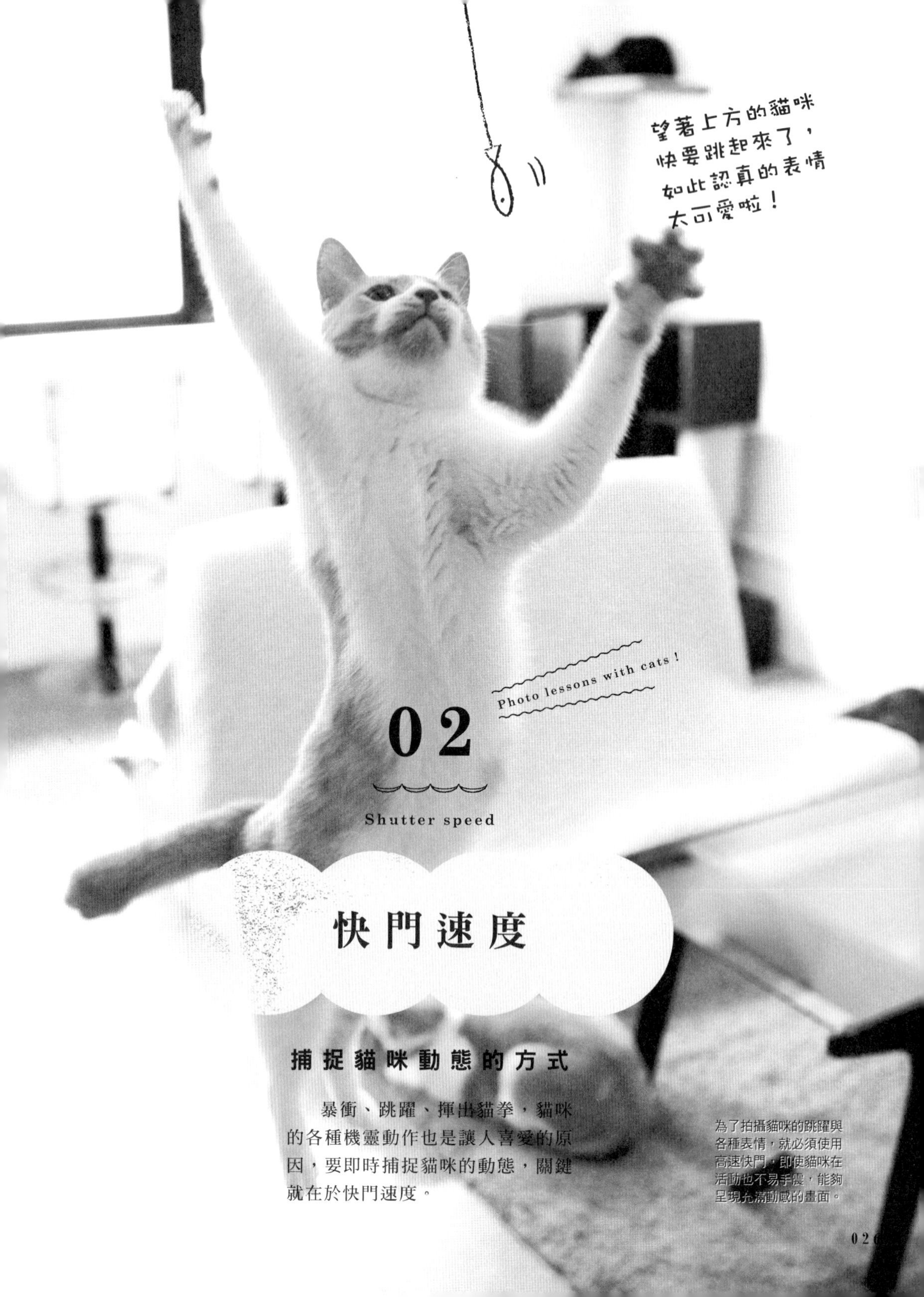

望著上方的貓咪
快要跳起來了，
如此認真的表情
太可愛啦！

Photo lessons with cats !

02

Shutter speed

快門速度

捕捉貓咪動態的方式

暴衝、跳躍、揮出貓拳，貓咪的各種機靈動作也是讓人喜愛的原因，要即時捕捉貓咪的動態，關鍵就在於快門速度。

為了拍攝貓咪的跳躍與各種表情，就必須使用高速快門，即使貓咪在活動也不易手震，能夠呈現充滿動感的畫面。

memo

何謂「快門速度」

1/15 → 1/30 → 1/60 → 1/125 → 1/250

快門速度增快1格
＝
快門速度變快2倍
＝
進入鏡頭的光量變成1/2

與光圈同屬於基本知識

學習快門速度的知識

快門速度是按下快門後到快門簾閉合為止的時間，改變快門速度就能呈現動感，或是捕捉高速移動的瞬間。

呈現動感↓慢速快門 捕捉瞬間↓高速快門

快門速度就是相機快門簾從開啟到閉合的時間，也就是快門完全關閉的時間，改變快門速度就能調整光線進入鏡頭的時間長度。快門速度快，光線進入時間短，反之快門速度慢則較長，就像是1／15變成1／30，快門速度是以1級的數值變快，當數值增快1級後，快門速度變快2倍，光量則變成1／2。在高速快門下可以凍結主體的動作，慢速快門時主體如果正在移動，會產生影像的晃動，變成具有動感的照片，如果手持相機拍攝時，快門速度過慢在拍攝時會導致相機手震，因此在拍攝好動的貓咪要盡量用高速快門來拍攝。

水龍頭開啟的時間＝快門速度

水龍頭＝光圈

水量＝光量

光圈與快門速度的關係

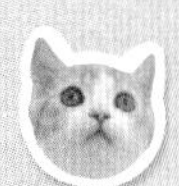

Important!

光圈與快門速度都是用來調整進入鏡頭的光線，兩者有密不可分的關係，光圈用來調整光量，快門速度調整光線的時間，當光圈與快門速度取得平衡後，就能拍出正常曝光的照片(→P34)。

水倒滿杯子的狀態＝正常曝光。水龍頭（＝光圈）開關全開下開水（＝光線），即使開水時間（＝快門速度）很短也會馬上滿出來。反之，若水龍頭開關關小，水勢變弱，要倒滿杯子則需要較長的時間，用以上原理來思考會比較容易理解。

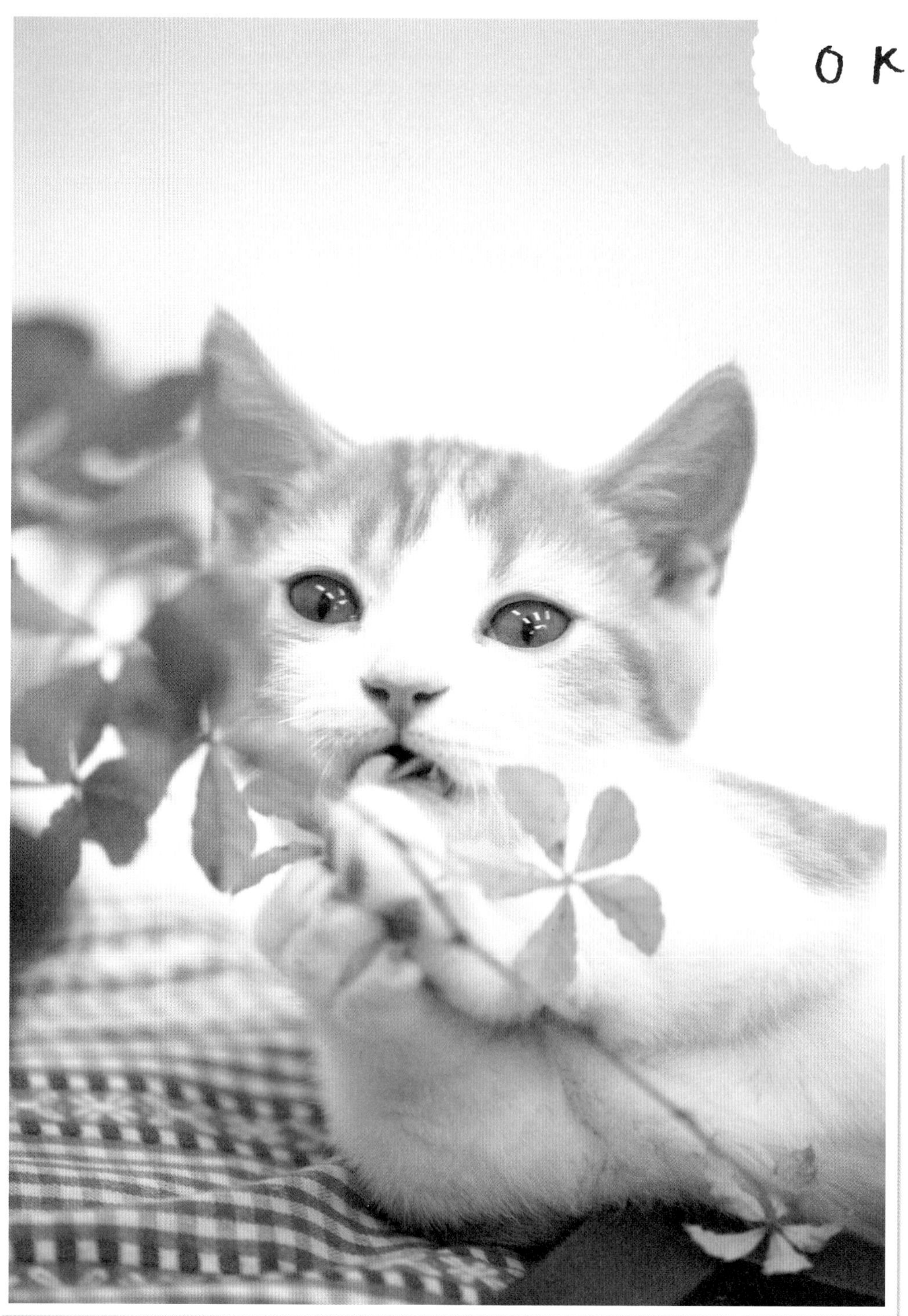
OK

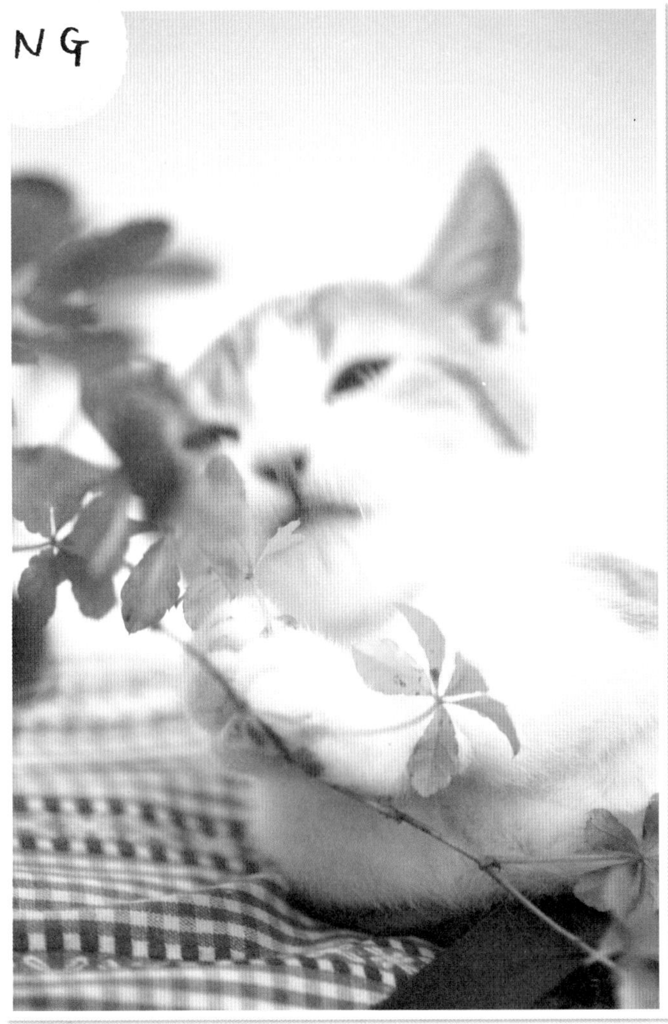

OK →

**拍攝好動的貓咪
也不會產生晃動照片**

將快門速度調高，即使是好動的貓咪也不會產生晃動，得以凍結動作中的主體。

拍攝資訊

光圈值：F2.8
快門速度：1/125秒
ISO感光度：400
白平衡：自動
鏡頭：105mm（微距）

← NG

**快門速度過慢，
整體產生晃動**

當快門時間過慢時，就很容易拍出手震的照片，如果主體也正在活動時也會產生主體晃動，但後者可以透過特殊的技巧來彌補。

拍攝資訊

光圈值：F5.6
快門速度：1/30秒
ISO感光度：400
白平衡：自動
鏡頭：105mm（微距）

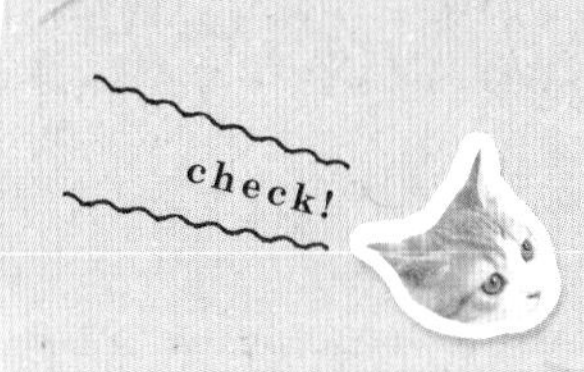

晃動有分為好壞兩種

拍攝時無法凍結主體的動態，按下快門相機因晃動而拍出手震照片，這是常犯的錯誤，至於因主題移動所造成的「主體晃動」，可以藉由動感的拍攝方式來強調效果。

挑戰具有動感的追焦攝影

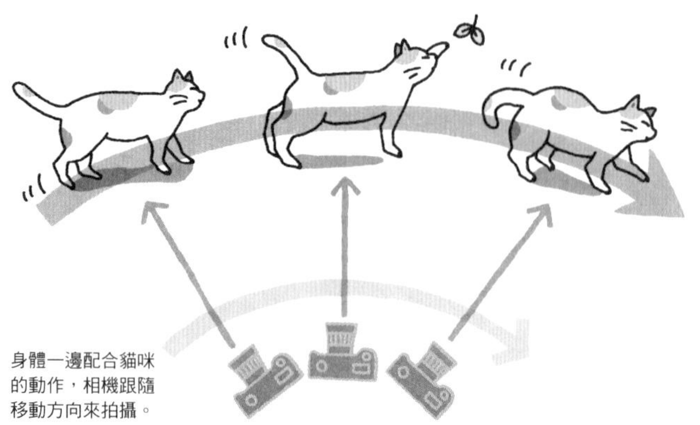

身體一邊配合貓咪的動作，相機跟隨移動方向來拍攝。

配合貓咪的動態
一邊移動相機一邊拍攝

在慢速快門下對焦於移動中的貓咪持續拍攝，這就是追焦攝影的手法，由於主體後方的背景呈現出流動效果，極具速度感。快門速度越慢流動感越強，但也容易手震，在拍攝時整個身體也要配合移動，來抑制手震情形，相機則依據貓咪動線來移動，請務必挑戰看看吧！

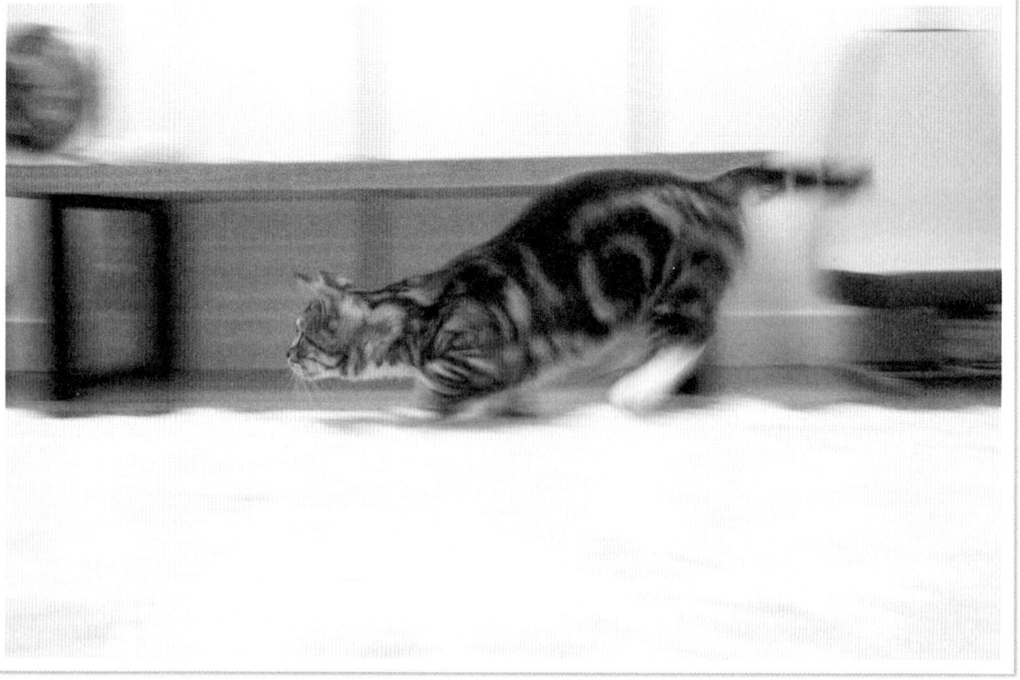

貓咪通過正面時
是最佳快門時機

先大致對焦，等到貓咪剛好跑過前方時按下快門，按下快門後持續轉動身體並移動相機追焦。

拍攝資訊

光圈值：F5.6
快門速度：1/30秒
ISO感光度：800
白平衡：自動
鏡頭：24-70mm（標準變焦）

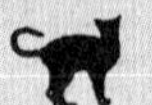

Cat photo gallery

快門速度篇

貓咪攝影師關由香的 快門速度運用法

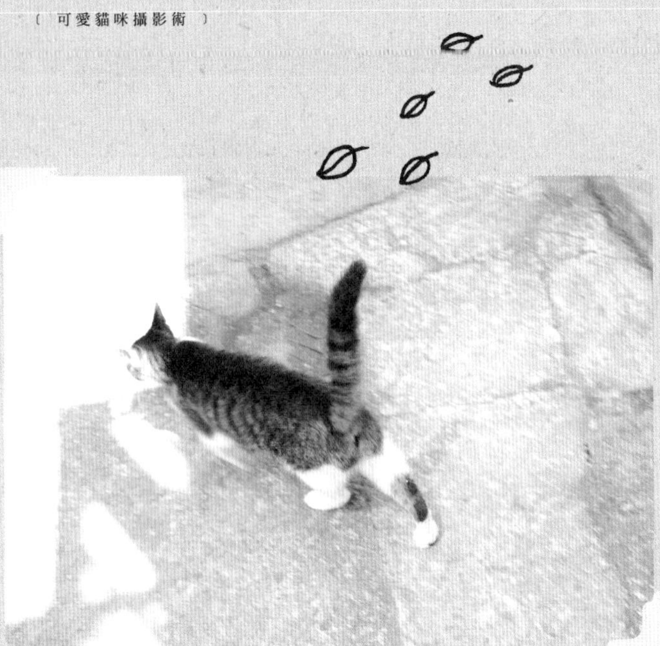

使用慢速快門呈現動感

「想透過照片表達貓咪躡手躡腳的姿態。」使用慢速快門時，貓咪的腳步與尾巴都充滿動感。

拍攝資訊

光圈值：F8　快門速度：1/30秒
ISO感光度：400　白平衡：自動
鏡頭：35mm（廣角）

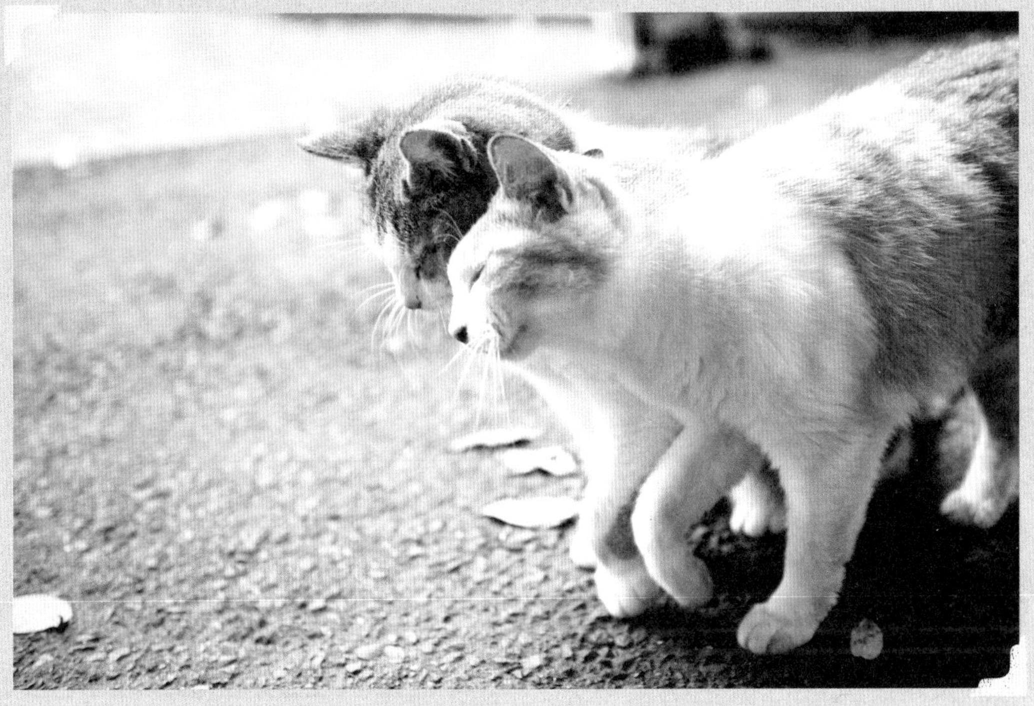

使用高速快門捕捉瞬間

互相磨蹭臉頰的貓咪。「因為是幾秒之間的動作，現場光線偏暗，因此調高ISO感光度（→P32），使用高速快門來拍攝。」呈現出凍結瞬間的照片。

拍攝資訊

光圈值：F2.8　快門速度：1/250秒
ISO感光度：1600　白平衡：自動
鏡頭：24-70mm（標準變焦）

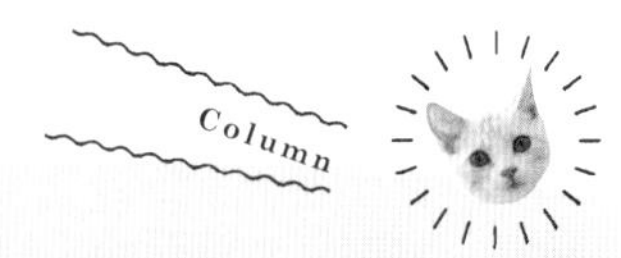

陰暗與明亮場所

個別的基本拍攝法

光線是攝影所不可或缺的元素，因此要配合現場亮度來進行調整，以下來介紹幾個實用的技巧。

首先來認識 ISO感光度

在陰暗的場所要調高感光度

當ISO感光度變高，即使光量微弱下也能進行拍攝，也能縮光圈（→P20）或是使用高速快門（→P26），但感光度越高雜訊也會越明顯。

何謂ISO感光度？

ISO感光度是用來衡量底片等對於光線的靈敏度，數字越大感光度越高，越小則越低，高感光度在陰暗環境下能提高快門速度，避免拍出晃動的照片。

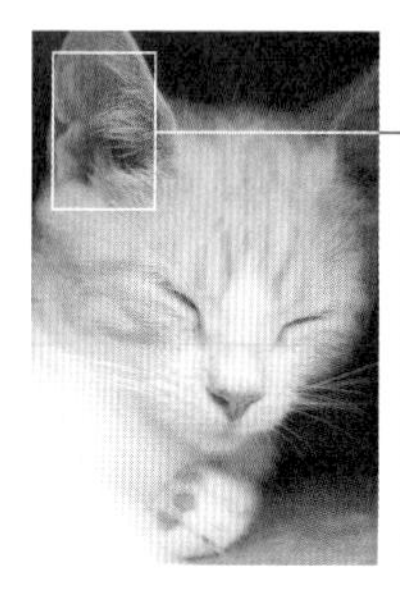
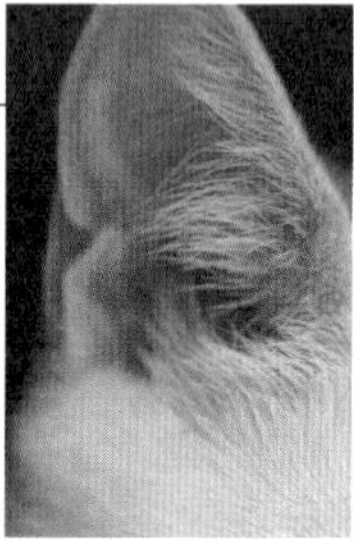

ISO3200

拍攝資訊

光圈值：F5.6
快門速度：1/30秒
ISO感光度：800
白平衡：自動
鏡頭：24-70mm（標準變焦）

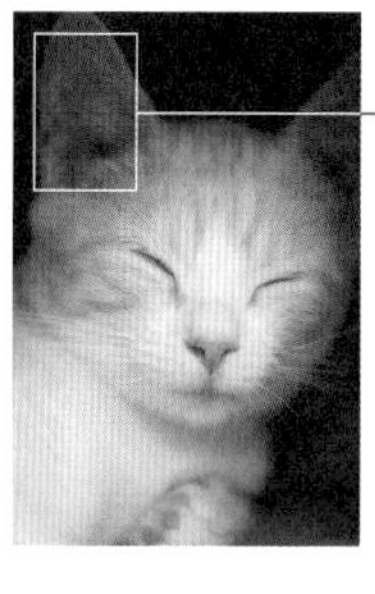
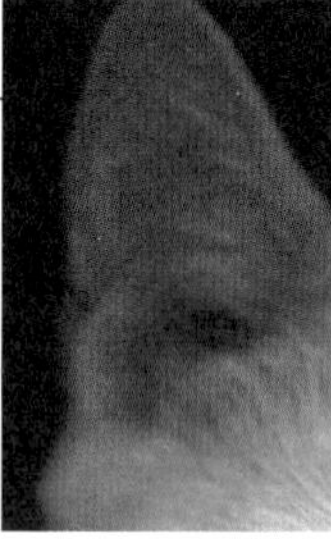

ISO200

拍攝資訊

光圈值：F4
快門速度：1/30秒
ISO感光度：200
白平衡：自動
鏡頭：105mm（微距）

在光線較少的相同環境中，使用ISO感光度較高的相機也能拍到明亮的照片。使用ISO感光度較低的相機，畫面則呈現陰暗效果。

光圈、快門速度、ISO感光度的平衡關係

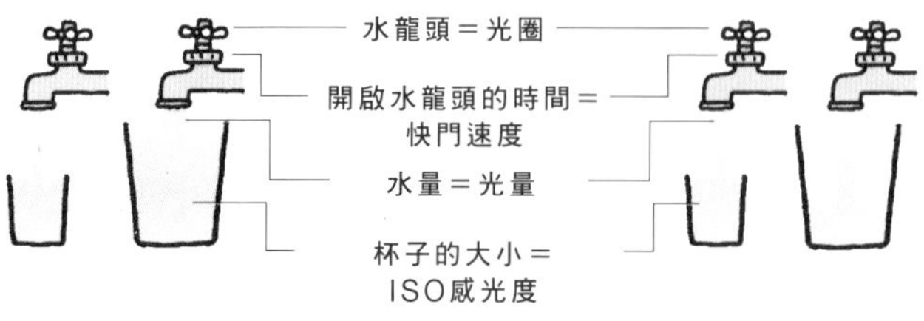

小杯子（ISO感光度）倒滿水（光線）的時間（快門速度）較快（如右圖），如果調整水龍頭（光圈）與水量，同樣的時間下也會水也會倒滿（如左圖）。

考量狀況後來選擇何者為優先

要控制光線，就必須調整光圈、快門速度與ISO感光度，考量一下三者的平衡性後，來設定拍攝現場的亮度吧！

基本設定為···
- ☐ 光圈 = 縮小光圈
- ☐ 快門速度 = 快
- ☐ ISO感光度 = 低

在明亮場所拍攝

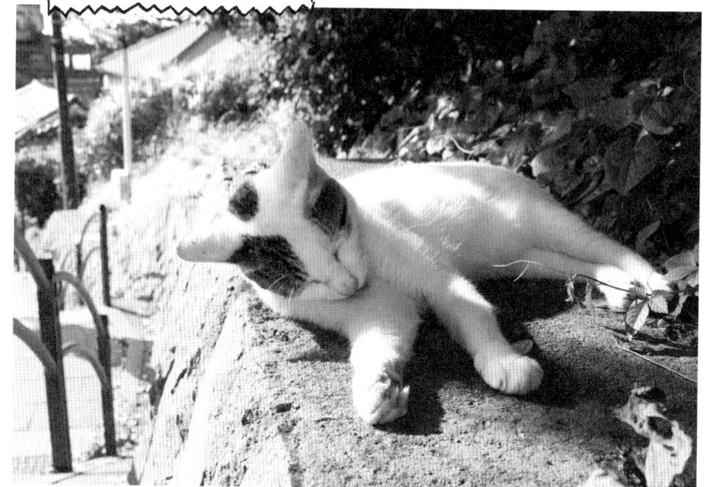

調整感光度與亮度

由於光量相當充足，快門速度相當快，如果光量過多，畫面會偏亮，因此要用低感光度來拍攝。

拍攝資訊

光圈值：F11
快門速度：1/250秒
ISO感光度：200
白平衡：自動
鏡頭：24-70mm（標準變焦）

在陰暗場所拍攝

基本設定為···
- ☐ 光圈 = 大光圈
- ☐ 快門速度 = 慢
- ☐ ISO感光度 = 高

重點在於如何運用少量的光線

在微光場景下，放大光圈下快門速度還是偏慢，容易產生晃動，因此提高ISO感光度，藉此提升快門速度。

拍攝資訊

光圈值：F2.8
快門速度：1/60秒
ISO感光度：1600
白平衡：自動
鏡頭：24-70mm（標準變焦）

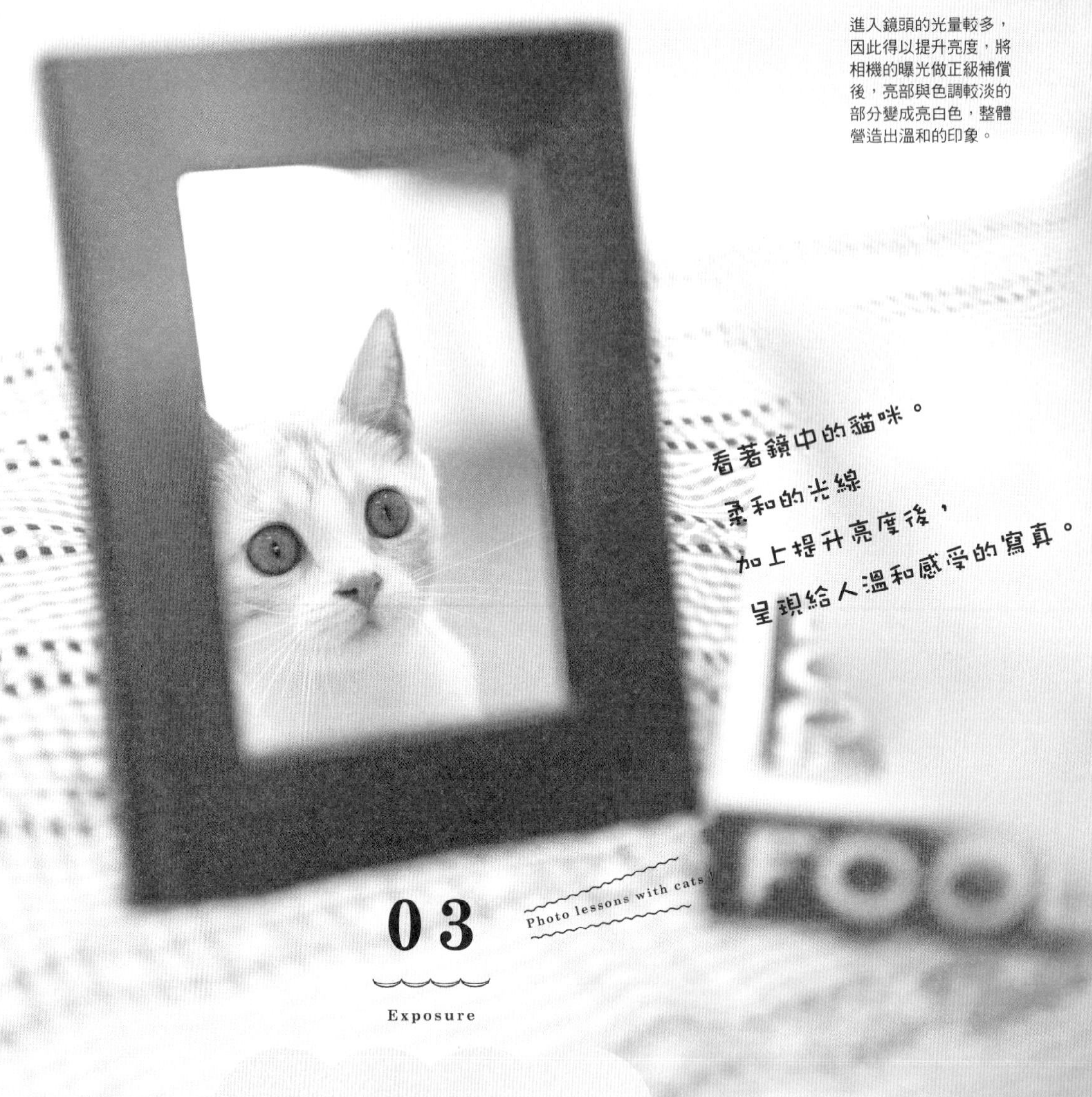

進入鏡頭的光量較多，因此得以提升亮度，將相機的曝光做正級補償後，亮部與色調較淡的部分變成亮白色，整體營造出溫和的印象。

看著鏡中的貓咪。
柔和的光線
加上提升亮度後，
呈現給人溫和感受的寫真。

03

Photo lessons with cats

Exposure

曝光

控制照片明暗的方法

透過光圈、快門速度、ISO感光度的調整就能控制明暗曝光，來學習如何掌握自己喜歡的亮度吧！

加減曝光補償來決定喜好的亮度

學習曝光

增加曝光補償照片變亮，減少補償則變暗，
不用拘泥於合適的曝光值，
不妨找出自己喜歡的亮度吧！

memo

何謂 曝光

- 透過調整曝光，來決定照片的亮度。
- 曝光是透過光圈、快門速度、ISO感光度來控制。
- 使用曝光補償，就能做簡單的亮度調整。

曝光是控制照片明暗的關鍵

曝光是光線進入鏡頭後，在底片等影像紀錄裝置感光，光量是透過光圈（→P20）、快門速度（→P26）與ISO感光度（→P32）來控制，調整曝光將現場的亮度調到接近肉眼的狀態，就是「正常曝光」，偏亮是「曝光過度」，偏暗為「曝光不足」，相機的自動測光是以灰色為基準色，當遇到白色景物時會判斷為過亮，因此減少曝光，遇到黑色景物則是增加曝光，因此這時候要自行調整曝光。此外，測光的部位也會產生差異，測在最亮的部分時整體曝光會變暗，測在暗部則變亮，形成偏白色的過曝照片。

透過曝光補償來調整亮度

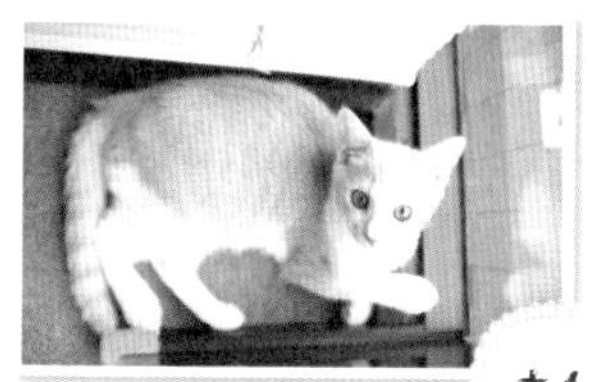

+1

增添柔和的氣息
增加曝光補償讓正片
具有可愛風格

白色部分更為明顯，整體曝光偏亮，給人柔和的印象，在逆光（→P42）的場合就要增加曝光補償。

拍攝資訊
光圈值：F2
快門速度：1/500秒
ISO感光度：400
白平衡：自動
鏡頭：35mm（廣角）

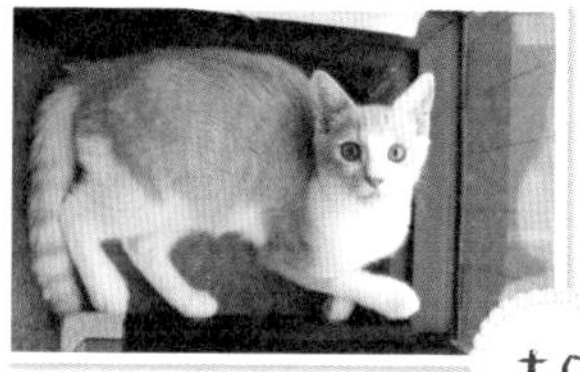

±0

如果想呈現
自然的亮度
就選擇正常曝光

正常曝光的亮度接近肉眼所見，但有時候相機的自動曝光會拍出色調濃淡不正常的照片，要記得做調整。

拍攝資訊
光圈值：F2
快門速度：1/500秒
ISO感光度：400
白平衡：自動
鏡頭：35mm（廣角）

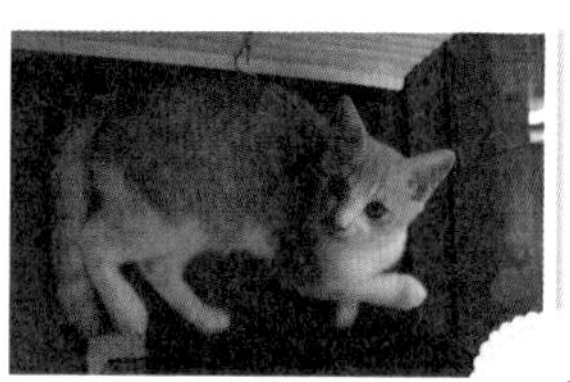

−1

呈現陰影與重量感
減少曝光補償
給人冷酷的印象

以色調較濃的部分為中心，整體偏暗。像是黃昏風景常常拍出比肉眼所見更亮的亮度，這時候就要減少曝光補償來增添氣氛。

拍攝資訊
光圈值：F2
快門速度：1/500秒
ISO感光度：400
白平衡：自動
鏡頭：35mm（廣角）

要如何忠實呈現黑貓與白貓的毛色

相機的自動曝光是以灰色為基準色，遇到以白色為主的場景時，相機會判斷為過亮，因此減少曝光，反之遇到黑色為主的場景則增加曝光。為了忠實呈現顏色，拍攝黑貓要減少曝光，白貓則增加曝光。

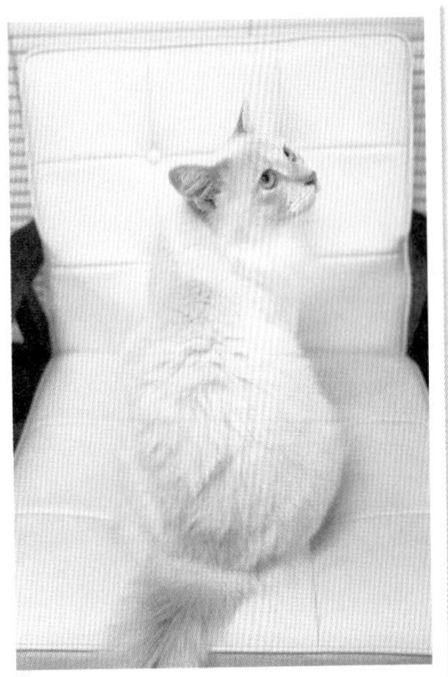

整體顏色偏淡白色，相機判斷過亮，容易拍出曝光不足照片，因此需要增加曝光。

拍攝資訊

光圈值：F2.8
快門速度：1/125秒
ISO感光度：800
白平衡：自動
鏡頭：35mm（廣角）

拍攝資訊

光圈值：F2.8
快門速度：1/60秒
ISO感光度：800
白平衡：自動
鏡頭：35mm（廣角）

黑色佔據畫面主要部分，因此相機判斷過暗，容易拍出曝光過度照片，這時候就要減少曝光。

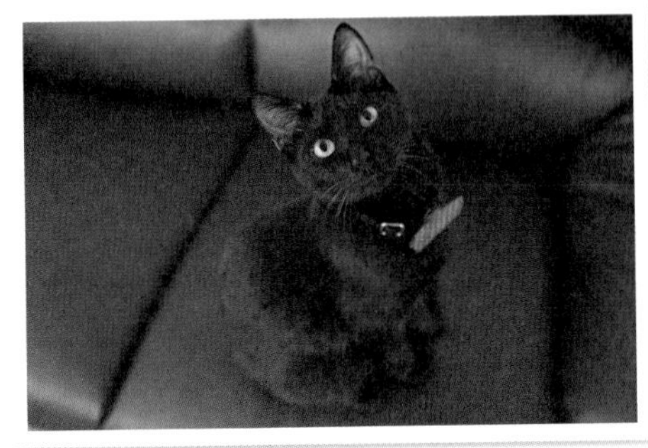

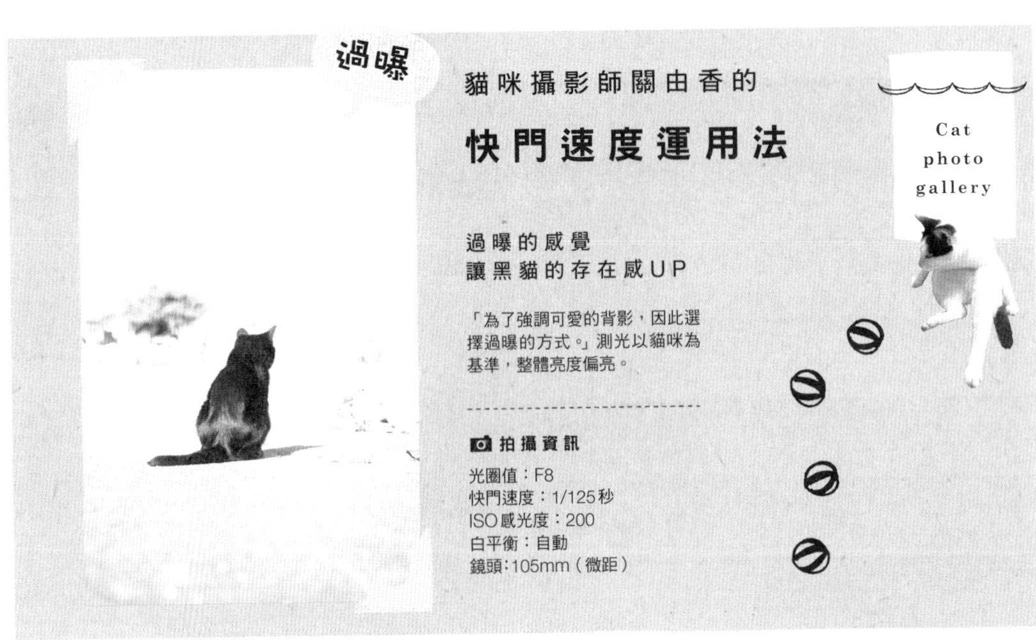

過曝

貓咪攝影師關由香的

快門速度運用法

Cat photo gallery

過曝的感覺 讓黑貓的存在感UP

「為了強調可愛的背影，因此選擇過曝的方式。」測光以貓咪為基準，整體亮度偏亮。

拍攝資訊

光圈值：F8
快門速度：1/125秒
ISO感光度：200
白平衡：自動
鏡頭：105mm（微距）

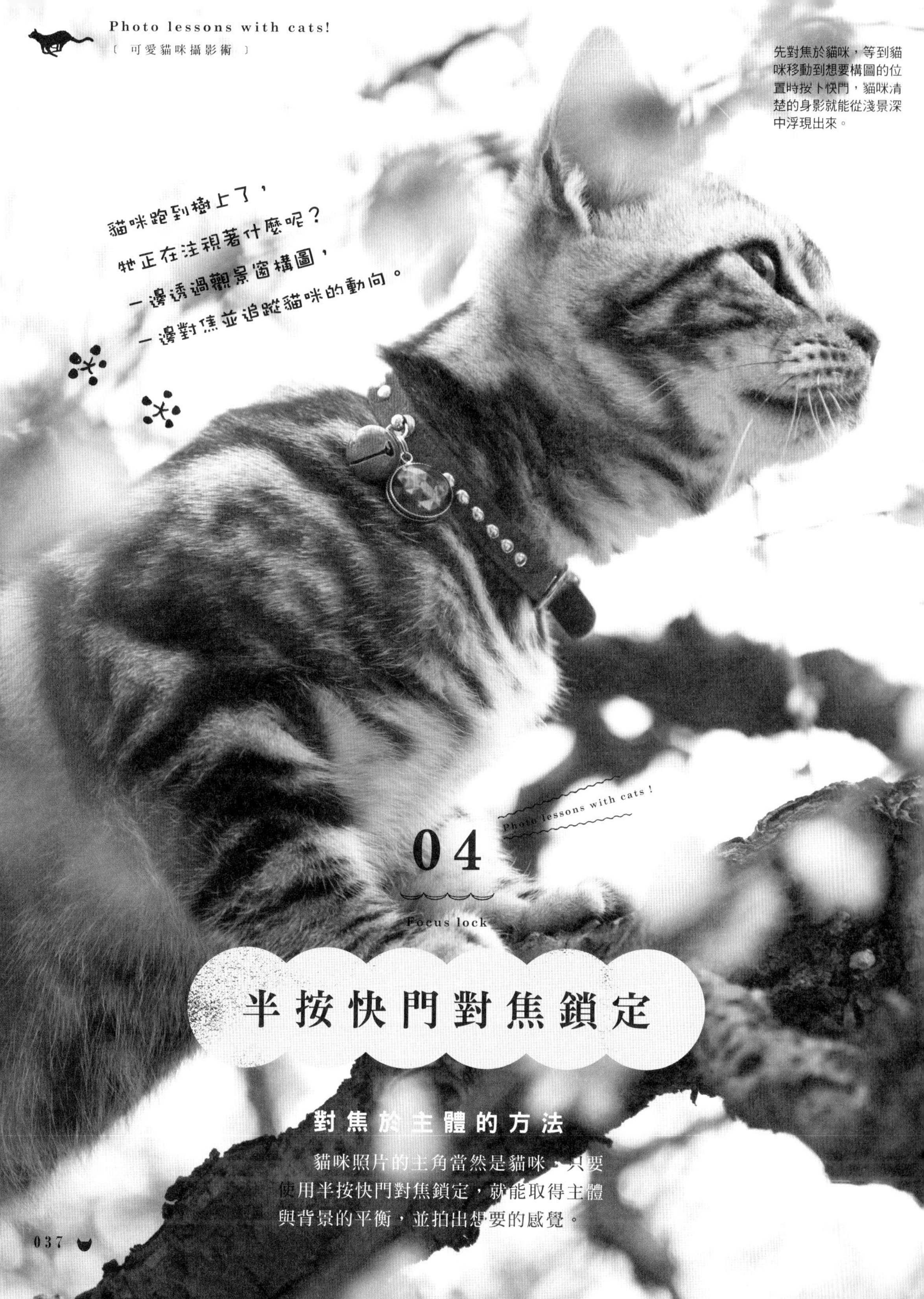

先對焦於貓咪，等到貓咪移動到想要構圖的位置時按下快門，貓咪清楚的身影就能從淺景深中浮現出來。

貓咪跑到樹上了，
牠正在注視著什麼呢？
一邊透過觀景窗構圖，
一邊對焦並追蹤貓咪的動向。

Photo lessons with cats !

04

Focus lock

半按快門對焦鎖定

對焦於主體的方法

貓咪照片的主角當然是貓咪，只要使用半按快門對焦鎖定，就能取得主體與背景的平衡，並拍出想要的感覺。

memo

何謂
半按快門對焦鎖定
持續半按快門對焦的狀態

即使移動相機對焦點還是固定住

學習半按快門對焦鎖定的知識

半按快門對焦鎖定是
運用相機自動對焦的便利功能，
可以選擇喜歡的構圖來對焦。

即使移動相機對焦點還是固定住

對焦的方式大致分為半按快門後相機自動對焦，以及轉動鏡頭對焦環的手動對焦，拍攝貓咪時常常要捕捉一瞬間的動態，自動對焦不會錯過快門時機，非常方便。最新型的相機在半按快門對焦後，還能從多個AF對焦點選擇喜歡的對焦點，所謂的對焦鎖定就是保持半按快門的狀態，只要使用半按快門對焦鎖定，即使主體移動還是不會偏離對焦點，並能改變自己喜歡的構圖（→P48）來拍攝，附帶一提在拍攝貓咪時，基本上要對焦在眼睛。

check!

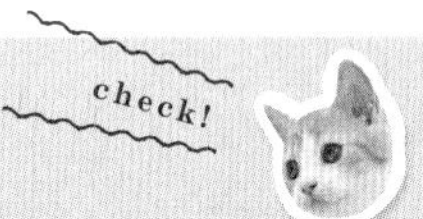

手動對焦的訣竅

手動對焦在陰暗場所或逆光下非常實用，先使用自動對焦大致掌握對焦點後，接著切換成手動對焦模式，並轉動鏡頭對焦環來微調對焦。

半按快門對焦鎖定的方式

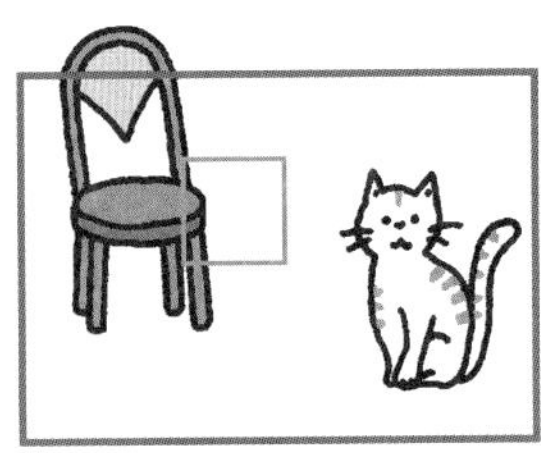

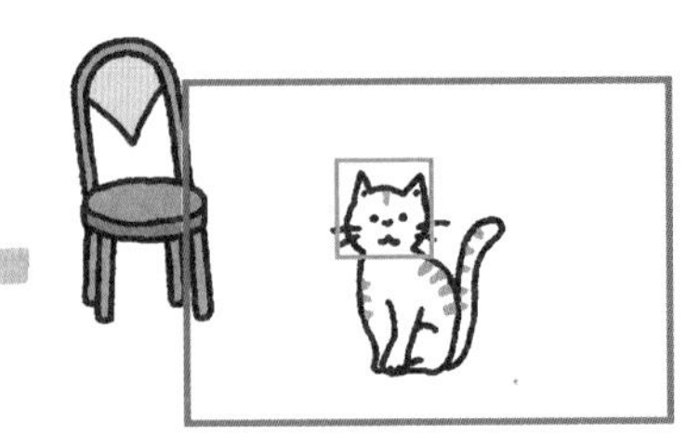

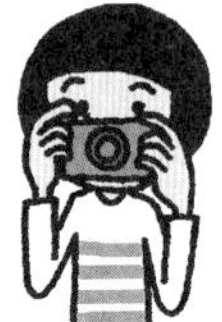

拿起相機先從容易對焦的觀景窗中央對焦點半按快門，接著保持半按快門移動構圖（→P48）。

Cat photo gallery

貓咪攝影師關由香的

半按快門對焦鎖定運用法

對焦於貓咪

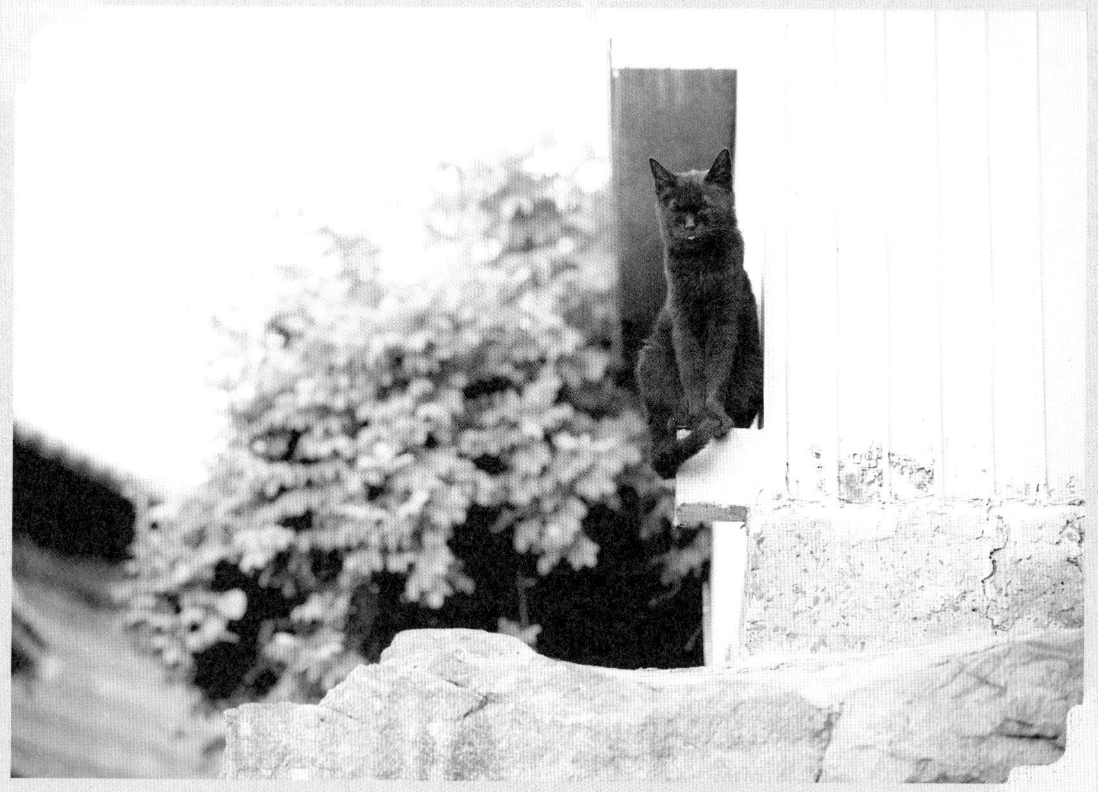

利用半按快門對焦鎖定 等待最佳按快門時機

「對焦於貓咪後，移動構圖（→P48）納入綠色背景，等待數分鐘等到貓咪吐出舌頭時按下快門。」在等待快門時機時非常適合使用半按快門對焦鎖定。

拍攝資訊

光圈值：F2.8
快門速度：1/1000秒
ISO感光度：400
白平衡：自動
鏡頭：70-200mm（望遠變焦鏡頭）

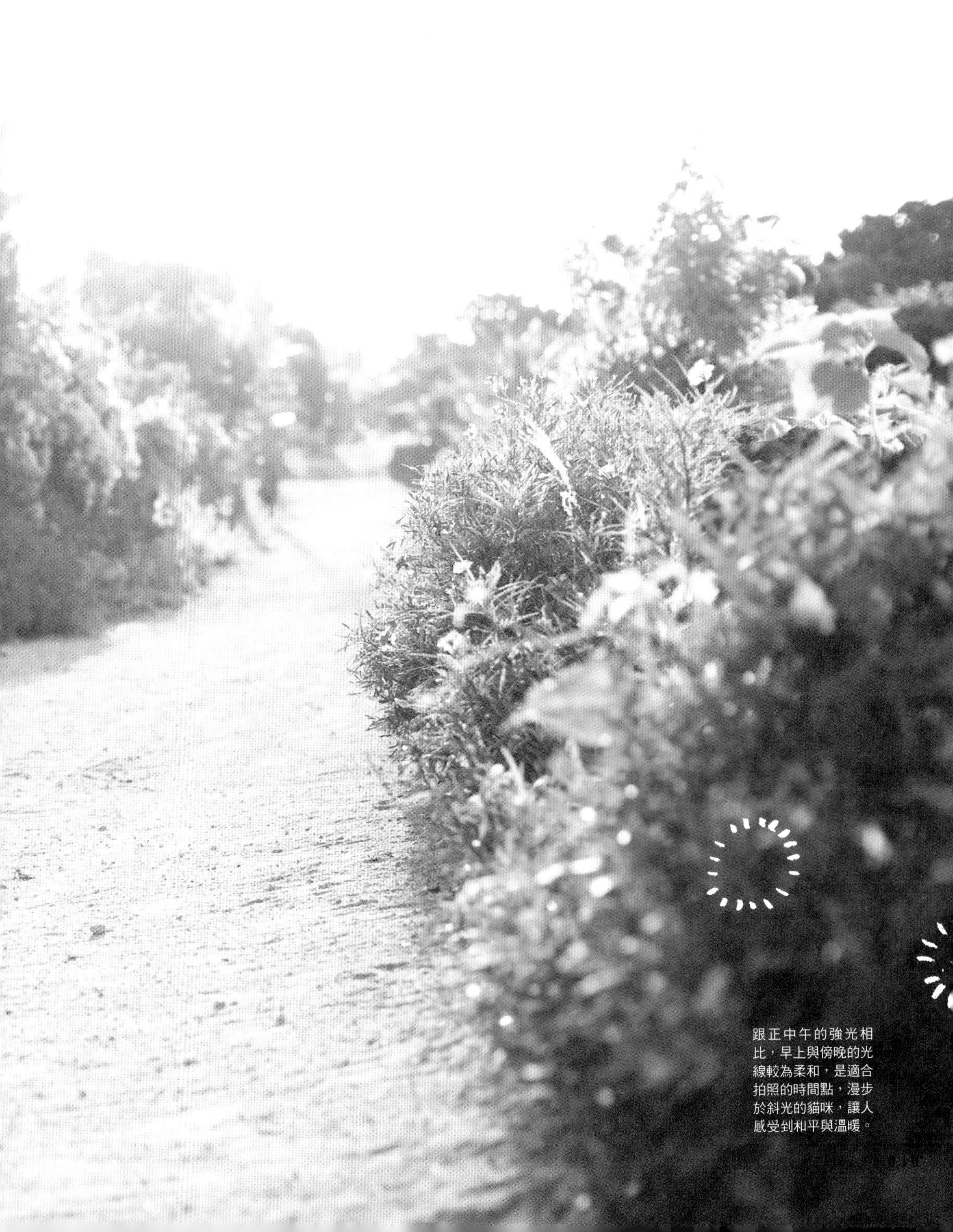

跟正中午的強光相比，早上與傍晚的光線較為柔和，是適合拍照的時間點，漫步於斜光的貓咪，讓人感受到和平與溫暖。

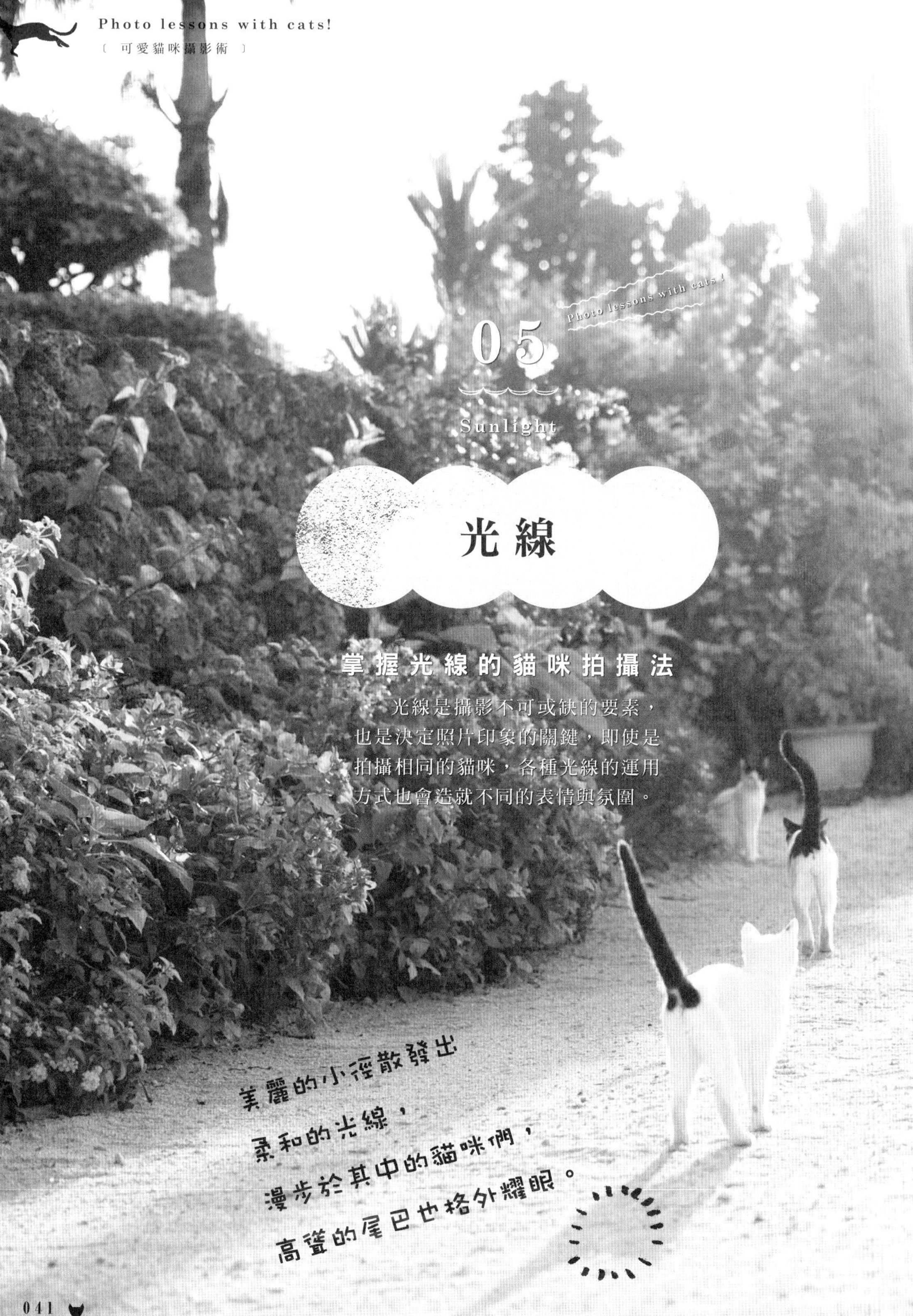

05

Sunlight

光線

掌握光線的貓咪拍攝法

光線是攝影不可或缺的要素，也是決定照片印象的關鍵，即使是拍攝相同的貓咪，各種光線的運用方式也會造就不同的表情與氛圍。

memo

光線

- 光線的方向會改變照片的印象。
- 調整曝光後就不怕逆光了！
- 選擇逆光與斜光來營造柔和的效果

光線的不同位置、角度與強度會改變照片的印象

學習光線的知識

光線是攝影不可或缺的要素，
也會造就貓咪不同的表情與現場氣氛等，
是改變照片印象的關鍵。

思考貓咪與光線的角度

光線從相機端正面照射於主體為「順光」，從側面照射於主體為「側光」，正對相機從主體後方照射而來為「逆光」。

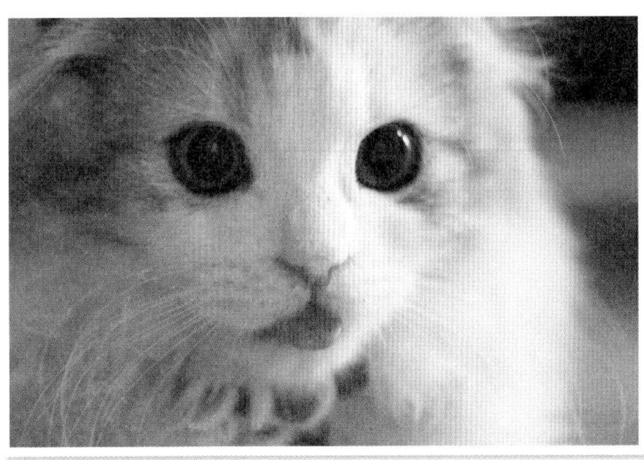

產生陰影外觀更為立體

從45度方向照射於主體為斜光，沒有照射到光線的部分產生陰影，讓表情更具立體感，若是從側面照射的稱為側光。

拍攝資訊

光圈值：F2.8
快門速度：1/8秒
ISO感光度：200
白平衡：自動
鏡頭：105mm（微距）

側光

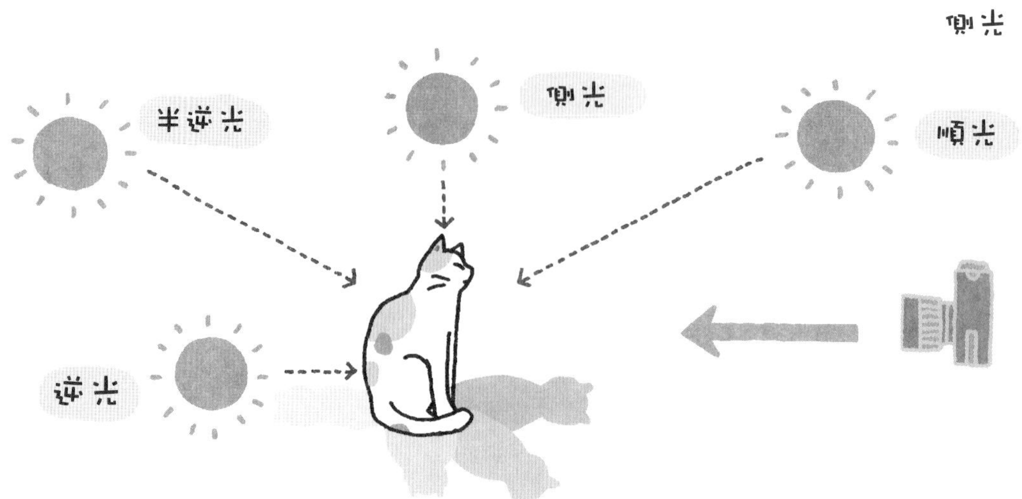

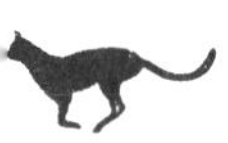

改變光線的方向與光量 創造不同的氣氛

夏天的強烈日照與春季溫和的光線，會造就不同的強度，柔和的貓咪照片適合自然光，因此要避免在強烈日光下拍攝，選擇陰天的光線為佳。午後的光線比較不容易出現陰影，在室內拍攝時，可以選擇窗邊的位置，光線較為柔和。

此外，即使光線的條件相同，捕捉光線的方式也會改變照片的印象，從相機端照射於主體的順光，可以完整重現毛色；側光則會形成立體的陰影，正對相機而來的逆光讓主體的輪廓更為明顯，製造出柔和的印象。

在逆光的條件下，強光照射鏡頭後，會在畫面周圍出現白色模糊的「耀光」或「鬼影」，刻意製造這種效果也能讓照片更具故事性。放大光圈（↓P20）製造主題前方或背景模糊，或是反射光線，調節光量等都是營造氣氛的方式。此外，測光（↓P34）位置的不同也會產生差異。

光圈與測光是讓光線更能發揮效果的重要條件，請務必做好調整，另外在拍攝時也要確認光線的方向，並觀察主體周圍的光線狀態。

check!

反光板的運用方式

反光板是將光線投射於主體的器具，具有補光的效果，也可以使用白紙來替代，在逆光下需要作曝光補償（→P34）時，在主體前方擺放反光板，主體與背景的明暗反差就不會太大，在拍攝貓咪時也可以使用反光板來製造眼神光，但切記如果貓咪不喜歡反光板時，就要避免使用。

逆光
增加曝光補償讓照片更為鮮明

光線從主體後方照射，貓咪的輪廓散發光芒，貓毛看起來很溫暖，由於前方偏暗，需增加曝光補償（→P34）。

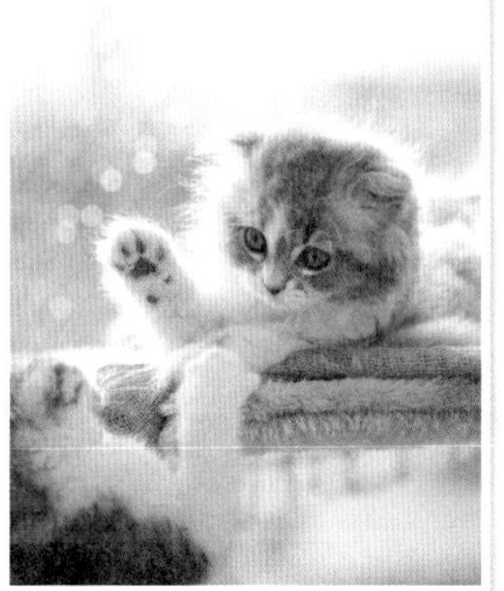

拍攝資訊

光圈值：F4
快門速度：1/250秒
ISO感光度：400
白平衡：自動
鏡頭：105mm（微距）

順光
光線平均照射於主體
非常清晰忠實重現顏色與輪廓

光線正面照射於主體的狀態，貓咪的輪廓非常清楚，忠實重現了毛色，但沒有任何陰影，整體有些平淡。

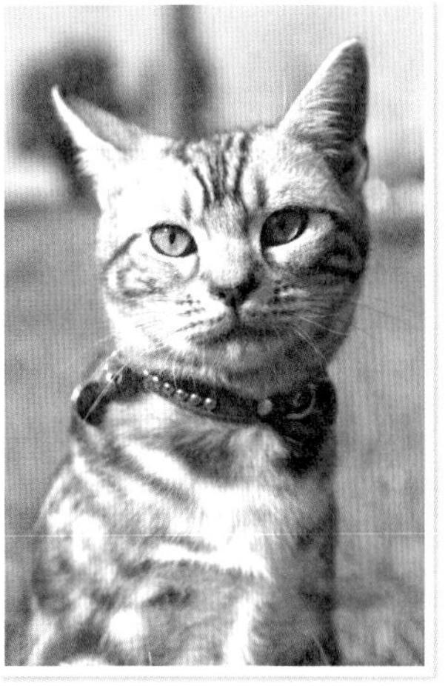

拍攝資訊

光圈值：F4
快門速度：1/500秒
ISO感光度：200
白平衡：自動
鏡頭：17-55mm
（標準變焦）

捕捉隨時間變化的光線

光線的角度會造就不同的色調

在自然光下拍攝時，除了天候外，各種時間點光線的方向、強度、顏色變化等都是值得注意的地方，早上從低角度照射的光線相當強烈，帶有黃色的色調，到了中午太陽跑到頭頂，光線則轉變成白光。

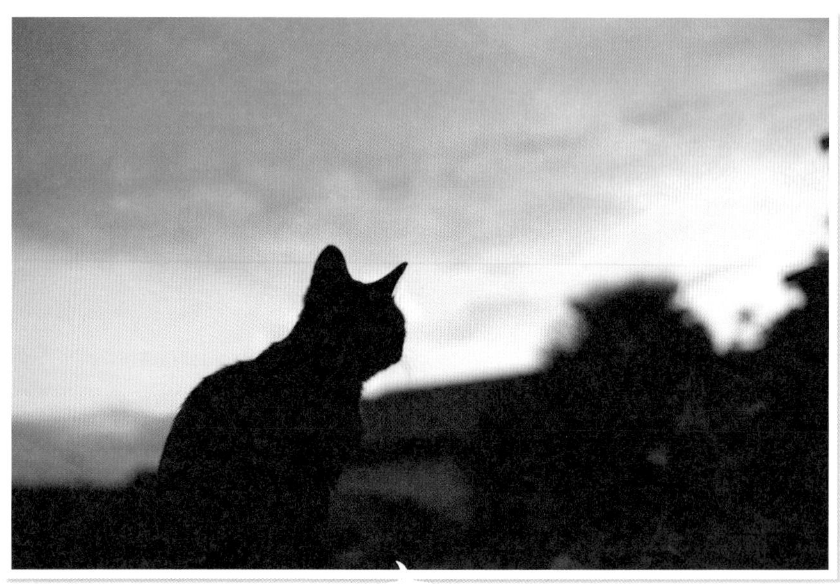

傍晚的光線

黃昏的天空呈現戲劇性的色彩

選擇正常的曝光（→P34）來捕捉天空的色調，前方的貓咪變成黑色剪影，更能凸顯晚霞的色彩，呈現出戲劇化的效果。

拍攝資訊

光圈值：F2.8
快門速度：1/500秒
ISO感光度：400
白平衡：自動
鏡頭：50mm（標準）

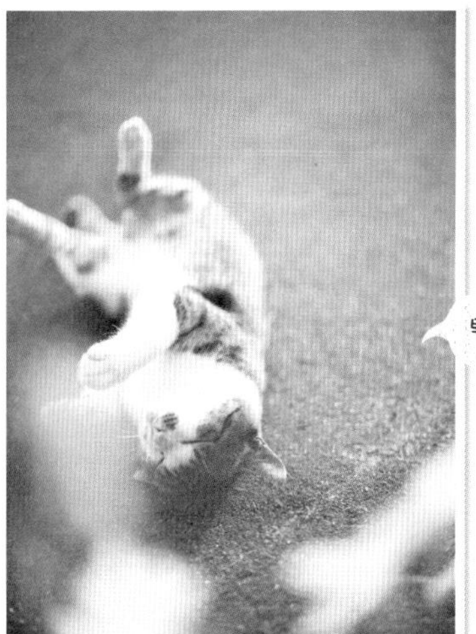

早晨的光線

早晨的強光選擇半逆光捕捉柔和氣氛

早上的強烈光線給人生生不息的感受，貓咪全身位於半逆光下，降低對比並增加曝光補償（→P34），讓照片更為柔和。

拍攝資訊

光圈值：F1.4
快門速度：1/1000秒
ISO感光度：400
白平衡：自動
鏡頭：50mm（標準）

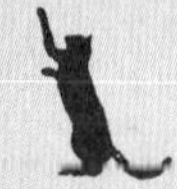

貓咪攝影師關由香的
光線運用法

順光

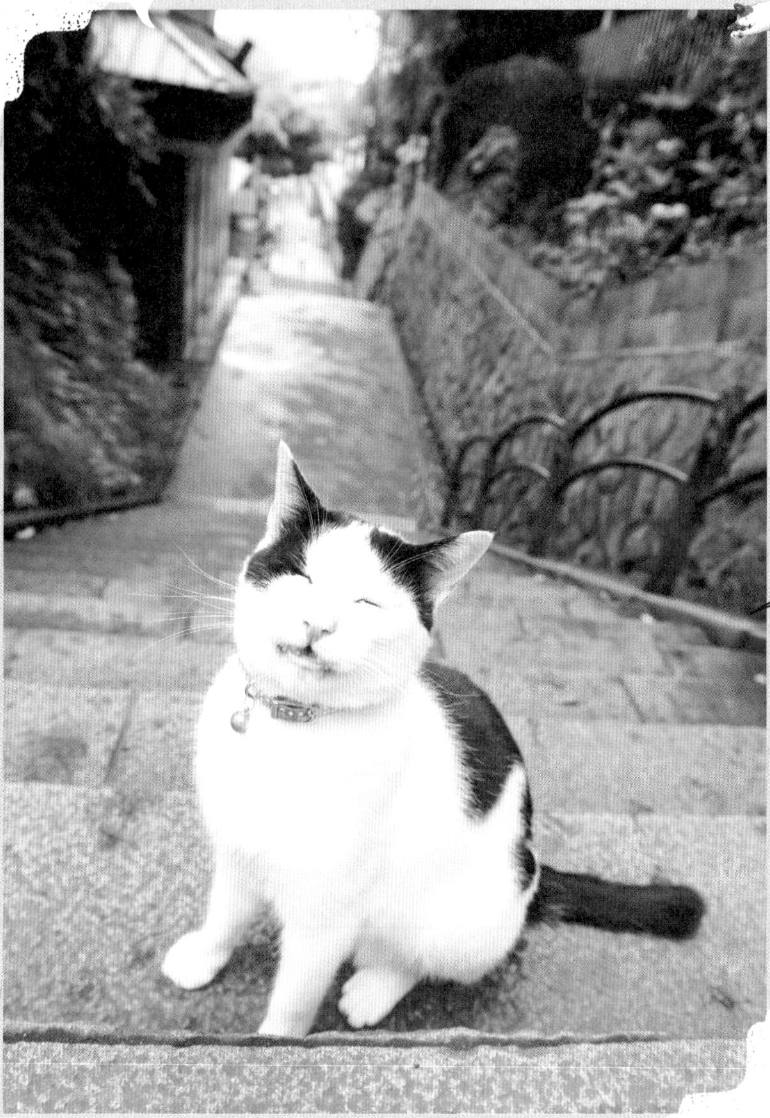

喵

表情豐富生動具有臨場感

光線平均照射於貓咪的正面臉孔，貓咪叫了一聲「喵！」，就好像正在微笑，成功捕捉這一瞬間。順光的顏色與表情都很清楚，稍微強調了動作後，就宛如置身於眼前的臨場感。

拍攝資訊

光圈值：F5.6
快門速度：1/250秒
ISO感光度：800
白平衡：自動
鏡頭：24-70mm（標準變焦）

早晨的光線

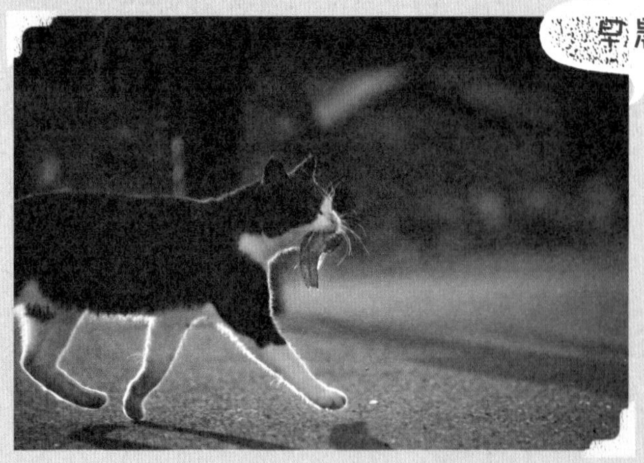

呈現強而有力的貓咪步伐
透過逆光強調毛茸茸的質感

「透過早晨的強烈光線呈現出野貓的帥氣姿態。」用自動測光拍攝黑貓時，會變成灰色的，因此要減少曝光補償。略為曝光不足可以強調受光的部分，讓貓咪的輪廓更明顯。

拍攝資訊

光圈值：F5.6
快門速度：1/400秒
ISO感光度：400
白平衡：自動
鏡頭：28-300mm（廣角-望遠變焦）

逆光

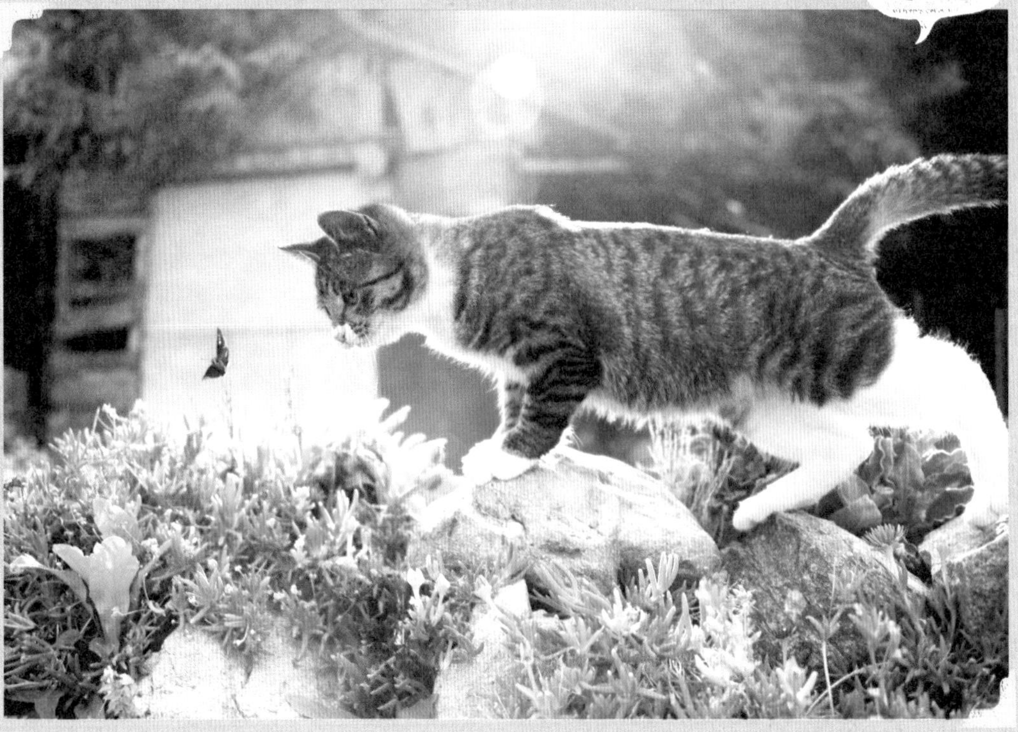

透過耀光與鬼影
凸顯柔和的光線

中午的光線從上方照射，強光穿透鏡頭形成白色的耀光與鬼影（耀光形成於光源以外的場所），利用這兩種效果可以捕捉貓咪沐浴在陽光下的景象。

拍攝資訊

光圈值：F4.0
快門速度：1/1000秒
ISO感光度：400
白平衡：自動
鏡頭：28-300mm（廣角-望遠變焦）

傍晚的光線

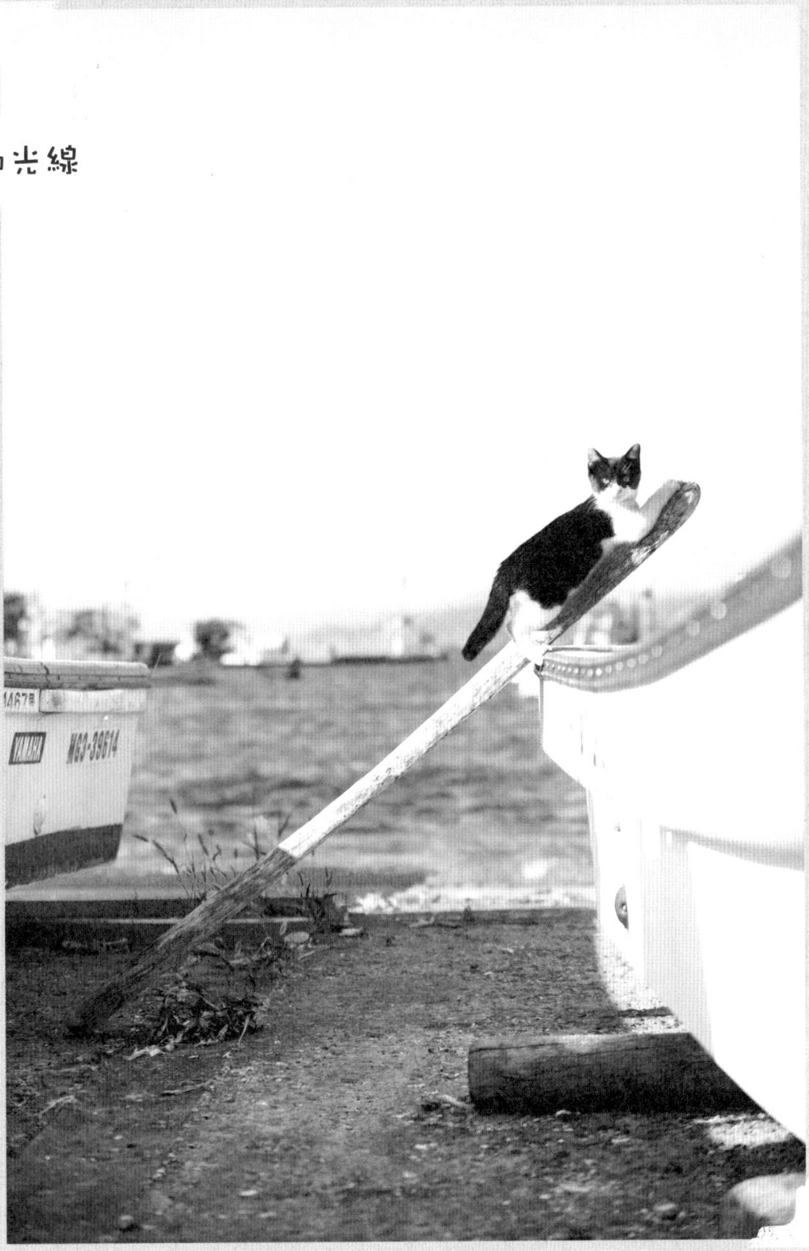

傍晚的光線從旁邊照射
給人柔和有立體感的印象

光線照射於貓咪的背部，臉部與周遭的風景都很有立體感。「傍晚的光線具有各種顏色，這時候是橘色的光線，畫面整體也染成一片橘，在木棒上下來回的貓咪非常可愛，氣氛十分柔和。」

拍攝資訊

光圈值：F4
快門速度：1/2000秒
ISO感光度：400
白平衡：自動
鏡頭：70-200mm（望遠變焦）

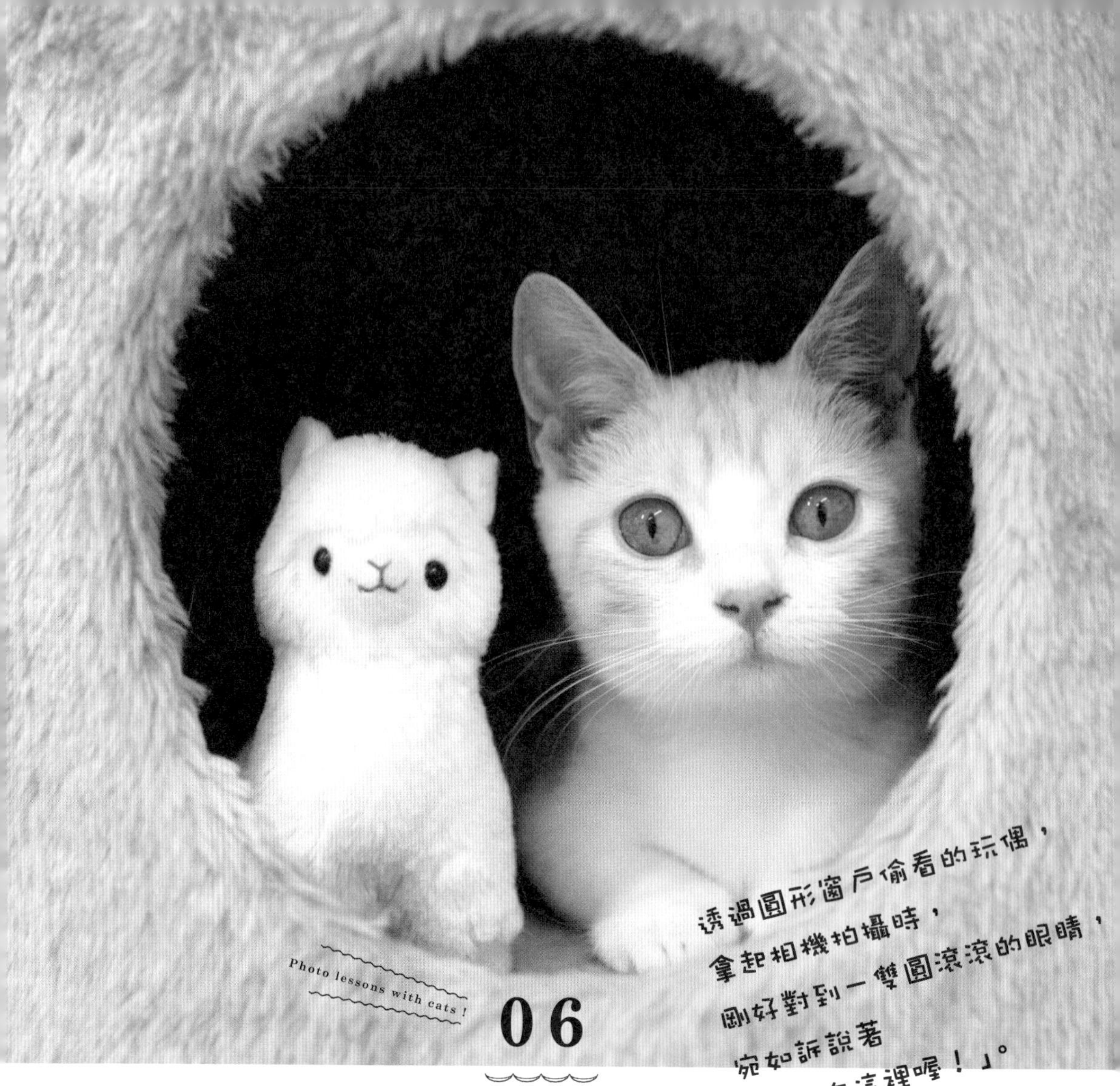

透過圓形窗戶偷看的玩偶，
拿起相機拍攝時，
剛好對到一雙圓滾滾的眼睛，
宛如訴說著
「我也在這裡喔！」。

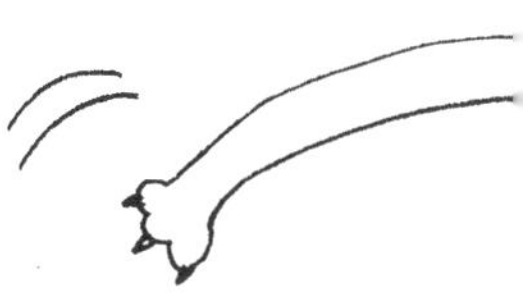

Photo lessons with cats !

06

Composition

構圖

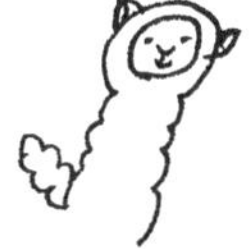

具有故事性的拍法

貓咪要配置在照片的哪個位置，是影響照片印象的關鍵，透過構圖來表現自己想要傳達的主題吧！

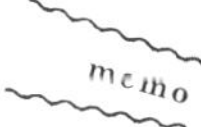

何謂構圖

- 考慮如何表現出貓咪可愛的姿態
- 配角比例不要過多

透過主題來改變照片風格

學習基本的構圖

透過構圖來傳達想要表現的主題，
讓觀眾更能發揮想像空間。

按照攝影主題來配置畫面的主、配角

將肉眼所見的場景用各自的形式拍成照片，這個過程就是構圖。主體的視線保留空間時，觀者也會對於該空間產生想像，透過構圖可以增加照片的故事性。在考量構圖時，最重要的是想要拍出什麼風格的照片，要透過照片表現何種主題，最基本的重點是配置畫面的主角，並考量主配角之間的平衡感。在捕捉貓咪的表情時，將貓咪的臉孔占滿畫面、或是放入背景，這兩者的觀感大不相同，即使是相同的背景，如果背景也能呈現想要傳達的故事性，那麼主角與背景之間的平衡感也很重要，這時候就要思考一下構圖。

要培養構圖的敏銳性，不妨多參考別人拍的照片，如果遇到自己喜歡的場景與主題時，就可以思考要採用何種構圖，長期下來自然而然就會隨時注意構圖，尋找出屬於自我的攝影主題。

中央構圖突顯主角的存在 強調天真無邪的姿態

將主角放在畫面中間的中央構圖，直接傳達出貓咪的可愛姿態，透過動作散發出天真無邪的性格，成功彌補了構圖的單調性。

拍攝資訊

光圈值：F2
快門速度：1/60秒
ISO感光度：400
白平衡：自動
鏡頭：50mm（標準）

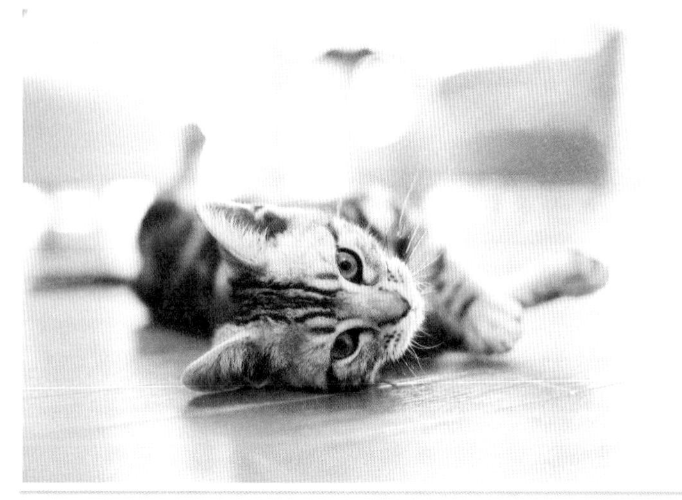

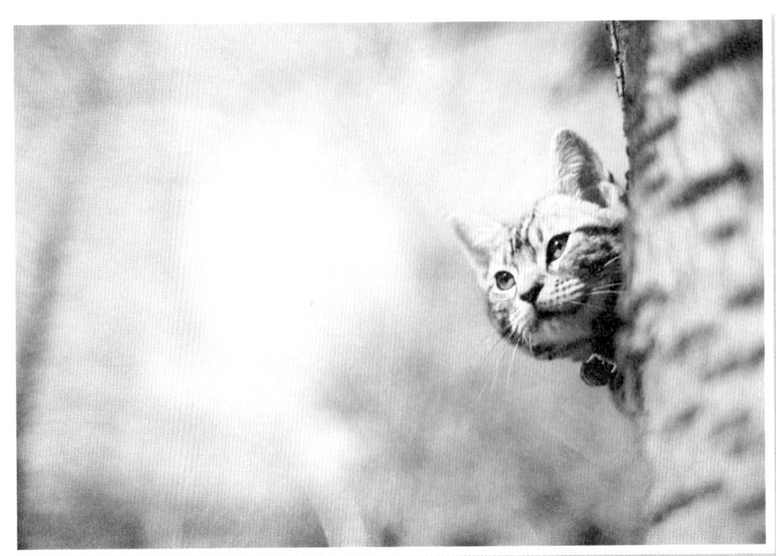

視線前方預留空間 增添了想像力

運用三分法構圖，視線前方留白，不禁讓人想像貓咪正在注視著什麼，產生了故事性。

拍攝資訊

光圈值：F2.8
快門速度：1/1000秒
ISO感光度：400
白平衡：自動
鏡頭：135mm（望遠）

透過安定感的構圖 強調華麗的背景

用二分法構圖將主體放在左邊，另一邊納入花朵背景，花朵的色調醞釀出華麗的氣息，呈現透徹的質感。

拍攝資訊

光圈值：F1.4
快門速度：1/125秒
ISO感光度：400
白平衡：自動
鏡頭：35mm（廣角）

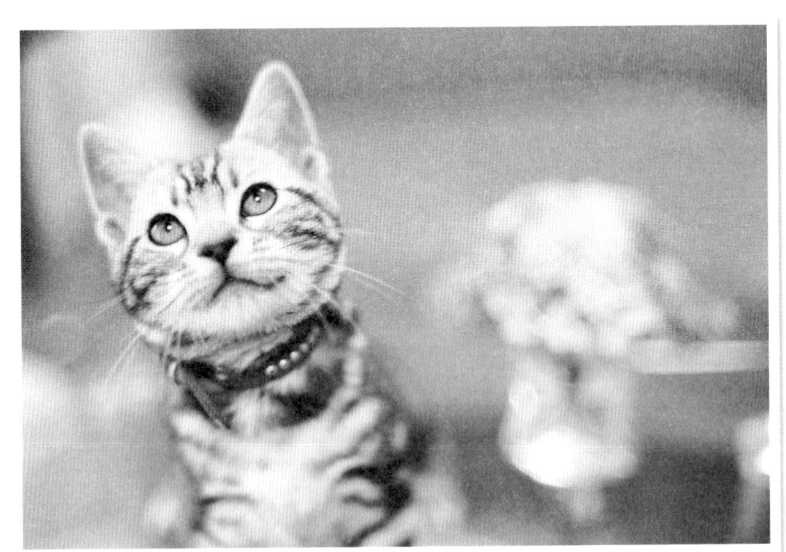

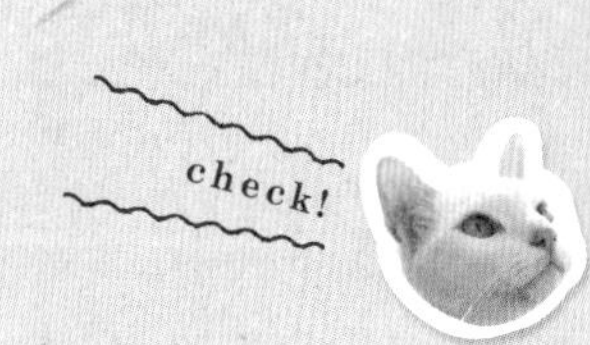

橫幅構圖具安定感　直幅構圖具開放感

橫幅構圖給人安定感，直幅則呈現畫面的景深，可以依據貓咪的角度，以及建築物背景的高度與造型來選擇橫幅構圖，光是改變構圖，感覺就會大不相同。

memo

何謂
構圖的基本

基本為
中央構圖與
三分法構圖
↓
做出各種變化

按照個人喜好來應用

探討各種構圖

各種構圖具有不同的效果，
只要學會基本構圖再多加變化，
就能找出適合拍攝主題的最佳構圖。

構圖要考量自然與靈活性

考量照片的構圖時，最重要的是著重於主題，在前頁曾介紹如何配置主角，並考量主配角之間的平衡性。然而，在拍攝好動的貓咪時，如果花太多時間去考慮構圖，就會錯過珍貴的一瞬間，為了避免發生這樣的情形，最好先掌握構圖的基本訣竅。

構圖有各種基本要訣，效果也各不相同，其中最基本的方式是將主體放在畫面中間的中央構圖，以及將畫面分為縱橫三等分的三分法構圖，就如同上方所介紹，只要活用這兩種構圖，就能改變照片給人的印象。

熟悉了基本構圖後，就能按照自己的方式去做變化，某些相機會在螢幕上顯示井字型格線，並且將AF對焦點設置於線條上，在拍照時就可以根據格線來構圖，另外做出變化的關鍵在於線條與背景，只要留意水平線、建築、道路等線條位置，或是延伸的方向等，就能呈現具有動感的構圖。為了突顯主體的存在，要盡量選擇簡單的背景，如果背景太雜亂就開大光圈來製造淺景深，或是將畫面留白，讓照片更為自然。

記住基本構圖相當有幫助，但也不用過於拘泥，「構圖」就是要將自身感受到的風景直接呈現出來，或是選擇自己喜歡的構圖方式。

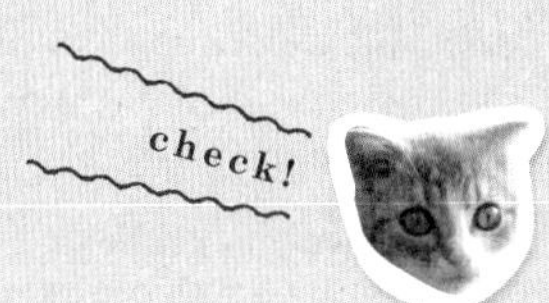

check!

在納入背景時一定要注意

像是人像頭部後方跑出樹木或是電線桿，以及橫向線條穿過脖子的「切頭照」等，都是構圖的大忌。如果無法改變拍攝的位置，就要用淺景深來彌補。

中央構圖

將主體放在中央，直接傳達出主角的存在，但有點單調。

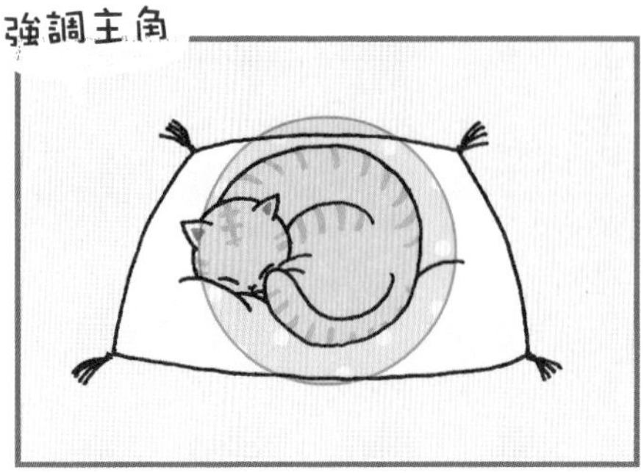

強調主角

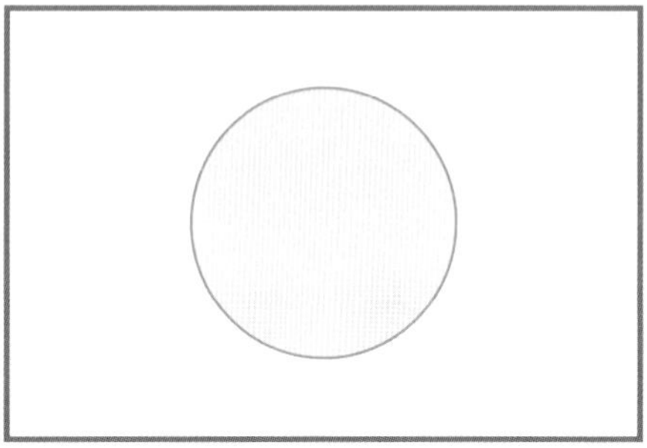

圍繞於周圍場景

以主角為中心畫出三角形…

隧道構圖

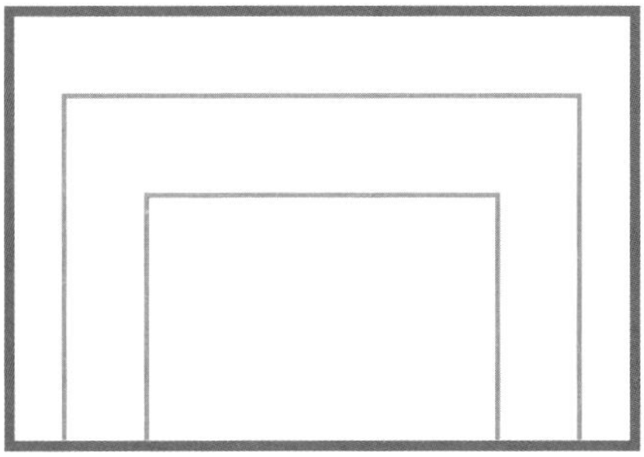

三角形構圖

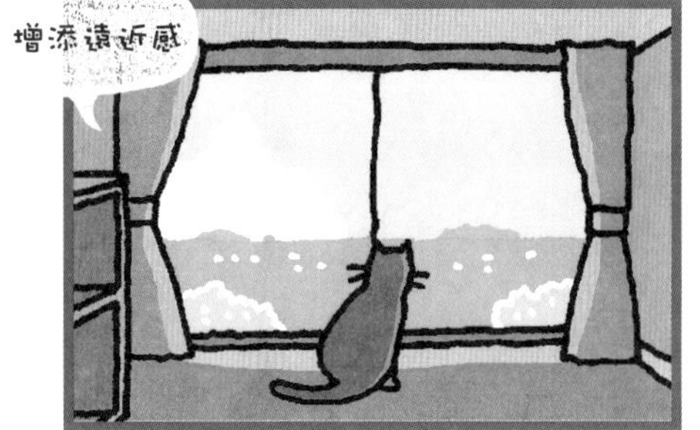

在主角周圍增加明暗反差或是放入框景，讓視線集中於主角，不僅能製造遠近感，還能強調主題。

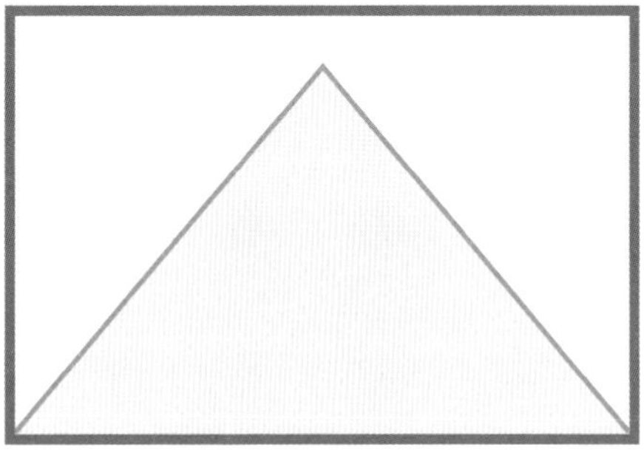

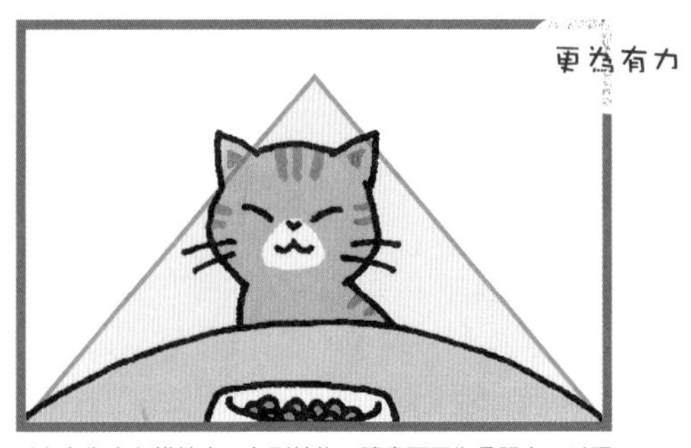

以主角為中心描繪出三角形線條，讓畫面更為具張力，以頂點做出延伸性，也有反向的逆三角形構圖。

對角線構圖

增添流動感

將畫面斜向分割為二，強調畫面的動感，並表現景深。朝右上方的斜線具安定感，朝右下方則是加深視覺印象。

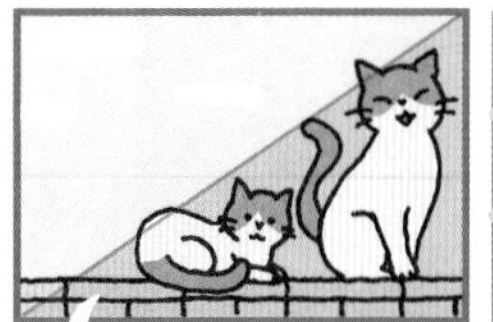

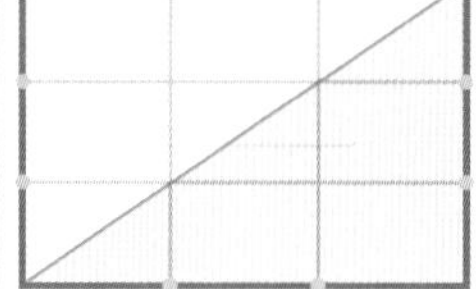

將分割的焦點斜向連結後…

對比構圖

有節奏感

在分割構圖中放入外型相似或大小不同的景物，就能展現遠近感與景深，創造出有趣又具節奏感的照片。

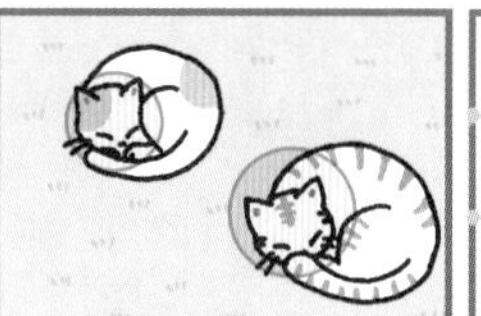

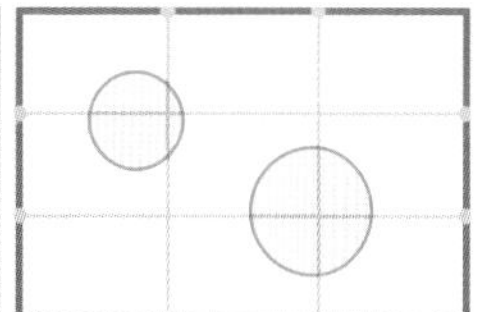

將分割後的景物擺在一起…

三分法構圖

縱橫畫出分割出三個區塊，將主體放在井字形線條的交會點，能提升照片的延伸感與想像力。

故事性較強

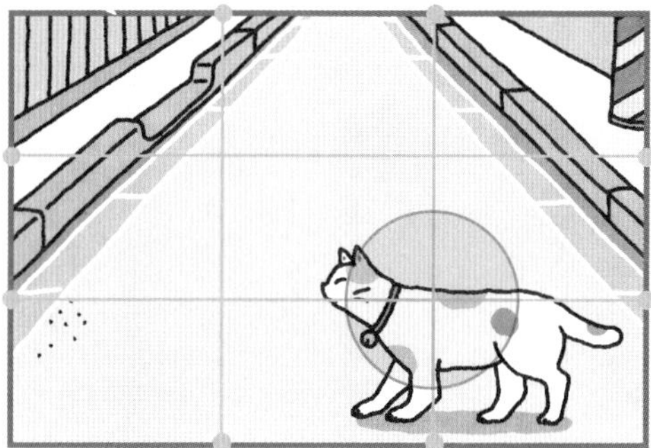

曲線構圖

將分割的畫面描繪曲線…

增添柔和感

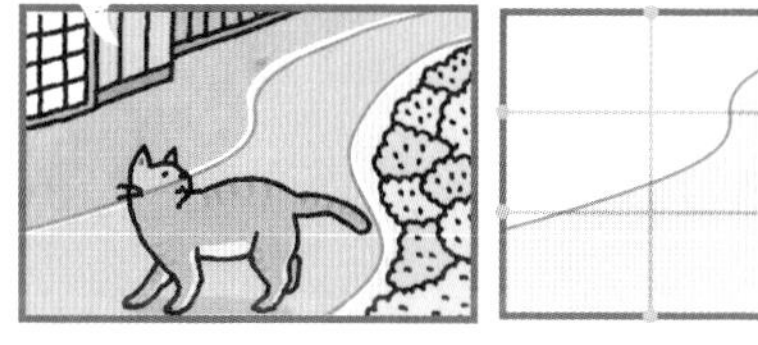

在畫面中描繪出S型或C字型曲線，增添照片的流動感，並呈現柔和感與景深。

黃金分割構圖

改變分割的比例後…

絕佳的平衡感

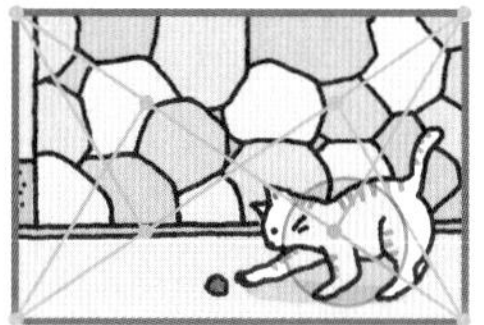

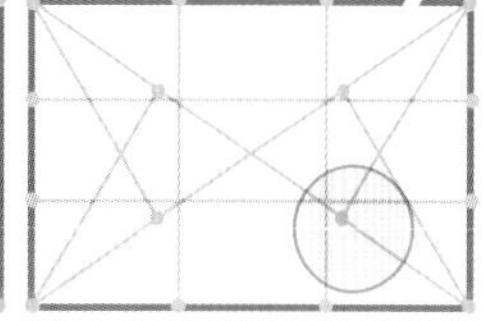

在各條對角線上，將主體放在頂點到垂直線的交點處（黃金分割點），黃金分割比例相當具有美感。

貓咪攝影師關由香的構圖運用法

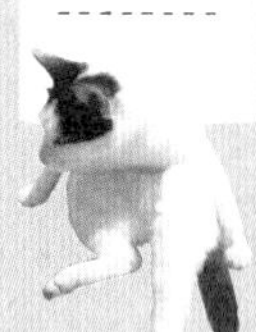

中央構圖

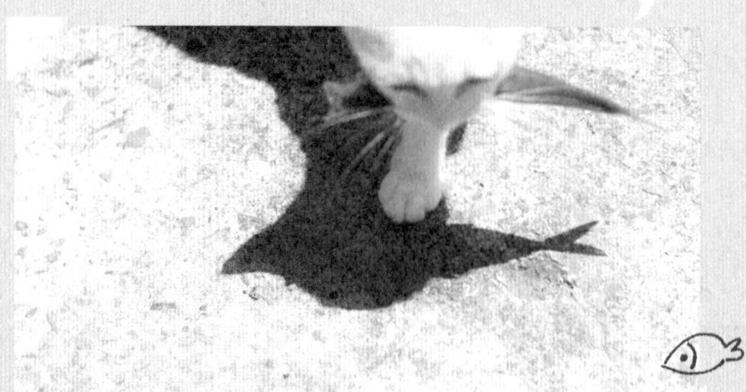

用逆三角形構圖 強調強而有力的動感

「想要強調貓咪的影子，因此放在畫面中央。」採用高速快門（→P28）捕捉一瞬間，對焦於貓咪的腳部，使用逆三角形構圖並在貓咪視線前方留下空間，貓咪就像是在往前走般充滿動感。

拍攝資訊

光圈值：F4
快門速度：1/2000秒
ISO感光度：200
白平衡：自動
鏡頭：50mm（標準）

藉由貓咪的動作 傳達閒適的感覺

「想透過照片傳達貓咪很舒服的狀態。」利用橫向三分法構圖，貓咪的動作十分對稱，橫向延伸的方式給人安定感。

拍攝資訊

光圈值：F5.6
快門速度：1/125秒
ISO感光度：400
白平衡：自動
鏡頭：28-300mm（廣角-望遠變焦）

呈現對比

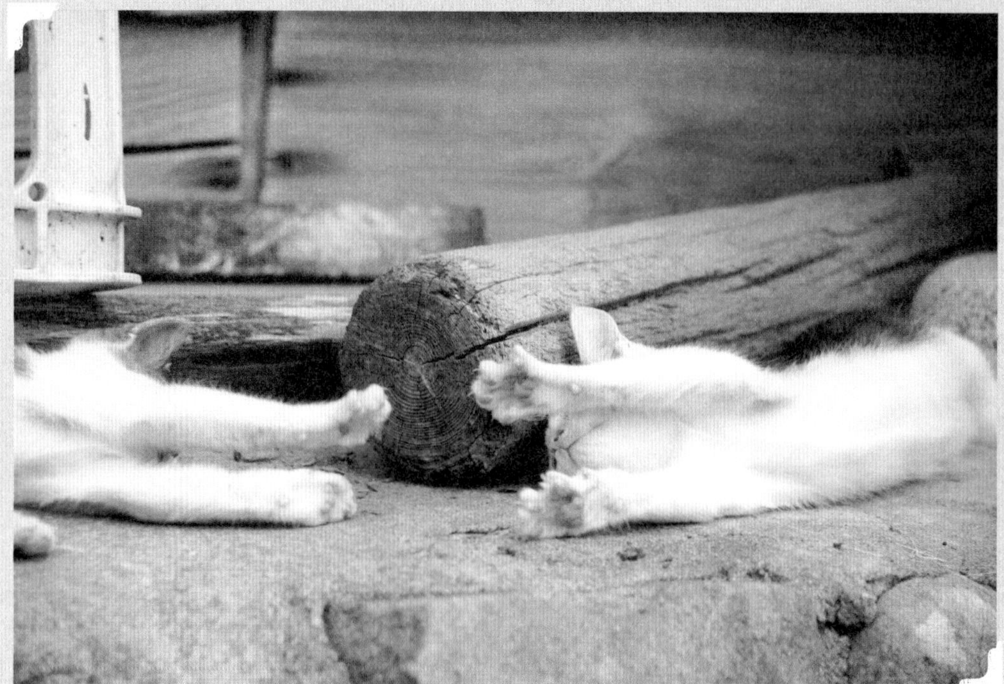

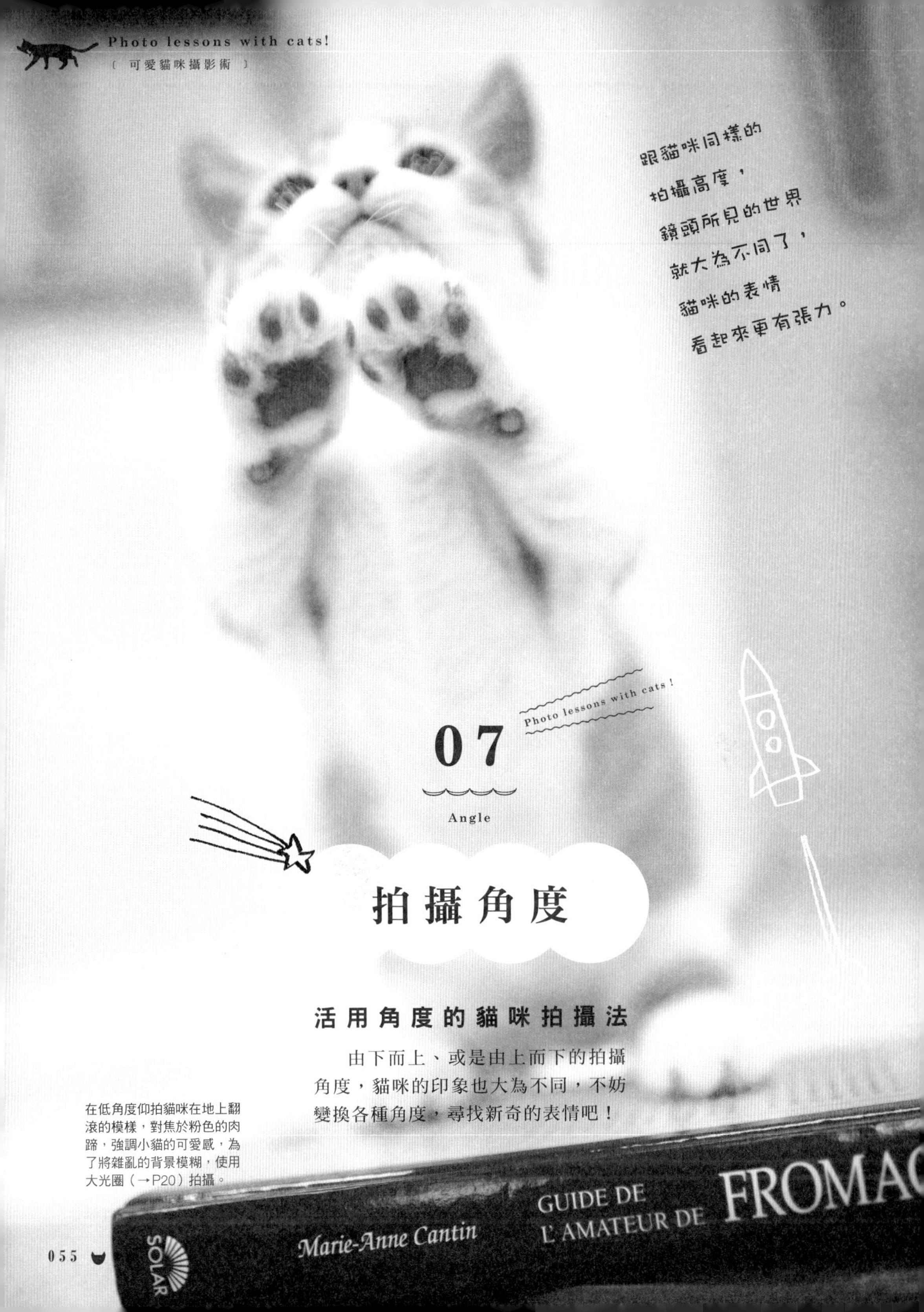

跟貓咪同樣的
拍攝高度，
鏡頭所見的世界
就大為不同了，
貓咪的表情
看起來更有張力。

Photo lessons with cats!

07

Angle

拍攝角度

活用角度的貓咪拍攝法

由下而上、或是由上而下的拍攝角度，貓咪的印象也大為不同，不妨變換各種角度，尋找新奇的表情吧！

在低角度仰拍貓咪在地上翻滾的模樣，對焦於粉色的肉蹄，強調小貓的可愛感，為了將雜亂的背景模糊，使用大光圈（→P20）拍攝。

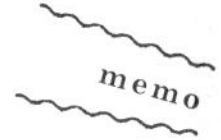

高角度拍攝

大頭短腿的可愛印象

低角度拍攝

腳長而靈敏的印象

突顯貓咪的可愛感

學習拍攝角度的效果

貓咪在各種拍攝角度之下，表情也大為不同。
不妨尋找貓咪最可愛的姿態，
活用各種角度來拍攝吧！

透過攝影角度改變貓咪的表情與氣氛

拍攝角度是用相機拍攝主體時的角度，從上面拍攝為高角度，與視線相同的位置是水平角度，從下方拍攝為低角度，高角度給人可愛印象，低角度則呈現威風凜凜的面貌。

即使在相同的場所拍攝時，改變拍攝角度背景也會變化，照片的氛圍也大為不同。在室外拍攝時如果採用低角度，就能納入天空背景，呈現出空間的開放感，至於水平角度則是強調畫面的景深。

給人頭大腿短的印象 提升貓咪的存在感

用高角度俯拍，貓咪的頭與眼睛看起來變大了，給人幼小又可愛的印象，以臉部為中心提升了存在感，除了貓咪的臉部，前腳也增添可愛感，下方預留空間創造出畫面景深。

拍攝資訊

光圈值：F2
快門速度：1/500秒
ISO感光度：400
白平衡：自動
鏡頭：35mm（廣角）

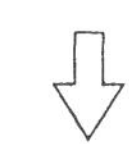

從上方拍攝

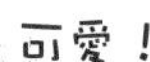

可愛！

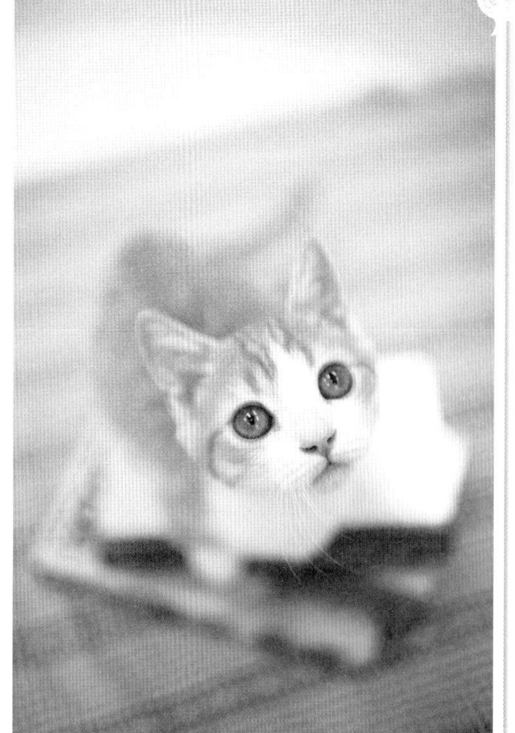

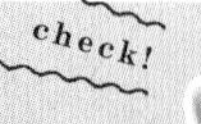

除了上下還能左右改變攝影角度

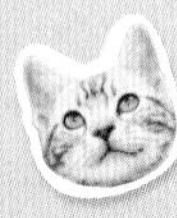

同樣的側臉朝左與朝右給人的印象也大不相同，雖然構圖時也能刻意採取傾斜的角度，但一開始還是儘量以水平或垂直的角度來拍攝。

配合視線的高度
捕捉更清晰的表情

使用水平的角度來捕捉清楚的表情，在戶外拍攝時可以採取與貓咪相同的視線放入背景，呈現畫面的景深，在水平角度將相機往左右移動還能創造不同的視覺效果。

拍攝資訊

光圈值：F2
快門速度：1/500秒
ISO感光度：400
白平衡：自動
鏡頭：35mm（廣角）

從旁邊拍攝

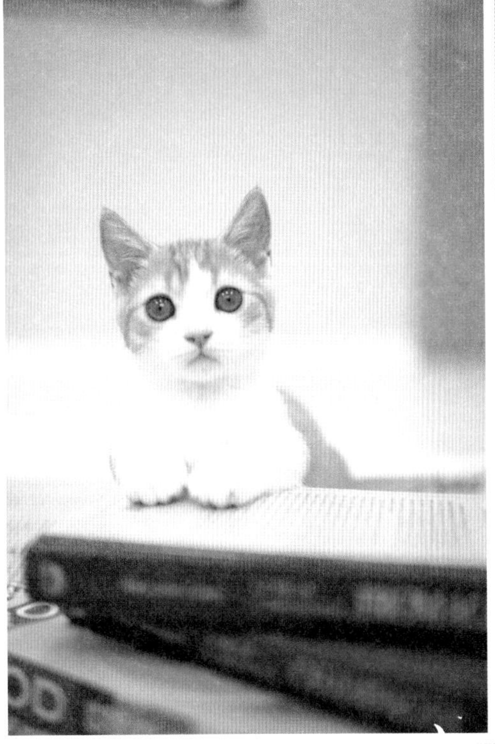

表情一清二楚

從下方拍攝

很威風！

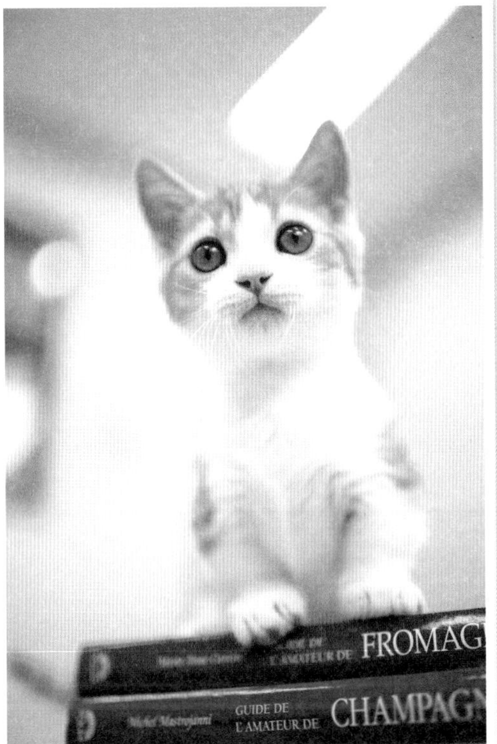

從低角度仰拍
展現威風的面貌

從低角度拍攝，讓主體的印象更強烈，雙腳看起來很長，貓咪看起來很威風，在戶外拍攝如果可以納入天空背景，就能展現空間的開放感。

拍攝資訊

光圈值：F2
快門速度：1/500秒
ISO感光度：400
白平衡：自動
鏡頭：35mm（廣角）

Cat photo gallery

角度篇

貓咪攝影師關由香的
攝影角度運用法

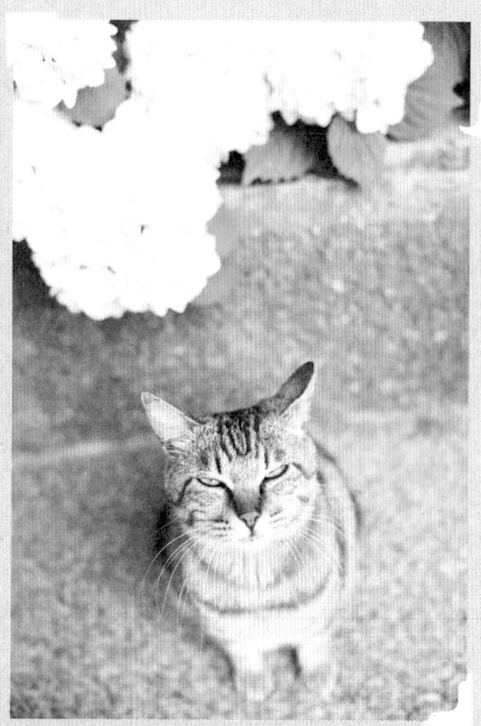

從上方拍攝

透過俯視的角度捕捉可愛的身形

「以貓咪為主角，並納入美麗的紫陽花背景。」選擇高角度拍攝，可以讓花朵看起來更美麗，貓咪的雙腳也放入構圖中，跟花朵背景相互呼應，給人清香的感受。

拍攝資訊

光圈值：F4
快門速度：1/250秒
ISO感光度：400
白平衡：自動
鏡頭：35mm（廣角）

從下方拍攝

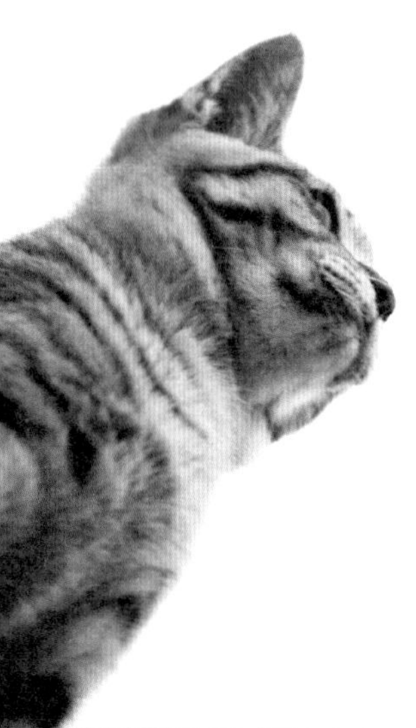

低角度強調主角天空背景展現開放感

從低角度仰拍在地面打滾的貓咪。「貓咪視線前方留白，製造出簡單又有個性的畫面。」全體包覆在藍色的光線中，充滿幻想感。

拍攝資訊

光圈值：F5.6
快門速度：1/60秒
ISO感光度：800
白平衡：自動
鏡頭：28-300mm（廣角-望遠變焦）

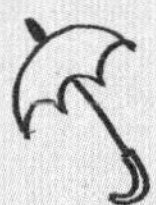

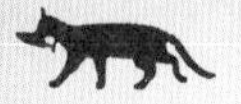

08

Photo lessons with cats!

Lens

可以自由更換鏡頭是單眼相機最大的魅力，廣角、望遠、微距鏡頭等鏡頭琳瑯滿目，且特徵各不相同，最大的差異在於畫角範圍與景深（焦距）。

鏡頭

根據場所選擇合適鏡頭的方法

在相同的場所拍攝同樣的景物時，不同的鏡頭會產生相異的效果，不妨依據攝影主題來選用合適的鏡頭。

拍照時正在煩惱
「今天要用哪顆鏡頭呢？」
貓咪也用迫不及待的視線
訴說著
「今天要用哪顆鏡頭拍我呢？」

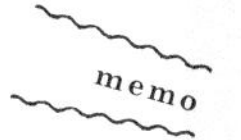

帶入背景時…
廣角鏡頭

無法靠近時…
望遠鏡頭

想要近拍時…
微距鏡頭

活用鏡頭的特性

享受鏡頭的效果

將渺小的物體放大、或是拍出寬廣的畫面等，
鏡頭具有不同的特徵，
來認識一下各種鏡頭的實拍效果吧！

透過焦距來改變拍攝範圍與景物大小

鏡頭上會標示「•mm」的數字，這代表焦距（→P24），50mm的焦距接近肉眼所見的範圍，稱為標準鏡頭，焦距數字更小的（一般為35mm以下）稱為廣角鏡頭，更大的（一般為85mm）為望遠鏡頭，焦距越短拍攝範圍越廣，主體也相對變小；焦距越長拍攝範圍變窄，主體因此變大。可以改變焦距的稱為變焦鏡頭，相對之下不能變焦的稱為定焦鏡頭，一開始可以先選擇標準鏡頭來入門。

check!

拍攝貓咪的第一顆鏡頭建議選用標準定焦鏡頭

跟變焦鏡頭相比，輕量的定焦鏡頭適合拍攝好動的貓咪，最大光圈（→P22）較大，可以製造出淺景深效果。

廣角

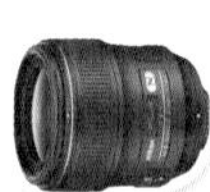

AF-S NIKKOR
35mm f/1.4G

最大光圈值（→P22）為1.4，屬於明亮的大光圈鏡頭，在光線微弱的地方非常實用，屬於定焦鏡頭。

呈現清晰的大範圍畫面並展現遠近感

可以捕捉寬廣的畫面，縮光圈（→P20）後從前景到背景都是合焦狀態，靠近主體拍攝可以呈現遠近感，並產生廣角特有的變形。

拍攝資訊

光圈值：F11
快門速度：1/30秒
ISO感光度：400
白平衡：自動
鏡頭：35mm（廣角）

微距

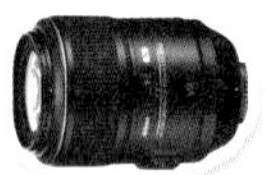

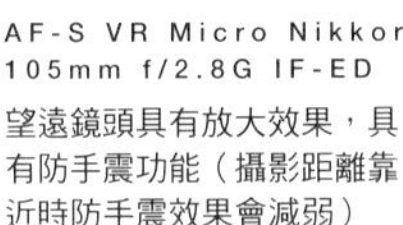

AF-S VR Micro Nikkor
105mm f/2.8G IF-ED

望遠鏡頭具有放大效果，具有防手震功能（攝影距離靠近時防手震效果會減弱）

拍攝資訊

光圈值：F2.8
快門速度：1/60秒
ISO感光度：400
白平衡：自動
鏡頭：105mm（微距）

靠近主體拍攝 放大主體

望遠鏡頭具有放大的效果，對焦點也會改變照片的印象，右邊照片對焦於貓咪的牙齒。

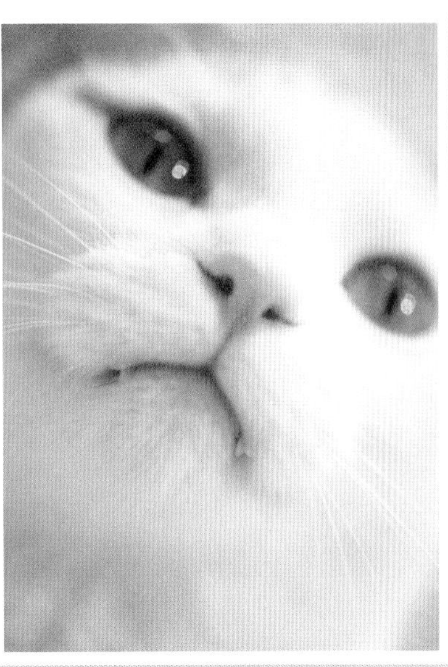

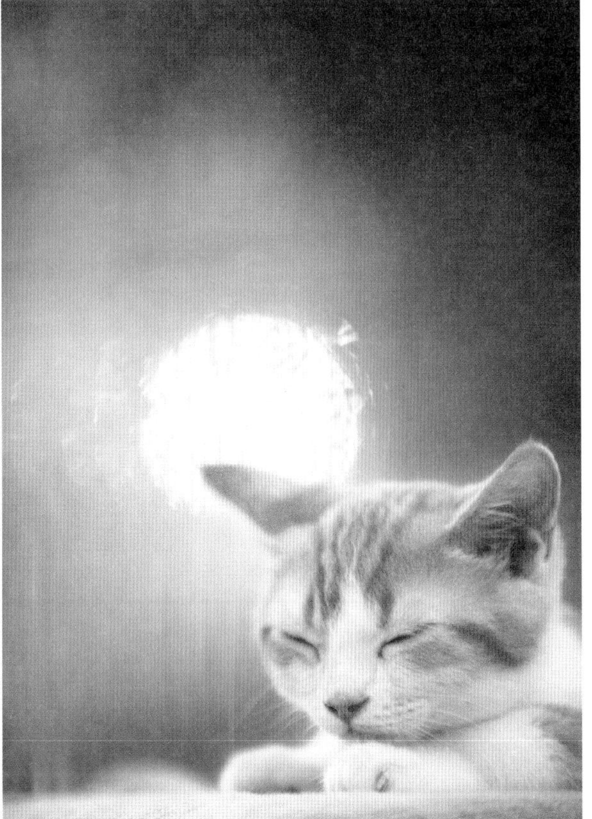

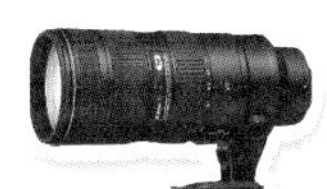

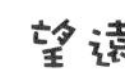

AF-S NIKKOR 70-200mm
f/2.8G ED VR II

可以變換焦距的變焦鏡頭，採用恆定光圈（→P22），附防手震功能。

在遠處也能拍攝 適合拍攝戶外的貓咪

能將遠處景物放大，合焦範圍變窄，輕鬆就能拍出淺景深效果，但要注意晃動。具有壓縮遠景與近景的效果。

拍攝資訊

光圈值：F2.8
快門速度：1/250秒
ISO感光度：400
白平衡：自動
鏡頭：70-200mm（望遠變焦）

微距鏡頭

貓咪攝影師關由香的

鏡頭運用法

Cat photo gallery

鏡頭篇

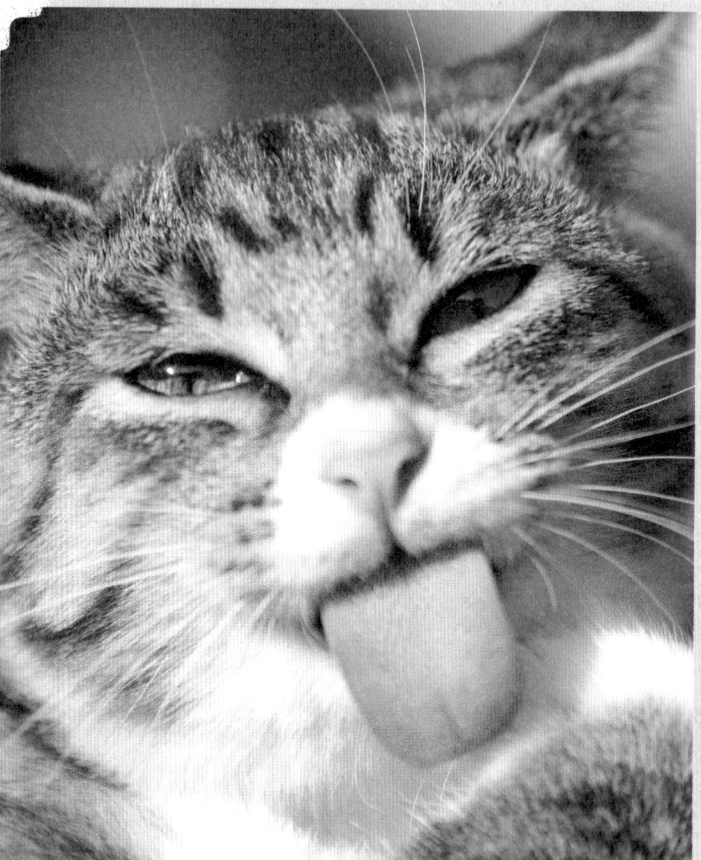

AF-S VR Micro-Nikkor 105mm f/2.8G IF-ED

望遠微距鏡頭具有放大效果，附有防手震功能。

透過近距離拍攝 強調照片的主題

從正面拍攝。「將貓咪的臉孔占滿畫面比例，讓表情更清楚。」貓咪舔舌頭的樣子顯得一清二楚，但對焦點要設在眼睛。「如果沒有對焦在眼睛 表情就會趨於模糊。」

拍攝資訊

光圈值：F5.6
快門速度：1/1000秒
ISO感光度：400
白平衡：自動
鏡頭：105mm（微距）

廣角

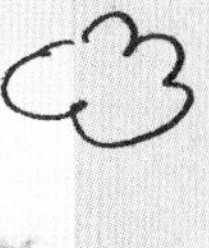

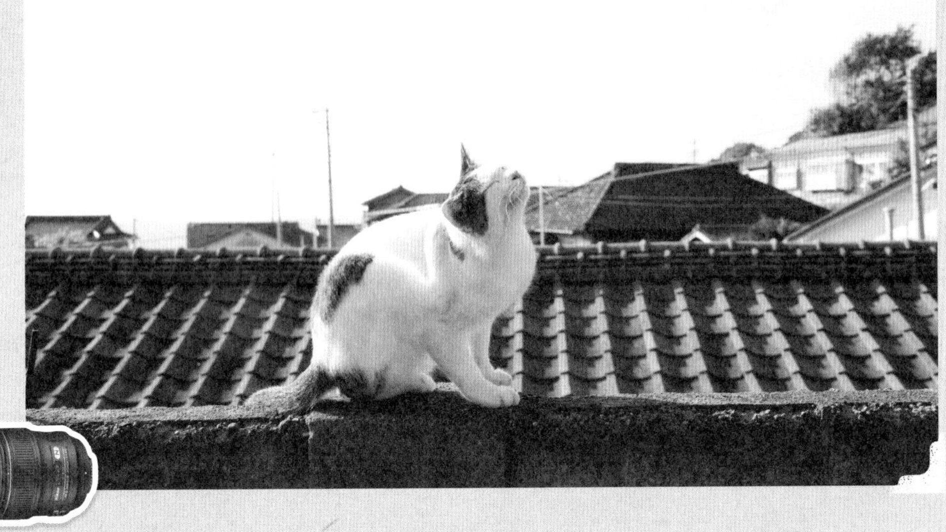

AF-S NIKKOR 35mm f/1.4G

最大光圈值（→P22）達1.4，在陰暗的場所也很好用。

捕捉貓咪融入於風景的畫面

「以貓咪為中心，並使用廣角鏡頭表現周遭建築物的氣氛。」廣角鏡頭能拍攝大範圍風景，再縮小光圈拍攝，整體畫面非常清晰。

拍攝資訊

光圈值：F8
快門速度：1/400秒
ISO感光度：400
白平衡：自動
鏡頭：35mm（廣角）

望遠

奶油般的散景 活用淺景深強調主體

「使用望遠鏡頭拍攝10m外正在走路的貓咪。」用望遠鏡頭就能清楚捕捉遠處的表情，此外望遠鏡頭的合焦範圍淺，能模糊主體的前後景，貓咪完全從綠色的背景中浮現出來。

拍攝資訊

光圈值：F2.8
快門速度：1/1250秒
ISO感光度：800
白平衡：自動
鏡頭：70-200mm（望遠變焦）

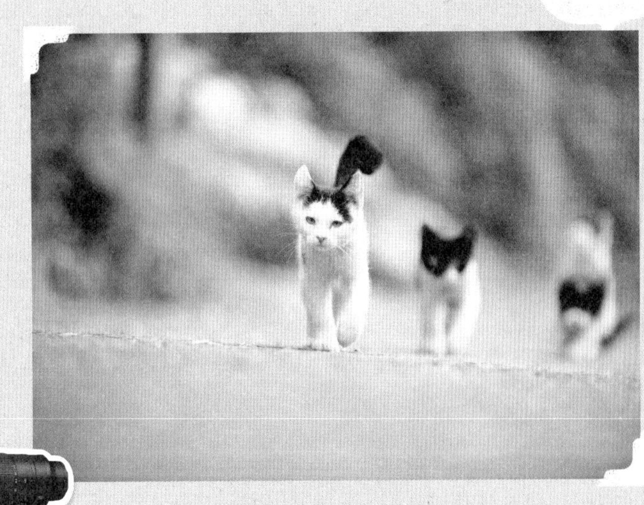

AF-S NIKKOR 70-200mm f/2.8G ED VR II

能改變焦距的變焦鏡頭，最大光圈值（→P22）為F.2.8恆定光圈。

大模仿

挑戰！

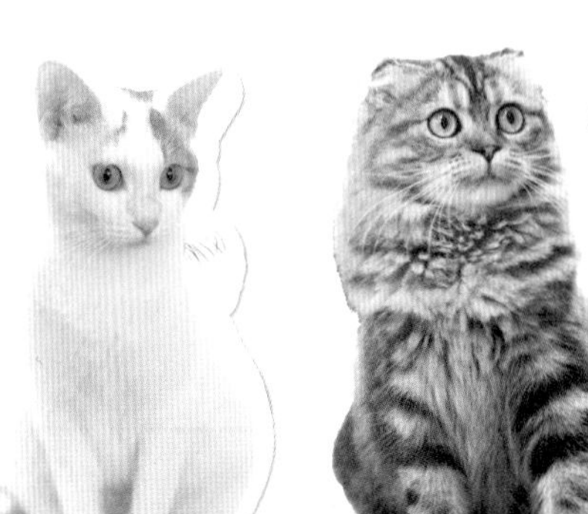

高級篇

- 特殊表情與姿勢
- 整齊劃一姿勢

特別篇

- 跳躍抓取

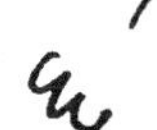

如何捕捉貓咪可愛姿勢的祕訣

貓咪寫真

Let's take the photograph of a cat!!

學會基本知識後，接著就來實地應用吧！
在此公開人氣攝影師關由香
所拍攝的12種範例，
只要參考一下
您也能拍出同樣可愛的照片！

監修・攝影＝關由香
文＝石井亞矢子

初級篇

- 軟趴趴肉蹄
- 昏沉沉睡眠貓咪
- 胖嘟嘟肚子
- 躲貓貓
- 嗅嗅貓咪

中級篇

- 捕捉細部的重點
- 站立的貓咪
- 貓咪拳
- 戲劇性的貓咪姿態

專欄

大家是如何拍貓的呢？

- File01-05　貓咪睡眠篇
- File06-11　可愛貓咪寫真篇
- File12-17　逗趣的貓咪寫真篇
- File18-23　戲劇性的貓咪寫真篇

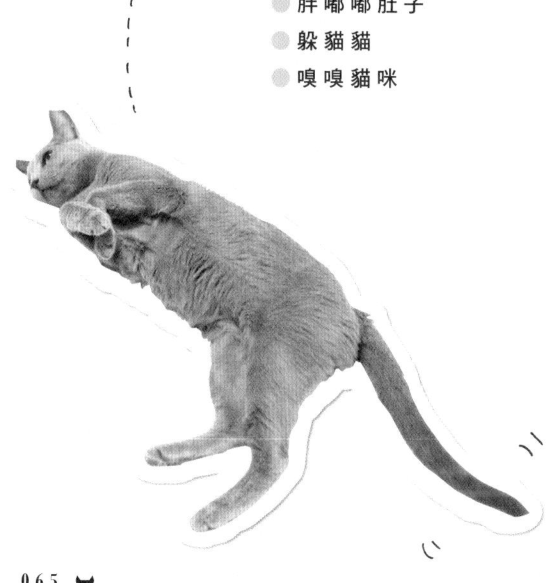

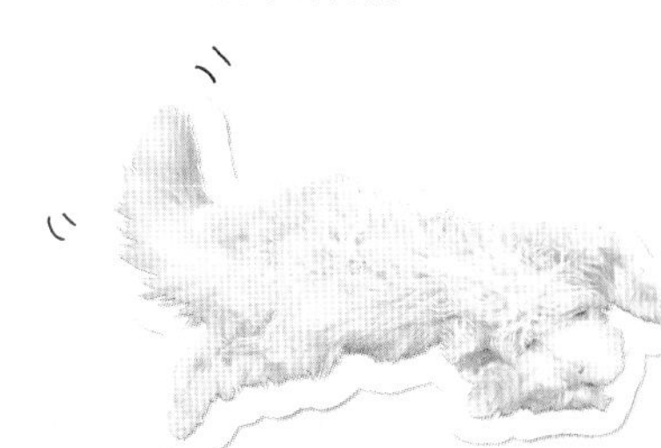

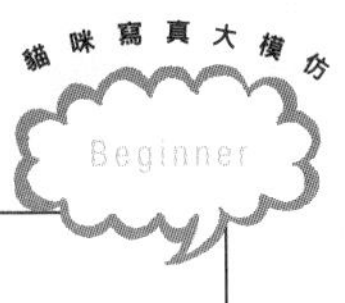

使用微距鏡頭以大光圈表現色調與質感

軟趴趴 肉蹄

很多人都喜歡拍攝貓咪的肉蹄吧？
看起來十分柔軟的肉蹄，
只要用點小技巧就能拍出不錯的感覺，
在此傳授肉蹄的拍攝方式，
看到照片就讓人想摸摸看呢！

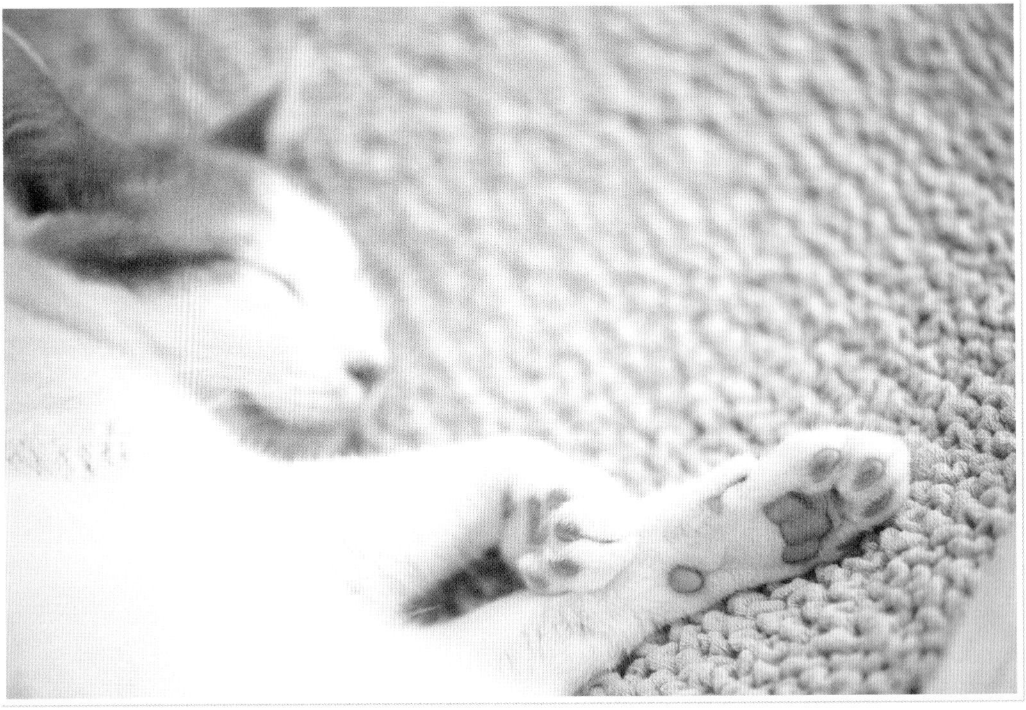

Photo data

鏡頭：105mm（微距）
光圈：F2.8
快門速度：1/60秒

How to Take

1 強調柔和的質感

要強調可愛的肉蹄，就必須對焦於該部位，並使用大光圈製造淺景深，選擇稍微過曝的曝光讓照片更為柔和。

2 採同樣視線高度，捕捉各種表情

往下採取跟貓咪相同的視線高度，將肉蹄放在構圖的中心，如果貓咪躺在地板上，拍攝時也躺在地板上比較容易取景，右頁的照片將貓咪的睡相完全捕捉下來，非常可愛。

3 使用微距鏡頭靠近拍攝

決定拍攝角度後對焦於肉蹄，為了放大肉蹄的比例，可以使用微距鏡頭或是安裝近拍濾鏡，數位相機調成近拍模式後更容易對焦。

圖解

用中望遠微距鏡頭來拍攝！

範例是從10～20mm左右的距離對焦於肉蹄拍攝，呈現出大比例的肉蹄，使用中望遠微距鏡頭就能從遠處展現質感，製造淺景深後讓照片看起來更為柔和。

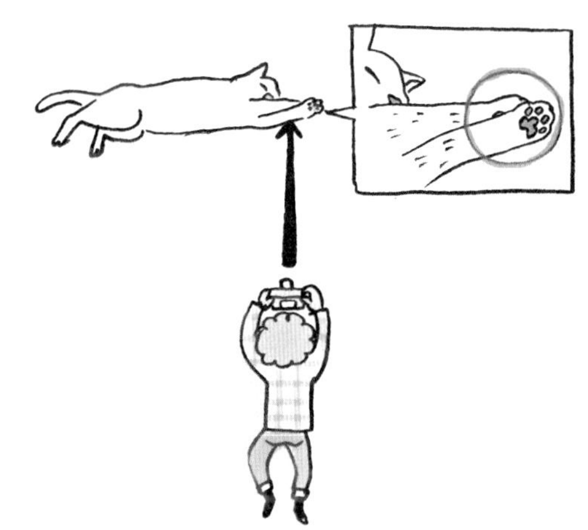

利用淺景深創造柔和效果

對於愛貓人士而言，柔軟肉蹄的質感讓人感到療癒，絕對不能錯過。

在拍攝肉蹄時最重要的就是光圈，為了呈現柔和的表情，就必須採用大光圈讓肉蹄以外的部分成為散景。如果縮小光圈時，畫面會變得過於清晰，充滿寫實性。在拍攝時不妨改變各種設定，找出最佳的設定值。

如果想靠近肉蹄來拍攝，使用能更近距離拍攝的微距鏡頭與近拍濾鏡，或是調成近拍模式會更為便利，得以捕捉肉蹄不同的效果。

當貓咪睡覺的時候就是最佳的拍攝時機，這時候貓咪沒有任何防備，初學者也能輕鬆捕捉表情，呈現出肉蹄的風貌。

肉蹄與手部姿態

看起來很舒服伸手出來的肉蹄，整個畫面都很可愛，但可以將對焦點放在肉蹄上，並將臉部模糊化。

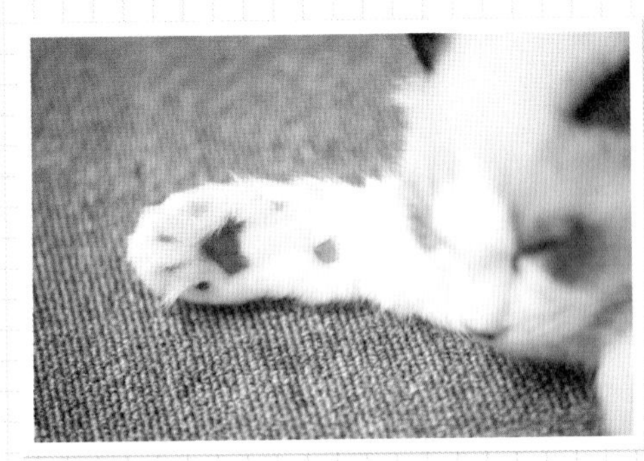

拍攝不同的肉蹄

這是斑點肉蹄，彷彿握拳的樣子非常可愛，貓咪的肉蹄也各有不同造型，不妨多拍幾張看看。

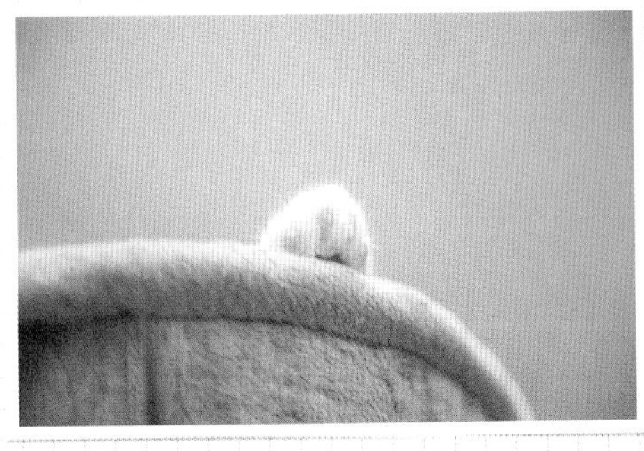

去除多餘部分強調可愛的效果

午睡中的畫面，伸出來的肉蹄可愛極了，為了強調可愛的姿勢，去除臉部後僅拍攝手部。

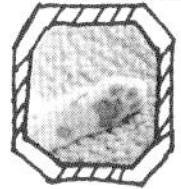

拍攝貓咪的禮儀♥

肉蹄是敏感的部位 不要隨便觸摸

看到軟軟的肉蹄就讓人想伸手摸摸看，但這是非常敏感的部位，有些貓咪不喜歡被摸肉蹄，如果貓咪已經習慣了倒是無所謂，但有些陌生的貓咪會因此而發怒，因此拍照時儘量避免碰觸較好。

想嘗試從這個角度拍攝！

從這個角度也能拍攝

從下面透過玻璃桌拍攝肉蹄，充滿創意的一張照片，從這個角度也能加以拍攝，不妨多加觀察貓咪的動向，往往就能拍出意想不到的照片喔！這時候要對焦在肉蹄的部位。

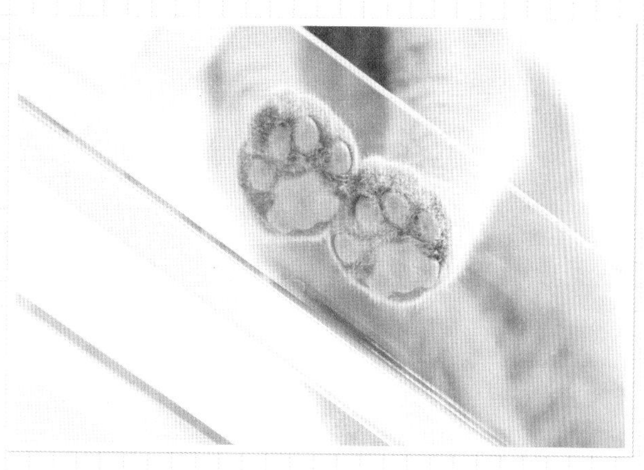

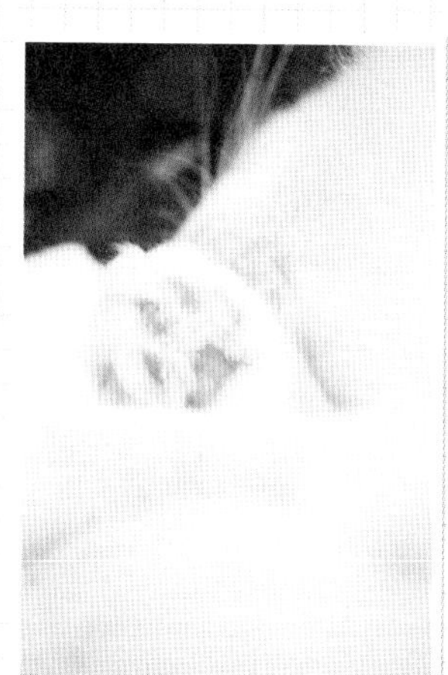

製造前方散景 展現肉蹄的存在感

淡粉色的肉蹄突顯於鬆軟的貓毛中，盡量使用大光圈拍攝，並製造前方散景。將肉蹄放在畫面中央，並從低角度拍攝，故意將前景納入畫面是一大重點。

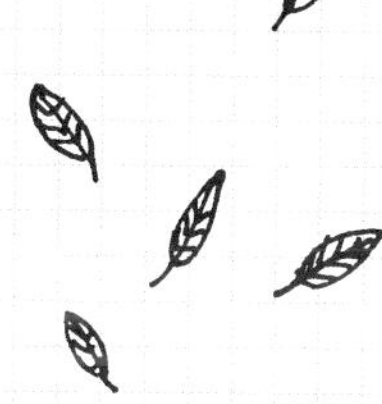

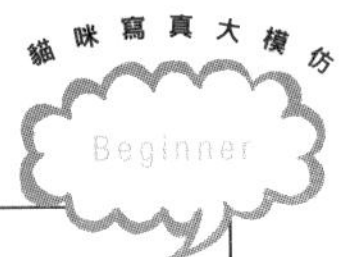

觀察表情與姿勢後決定構圖

昏沉沉 睡眠貓咪

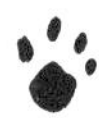

睡覺中的貓咪看起來很舒服，
帶來幸福的感受，
從各種角度觀察這一瞬間，
來決定最有趣而可愛的構圖吧！

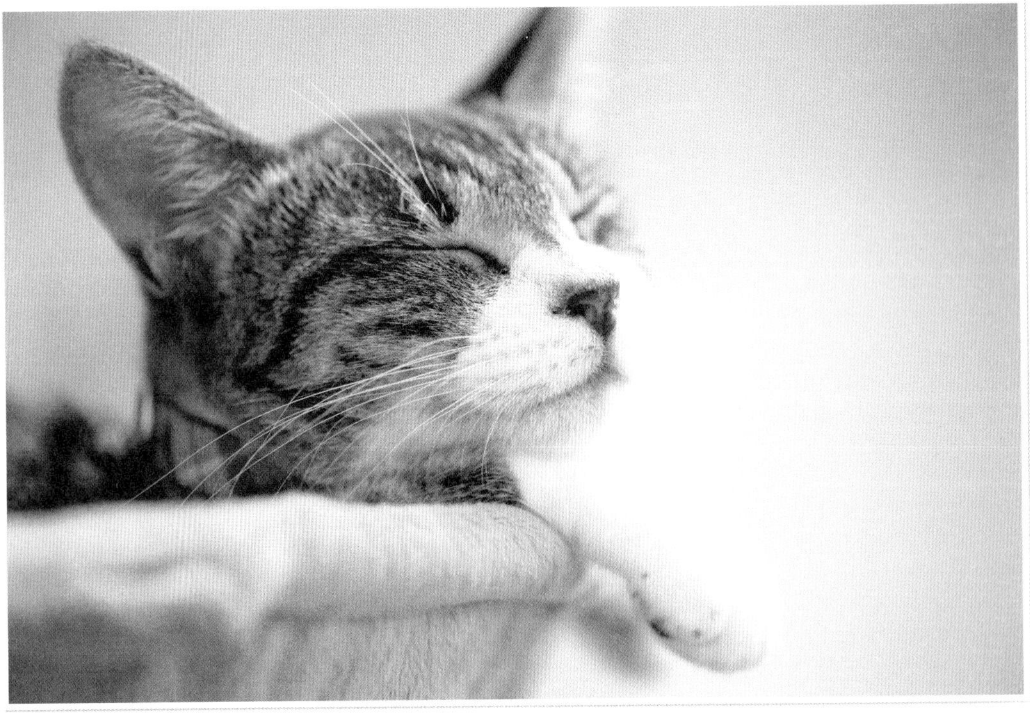

Photo data

鏡頭：105mm（微距）
光圈：F2.8
快門速度：1/125秒

How to Take

1 悄悄靠近不要吵醒貓咪

看到貓咪正在睡覺，就悄悄地靠近拍攝吧！當貓咪淺眠時，
對於外界的聲音還是很敏感，因此等熟睡後再拍攝會比較理想。

2 從各種角度與構圖來觀察

採用靠近、拉遠、上、下等角度來觀察貓咪，找出最可愛或最有趣的構圖，
右頁照片是為了表現周遭的情景，因此納入背景後拍攝。

3 用大光圈對焦於前方

背後貓毛與背景同化的淺景深效果，看起來最為柔和可愛，
使用中望遠微距鏡頭靠近拍攝，並對焦於閉上的眼睛周圍。

圖解

禁止發出巨大聲響或使用閃光燈！

為了捕捉貓咪睡眠中的可愛表情，記得要悄悄靠近牠們，不要發出太大的聲響。如果吵醒貓咪也莫驚慌，等牠們再次睡著後再靠近拍攝，當貓咪安心熟睡時就是最佳的按快門時機。

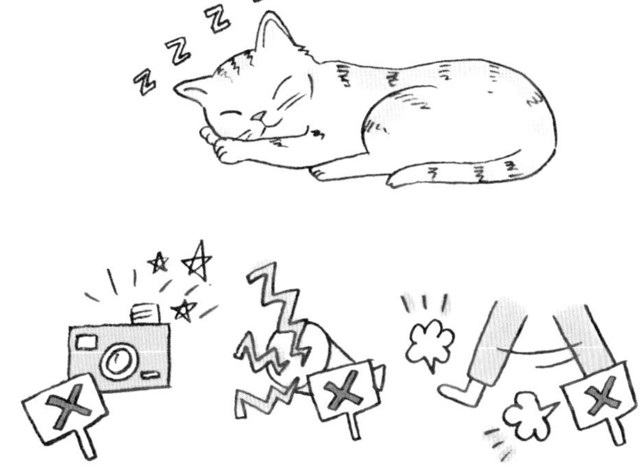

著重於視角與構圖
創造獨具魅力的照片

貓咪有大半的時間都在睡覺，提起貓咪就會讓人想到牠們可愛的睡姿，這也是最容易拍到經典畫面的時刻，貓咪睡著時是最好的按快門時機！這時候很容易捕捉到可愛的表情，因此很適合初學者加以嘗試。

拍攝時別只是忙著按快門，要著重於尋找最佳角度與構圖，當貓咪有好表情時按下快門，或是從遠一點的地方納入周遭環境等，不妨觀察各種角度，並且拉遠或拉近，就能拍出更具魅力的照片。

最佳的拍攝時機是貓咪熟睡時，些許聲響不至於吵醒牠們，除基本的構圖外，當貓咪更加熟睡後就會產生奇特姿勢，這時候按下快門樂趣無窮喔！

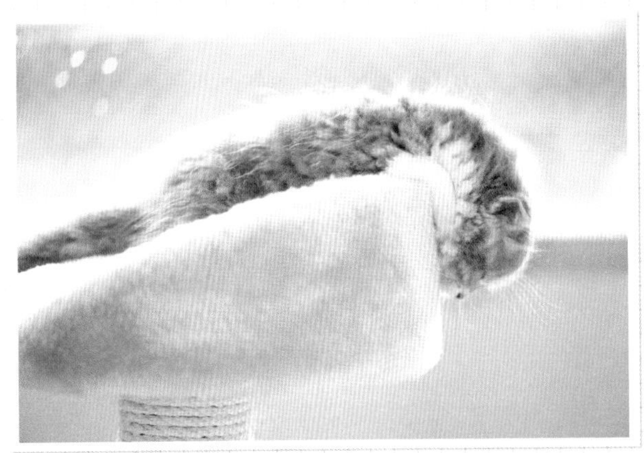

從遠處捕捉獨特的睡姿

小貓在貓沙發上熟睡著，用手撐住邊緣、身體保持平衡避免掉下去的姿態，實在是可愛極了！為了傳達表情與姿態，稍微退後一點從較遠處拍攝。

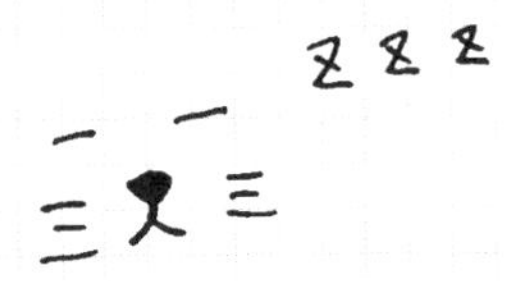

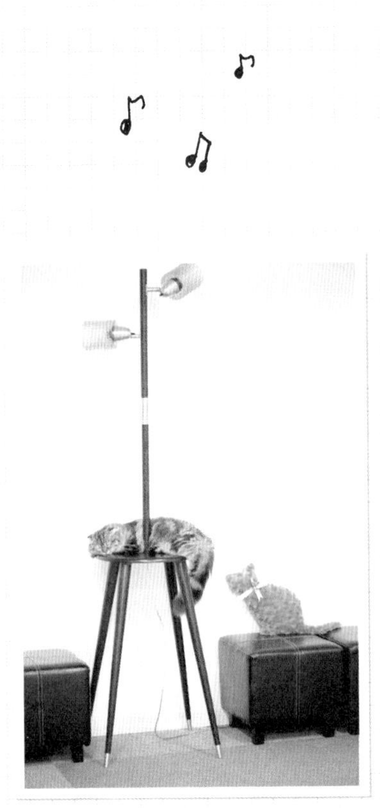

要有效活用
周遭的背景

這張照片就宛如一幅畫，躺在燈座上的貓咪非常可愛，運用熟睡的場景並強調旁邊粉色的貓咪玩偶 從遠處拍攝。

初級篇　昏沉沉睡眠貓咪

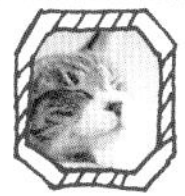

拍攝貓咪的禮儀♥

不要打擾貓咪的睡眠

第一要遵守的就是不要吵醒牠們，除了避免發出聲響，也不要使用閃光燈，雖然想偷摸一下，但這會造成貓咪的困擾。如果想拍攝熟睡的可愛睡姿，就要安靜無聲地靠近，拍攝時要記住這點。

想嘗試從這個角度拍攝！

靠近後擷取表情

恍惚的表情或是皺眉的表情等，貓咪熟睡時的表情真是千變萬化，靠近捕捉也獨具樂趣，一邊尋找可愛或有趣的角度，像是貼近鼻子或耳朵，利用放大擷取的方式讓畫面更具趣味性，不妨多拍幾張看看。以下的範例都是用微距鏡頭拍攝。

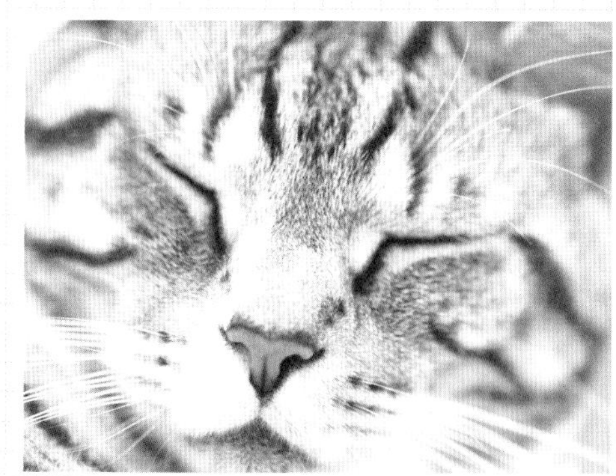

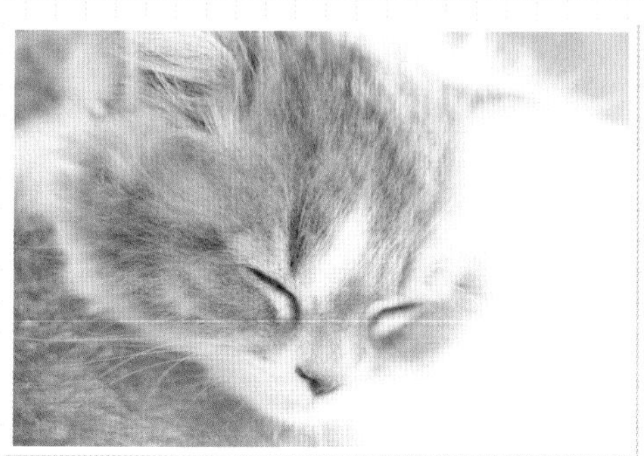

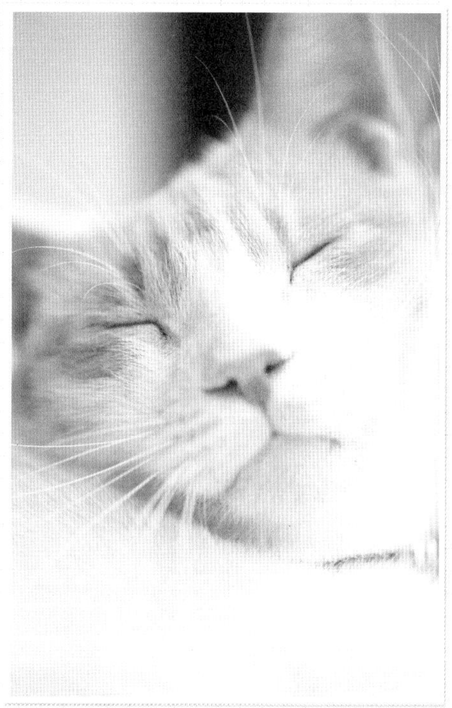

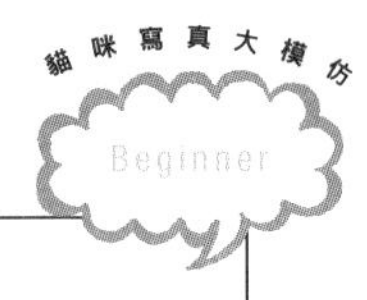

從各種角度拍攝有趣寫真

胖嘟嘟 肚子

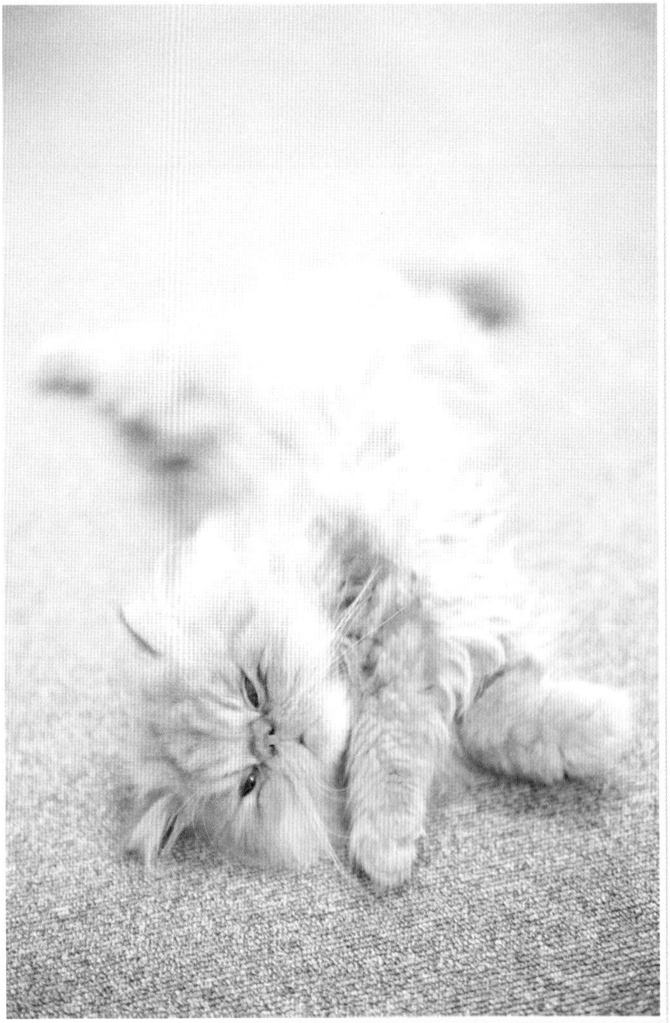

露出肚子的可愛姿態，可愛又逗趣！為了完整傳達情景，需要著重於構圖，多按幾次快門來尋找吧！

Photo data

鏡頭：50mm
光圈：F2.8
快門速度：1/125秒

How to Take

1 別破壞放鬆的氣氛

看到貓咪舒服地在地上打滾或是睡覺時，就是最佳快門時機，
為了避免破壞現場的氣氛，要與貓咪保持距離，計算一下最佳的角度吧！

2 尋找獨具魅力的構圖

貓咪露出腹部時，就趕緊找出最能呈現有趣畫面的構圖，
右頁照片採取低角度靠近臉部拍攝，能突顯貓咪放鬆的表情。

3 表現柔軟的腹部

為了強調柔軟的腹部，可以使用50mm標準鏡頭並開大光圈，
藉由明亮的曝光來呈現。

圖解

如何讓貓咪擺出可愛姿勢

為了讓貓咪露出腹部，其實是有訣竅的。首先撫摸貓咪的背部，如果貓咪感到舒服時，就繼續撫摸側面，接著繼續摸腹部，這樣自然而然貓咪就會露出腹部讓妳摸。

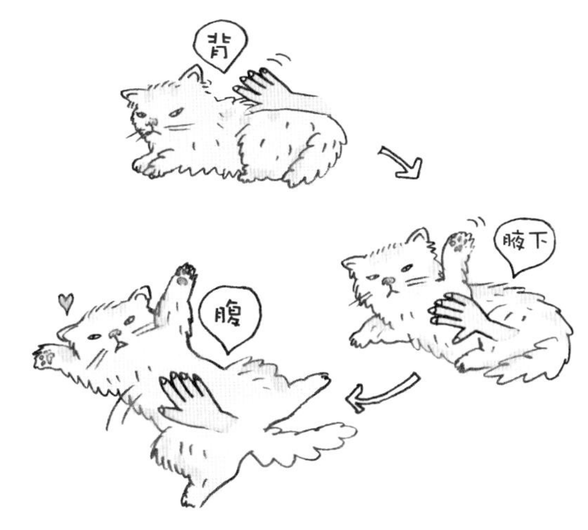

拍攝時與貓咪一同放鬆

當貓咪露出腹部時，就是牠們最感安心的時刻，平時總是小心翼翼，這樣的反差感十分有趣。

要讓貓咪露出腹部，就必須製造放鬆的情境，可以一邊撫摸牠們，這時候別貿然地撫摸腹部，有些貓咪討厭別人摸牠的腹部，要避免將放鬆的氣氛破壞掉了。一開始可以先從背部與身體側面，如果貓咪露出腹部時，就代表牠們卸下心防了，可以從容不迫地拍攝。

另外要著重於角度與構圖，可以從正上方拍攝整體姿勢，或是從旁邊捕捉側臉，從腳步拍攝也是獨特的方式，即使是相同的姿勢，透過改變拍攝角度就能創造多變性，請積極改變構圖吧！

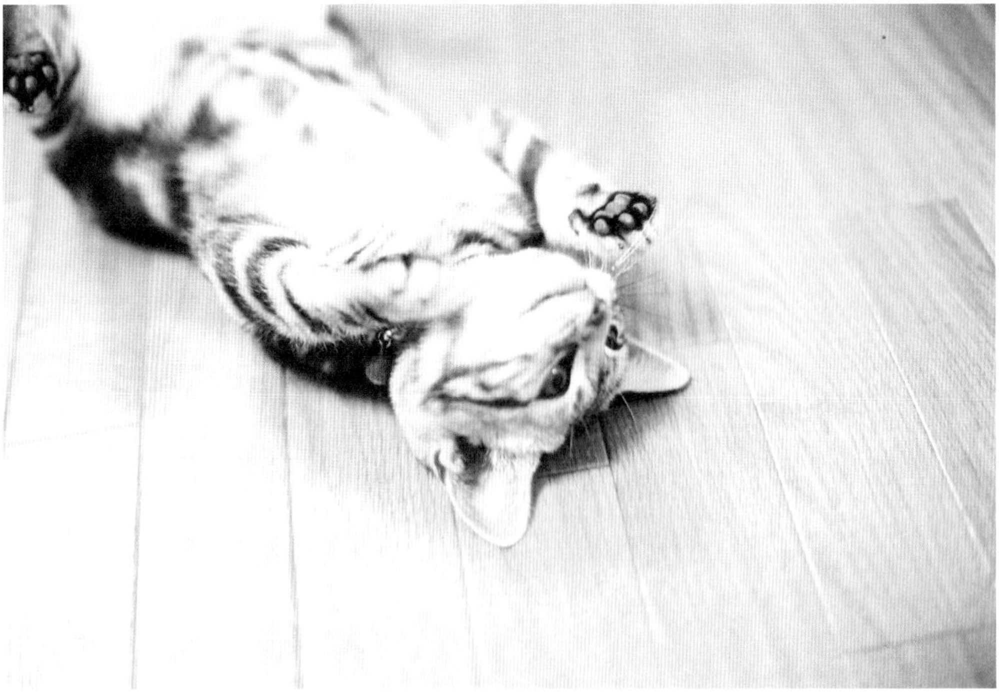

從斜側倒過來拍攝
透過構圖強調貓咪的表情

這樣的構圖可以強調手部的動作與表情，故意將腳部切掉，貓咪與畫面倒過來，從頭部來拍攝比較能強調表情，如果從腳步來拍攝，可能只有拍到下巴而已。

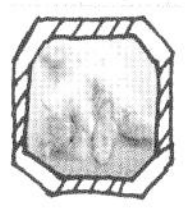

拍攝貓咪的禮儀♥

貓咪不喜歡的事情
就不要去勉強牠

貓咪討厭別人勉強牠，像是被拉手或拉腳，也不能魯莽地亂摸肚子，唯有保持自然的互動，才能讓貓咪呈現出放鬆的表情，如果貓咪討厭被撫摸，可以趁牠在地上打滾時用玩具吸引牠的注意力，這樣有時候就會露出腹部了，記得試試看。

想嘗試從這個角度拍攝！

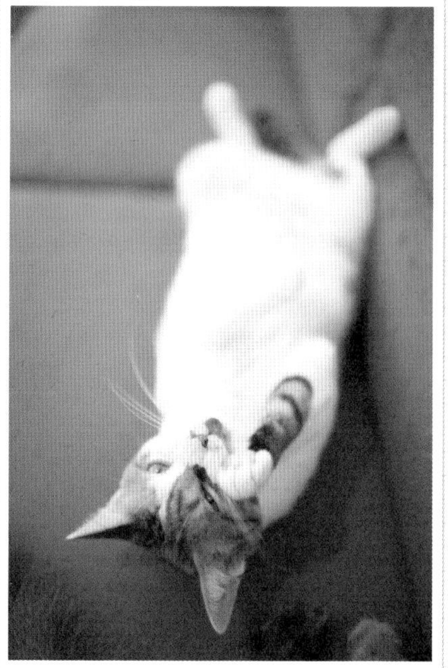

將全身納入構圖
強調放鬆的感覺

拍攝貓咪仰躺的姿態，讓臉部表情更清楚，並將身體與動作納入構圖，對焦於臉部與手部附近，腹部稍微模糊的效果看起來更柔和，用大光圈加上曝光不足的方式讓氣氛更好。

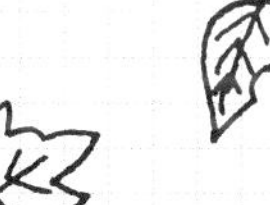

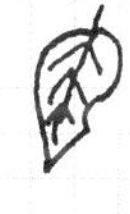

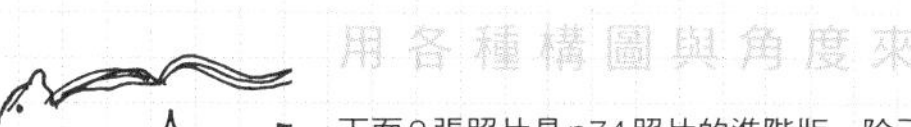

用各種構圖與角度來拍攝

下面2張照片是p74照片的進階版，除了單一的方向還能選擇各種構圖與角度，同樣的露肚照也能產生變化性，由於貓咪的動作隨時都在變化，要隨時進行觀察並對應。

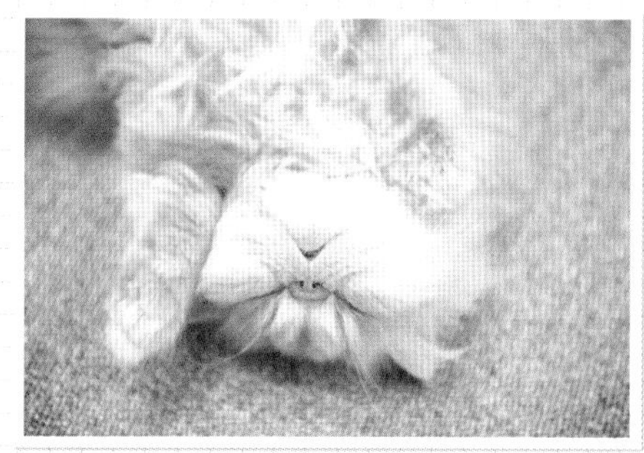

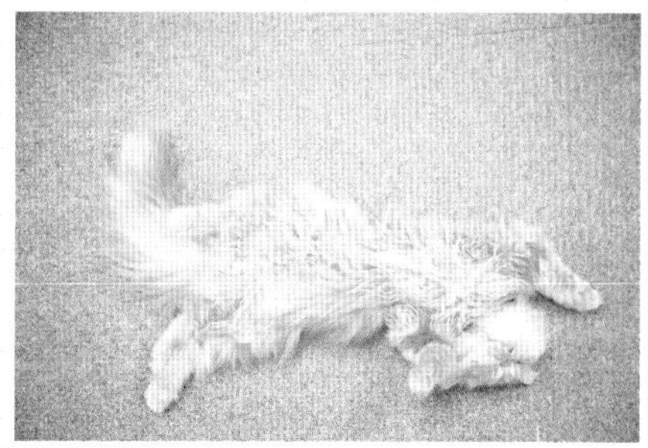

Column 1

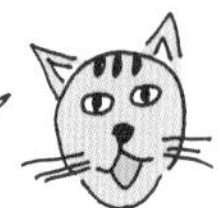

要如何享受貓咪攝影的樂趣？

值得參考的貓咪寫真

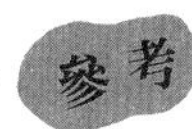

File 01-05

各位是如何享受貓咪攝影的樂趣呢？在此募集了許多愛貓人士所拍攝的貓咪照片，每隻貓咪都舒服地睡著，他們是如何拍下這些照片呢？不妨參考一下。

貓咪睡眠篇

File-01

長山愛

增加留白背景 展現悠閒的空氣感

長山拍下的是午後光景，白貓正舒服地午睡，長山說拍攝的重點在於「背景與貓都是白色的，因此背景適度留白，並利用右側的光線與左邊影子製造立體感。」將空間作巧妙配置，展現出午後舒適的空氣感，另外貓咪的藍眼睛也是重點。

相機與底片資訊

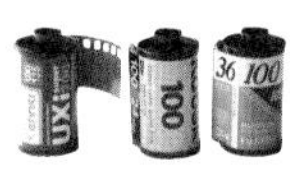

此照片是用KODAK SUPER GOLD400所拍攝的，並且愛用efiniti/UXI100等底片。

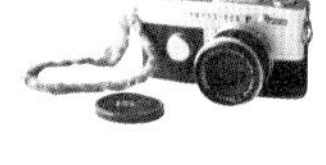

最愛使用的相機機種為OLYMPUS PEN-FT，跟愛用的底片有很好的搭配性，能拍出最佳的風味。

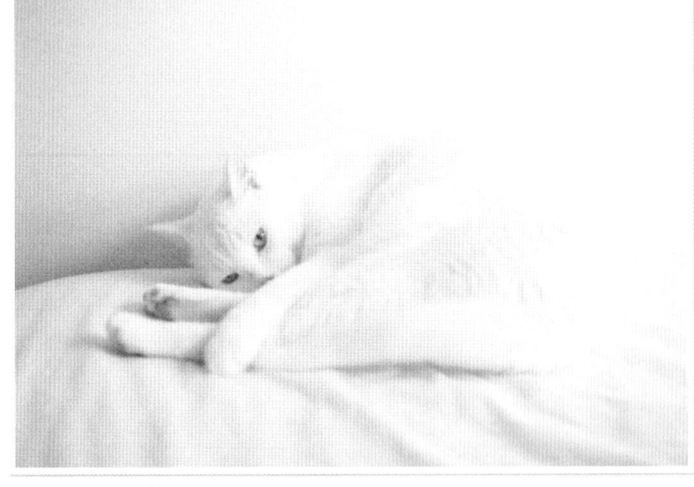

為了避免討厭鏡頭的愛貓逃走，必須悄悄接近並立刻設定相機與構圖，當貓咪看鏡頭時立刻按下快門。

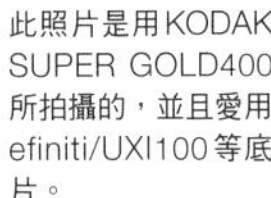

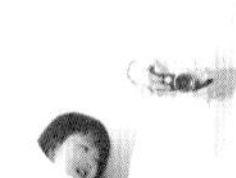

profile

懷孕後在部落格記錄與小孩共同成長的過程，也開始喜歡拍照。部落格「vuokko」。http://shironeko25.blog88.fc2.com/

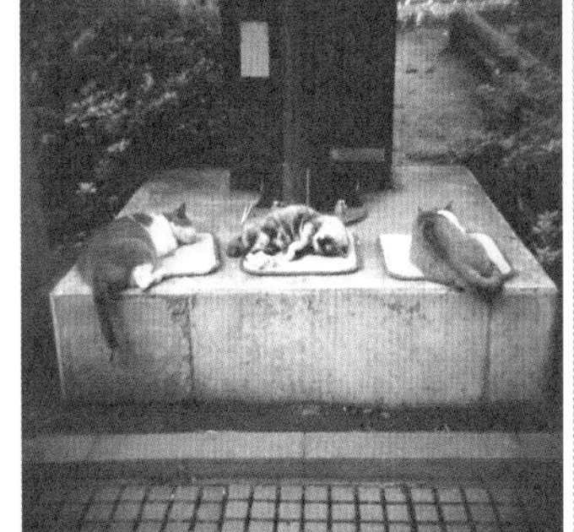

貓咪舒服地躺在等間隔放置的坐墊上，看起來太可愛了！忍不住就按下快門。

File-02

高橋優子

透過懷舊的畫面 展現獨特的睡姿

高橋優子只要遇到貓咪，就會立刻拿起相機拍照，拍貓時都會採取跟貓咪同樣的視線高度，感覺更能接近牠們的世界。左邊照片是誰布置好的場景呢？貓咪各自舒服地睡在坐墊上，復古色調很有玩具相機的風格，底片的復古色調讓照片更具魅力。

相機與底片資訊

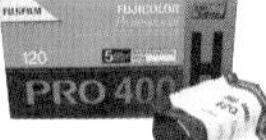

拍攝時使用的FUJI PRO400H，偏藍的色調有些復古。

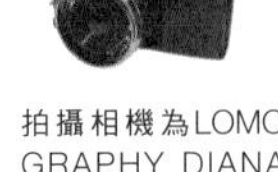

拍攝相機為LOMO GRAPHY DIANA F+，復古的效果相當有魅力。

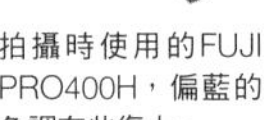

profile

攝影經歷3年，當初迷上單眼相機的高畫質，於是愛上了拍照。部落格「C LIFE」http://lovephotoy.blog33.fc2.com/

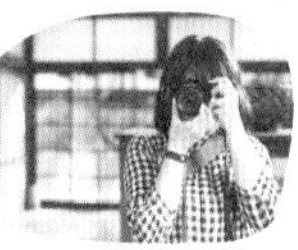

File-03

山田奈津美

開大光圈
呈現柔和效果

右邊照片是山田在宮古島旅行時拍攝，對她而言獨具紀念意義。靠在一起睡覺的貓母子療癒了我們的心，為了強調現場柔和的氣氛使用大光圈拍攝，縮到F2.8讓整體略為清晰，山田總是能捕捉到貓咪可愛的瞬間。

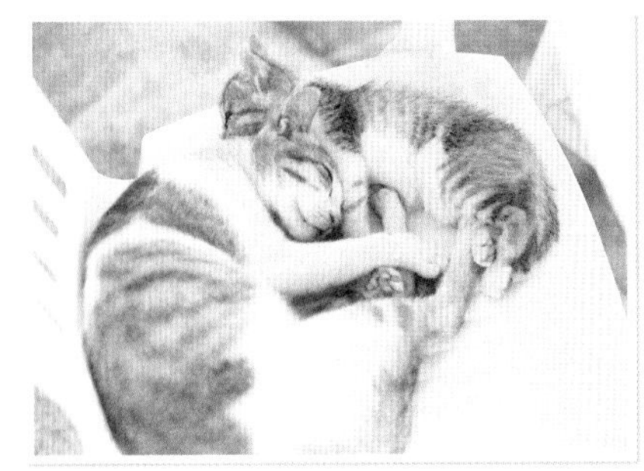

相機與底片資訊

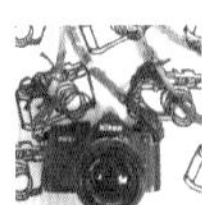

最喜歡使用的相機為NIKON FM3A，具備光圈優先模式，在瞬間做好設定不用擔心貓咪跑走。

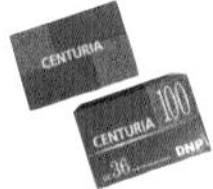

使用DNP CENTURIA 100底片，價格平實擁有不錯的畫質，逆光下也有不錯的色調。

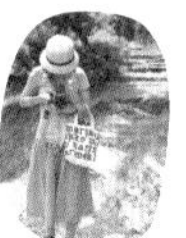

profile

山田喜歡貓咪隨性的性格，看到在大熱天依舊熟睡的貓咪們，也讓她按下不少快門。與先生都同樣擁有共通的興趣，最近也開始使用底片機。部落格「kotini.」http://na-kotini.petit.cc/

File-04

Kao*

刻意將臉部切掉僅納入手腳
表現出午睡時的悠閒氣息

悄悄靠近貓咪拍攝，避免干擾到正在熟睡的貓咪，對於貓咪的體貼之心也令人感到佩服。

Kao*喜歡在旅行或散步途中捕捉貓咪的身影，在咖啡廳的入口處發現正在午睡的貓咪，於是拿起相機拍攝。「構圖上刻意切掉臉部表情，僅納入貓咪的手腳，表現出午睡時的放鬆感。」即使看不到全身與表情，還是能傳達出舒服地午睡的氣氛。

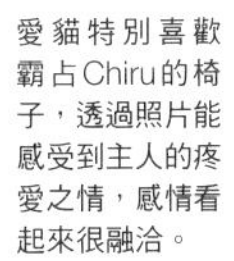

相機與底片資訊

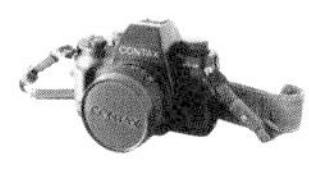

使用的是CONTAX ARIA，大光圈輕易就能呈現出柔和的效果。

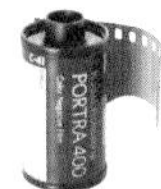

使用的是大受歡迎的KODAK PORTRA 400，具有自然的色調與平滑的細節。

profile

攝影經歷5年，當初學拍照是為了留下手工甜點與旅途風景的照片。部落格「Sim*ply photo*」http://pekoricame.exblog.jp/

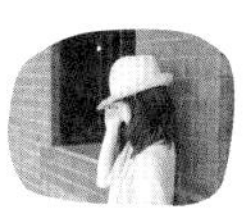

File-05

Chiru

從下面拍攝
愛睏貌

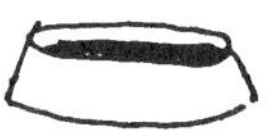

Chiru與愛貓無時不刻都在上演椅子爭奪戰，連吃飯時也是。Chiru說「這天貓咪使出了先搶先贏的招數，所以我搶不到椅子，貓咪的姿態惹人憐愛，將牠的樣子拍起來。」刻意從下面的角度拍攝可愛的表情，是相當獨特的構圖，當然也透過畫面強調最愛的貓咪肉蹄。

愛貓特別喜歡霸占Chiru的椅子，透過照片能感受到主人的疼愛之情，感情看起來很融洽。

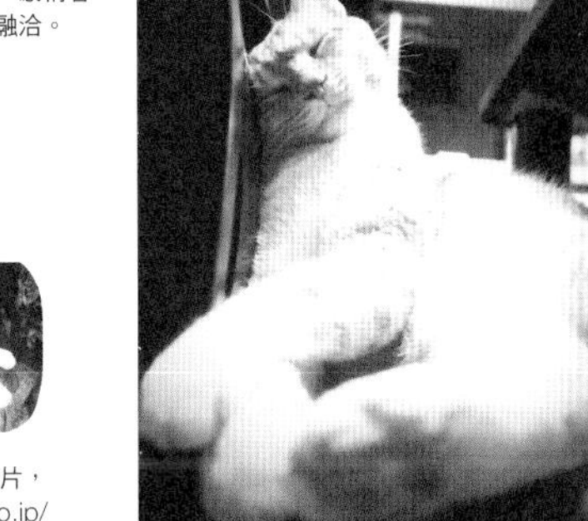

相機與底片資訊

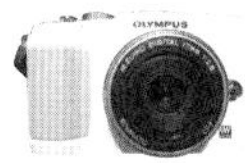

使用的是OLYMPUS PEN Lite E-PL2，相機輕巧不需後製就能拍出美麗照片。

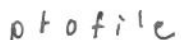

profile

為了幫愛犬與愛貓留念因而學習拍照，本身喜歡動物照片，欣賞照片時就能感到療癒。部落格http://people.zozo.jp/home.chiruchan/

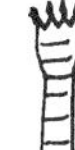
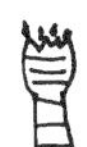

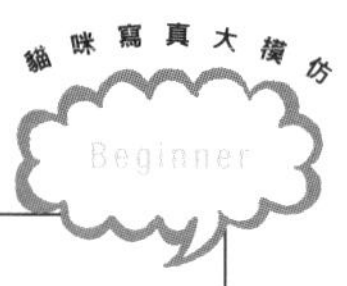

透過曝光與構圖來強調效果

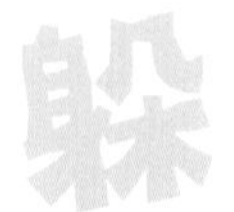

躲貓貓

看到貓咪躲進狹小空間的模樣，
可愛模樣讓人會心一笑，
在拍攝時可以準備貓咪喜愛的道具，
拍下可愛的瞬間。

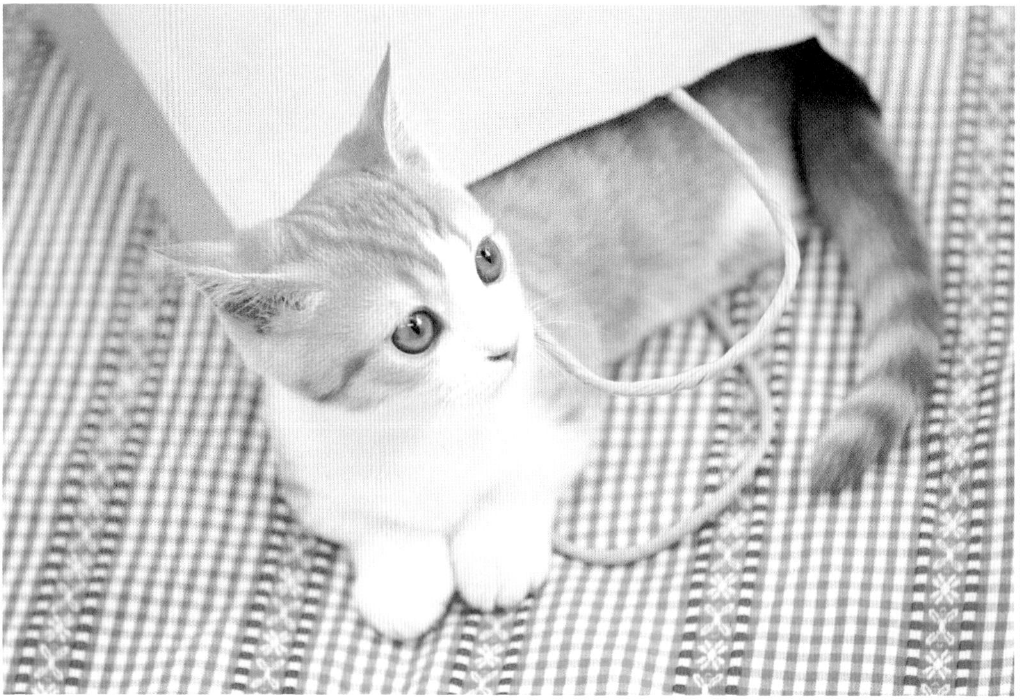

Photo data

鏡頭：105mm
光圈：F2.8
快門速度：1/125秒

How to Take

1 從上方角度捕捉可愛表情

先思考照片的印象，再決定具有效果的角度與構圖，右頁照片是從上方拍攝，貓咪的頭看起來很大，並展現出小貓的可愛模樣。

2 光圈不要開太大，讓躲藏的姿態更為清晰

為了強調柔和的印象，可以將光圈放大，但貓咪躲藏時不需要開過大的光圈，而是要讓背景更為清晰，對焦點依舊保持在眼睛。

3 發出聲音吸引貓咪注意

可以用手指輕碰相機，發出聲音吸引貓咪注意，右頁照片是旁人使用逗貓棒吸引注意，並從旁邊拍攝。

圖解

活用貓咪喜歡狹窄空間的習性

在被人類飼養之前的時期，貓咪喜歡將捕獲的獵物藏在其他動物無法找到的地方。右邊的地點都是貓咪喜歡躲藏的地方，如果跟貓咪生活時，可以讓貓咪在容易拍攝的地點休息。

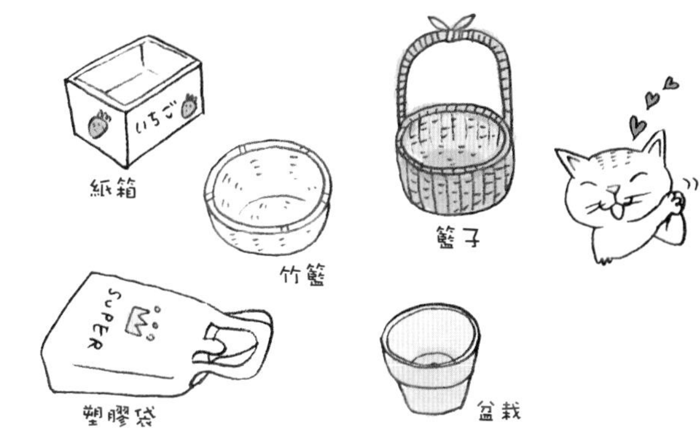

拍攝時需一邊注意曝光與景深

看到貓咪將肥大的身軀擠在狹窄的空間裡，或是利用地形熟睡的樣貌，實在是可愛又滑稽，在拍攝躲貓貓時，可以尋找貓咪可能躲藏的狹窄區域，或是自行準備籃子與購物袋等道具，讓貓咪配合演出躲藏的一瞬間。

拍攝時第一個重點是曝光，由於貓咪常常躲在椅子下方等陰暗處，拍出來的臉部往往偏暗。因此曝光要做明亮的調整，測光時以暗部為基準，並增加曝光補償或是放大光圈，都是不錯的方式。

開大光圈強調淺景深雖然不錯，但為了強調貓咪身處的環境，並呈現清晰的背景，因此稍微縮小光圈會較為合適。

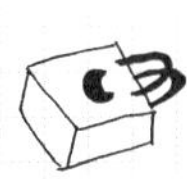

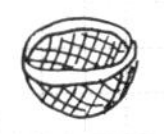

著重構圖提升藝術性

貓咪融入於室內裝潢中，看起來就像是一幅畫，構圖時著重於空間感，就能強調作品的藝術性，構圖是重點。右邊的照片注意空間與兩隻貓咪的配置，讓照片更為生動。

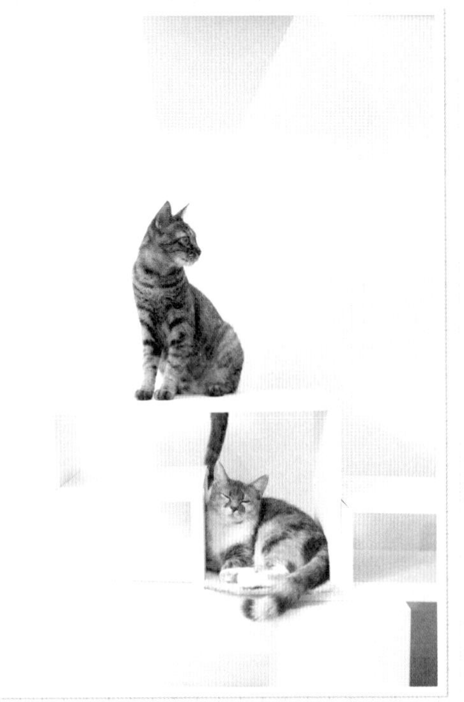

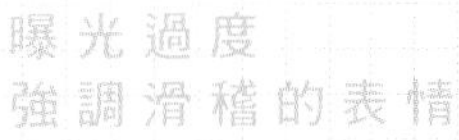

曝光過度 強調滑稽的表情

貓咪擅長尋找狹窄的地方，貓咪也會躲藏在意想不到的地方，看到這放鬆的姿態不禁令人會心一笑。為了強調表情與姿態，使用曝光過度，呈現柔和的氣氛。

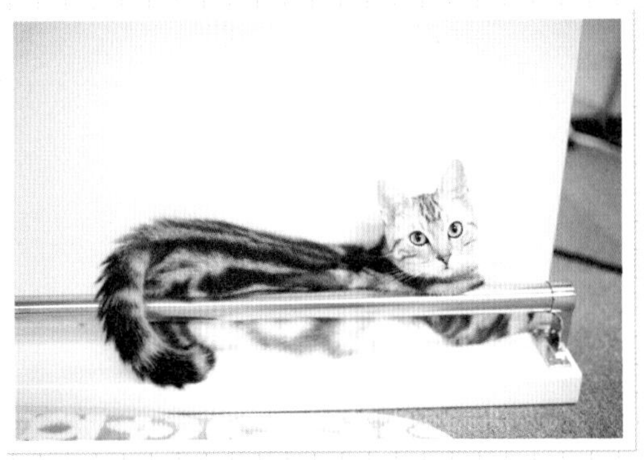

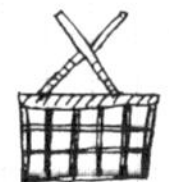

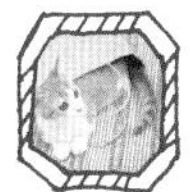

拍攝貓咪的禮儀♥

不要強迫貓咪到牠不喜歡的區域

貓咪雖然是好奇心旺盛的動物，但當牠聞到不喜歡的氣味，或是看到不習慣的事物時，就不會靠近這些地方，即使想拍出好照片，也不能強迫貓咪到牠們不喜歡的區域。為了拍出自然的照片，就必須隨時觀察貓咪，觀察牠們喜歡的東西，攝影者必須有這樣的心態。

想嘗試從這個角度拍攝！

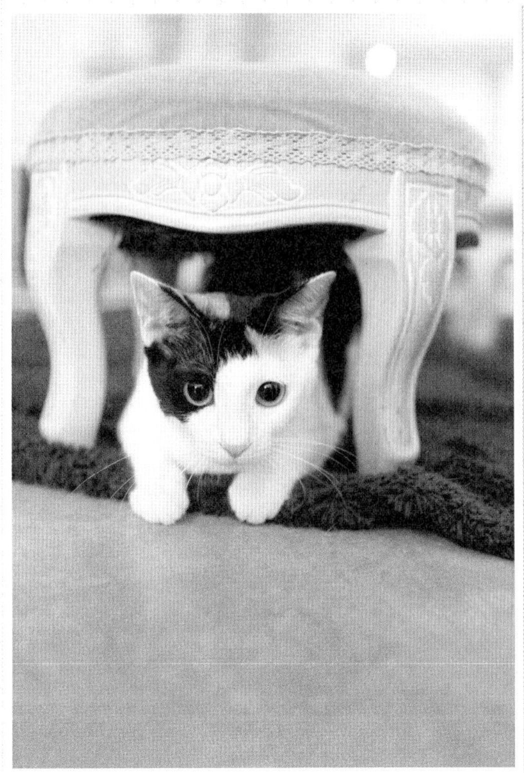

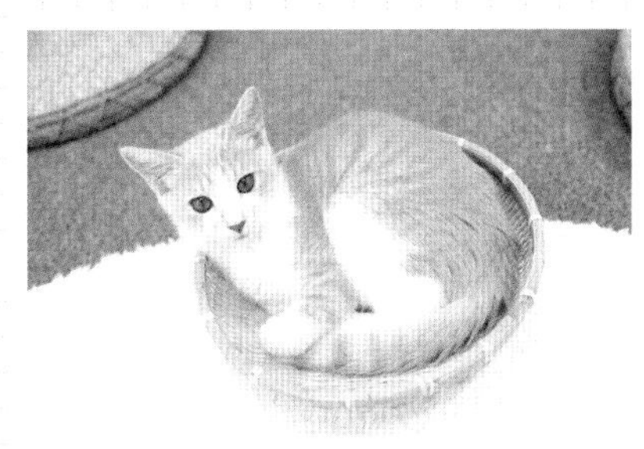

貓咪喜歡躲在這裡

貓咪塞在籃子裡面，雖然底部不穩，貓咪還是能保持絕佳的平衡，選擇中心構圖讓可愛的貓咪更為明顯。

暗處要注意曝光

椅子下方也是貓咪的棲息處，測光是要分別測在明亮背景與貓咪臉部周圍暗處，提升臉部的亮度。

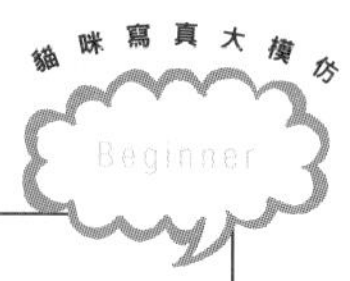

用連拍功能捕捉最佳瞬間

嗅嗅 貓咪

貓咪遇到陌生的物品，
一開始都會先用鼻子聞看看，
這時候的模樣令人憐愛，
如果伸出手指時，
貓咪通常都會聞一下，
別錯過這一瞬間喔！

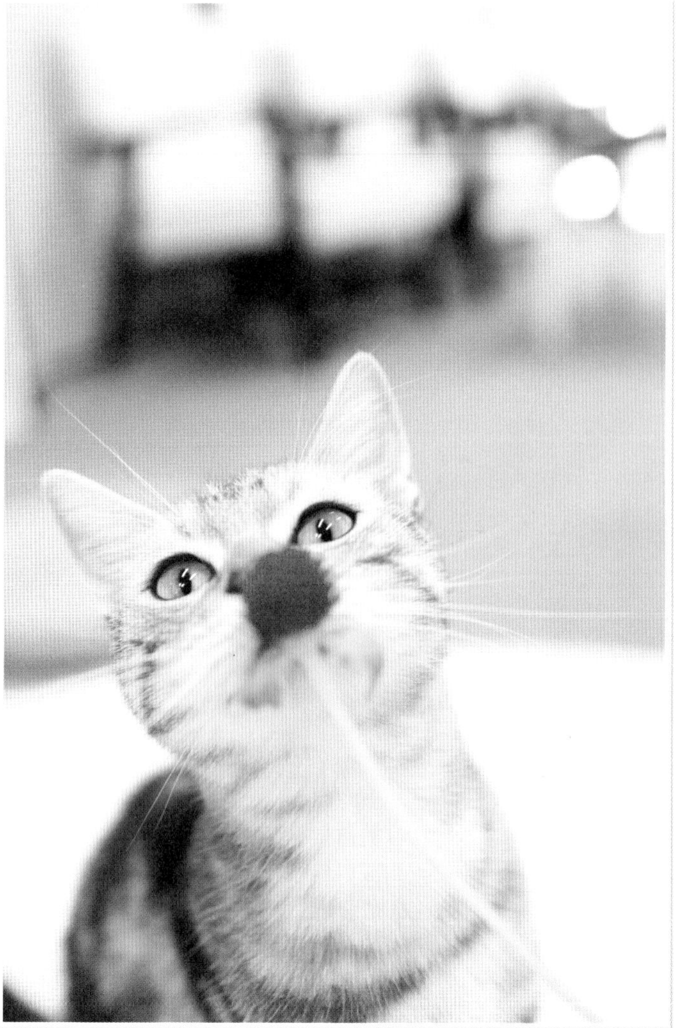

Photo data

鏡頭：35mm
光圈：F2.8
快門速度：1/125秒

How to Take

1 拍攝前決定曝光

為了拍攝貓咪聞味道的瞬間，最好在拍攝前設定好數值，先確認好相機的曝光，此外也要決定構圖。

2 先演練一番決定對焦位置

貓咪雖然經常會聞東西，但時間並不長，要事先預測並判斷。先掌握貓咪伸出鼻子的位置，並事先對好焦，對焦點還是在眼睛。

3 利用連拍功能多拍幾張

聞味道的動作僅發生在短短一瞬間，當感覺到貓咪要探出頭時，就毫不猶豫地拍攝！利用連拍功能是不錯的方式，總之多按快門吧！

圖解

膽小又有旺盛好奇心 捕捉貓咪的性格

貓咪警戒心強，但又有旺盛的好奇心，遇到陌生的事物時，會保持緊戒心並聞聞味道，這時候貓咪會露出難以言喻的可愛表情，不妨利用小道具來拍攝吧！

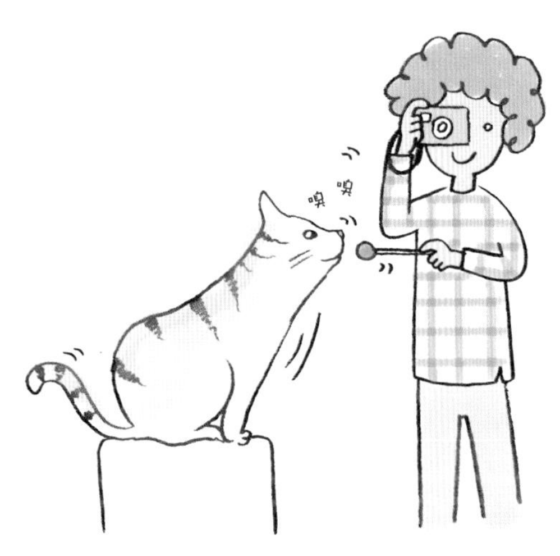

事先將對焦點固定較為方便

貓咪只要遇到前方有東西，就會將頭探出來聞味道，這是貓咪的習性。好奇心與警戒心交錯的貓咪、皺眉頭的貓咪、懶洋洋地聞味道的貓咪等，千變萬化的表情，透過照片呈現實在可愛極了！可以近拍貓咪的臉龐，或用小物品吸引牠，貓咪聞東西只有一瞬間，別錯過了。

單獨一人拍照時，另外一手必須拿東西吸引貓咪注意，會造成拍攝不便，因此要用手腕帶捆住手腕，牢牢握持相機防止手震，自動對焦的相機要事先半按快門對好焦，如此拍攝時較為便利。在反覆拍攝過程中，貓咪也會慢慢失去好奇心，因此拍攝時可以準備一些小道具來吸引貓咪的注意。

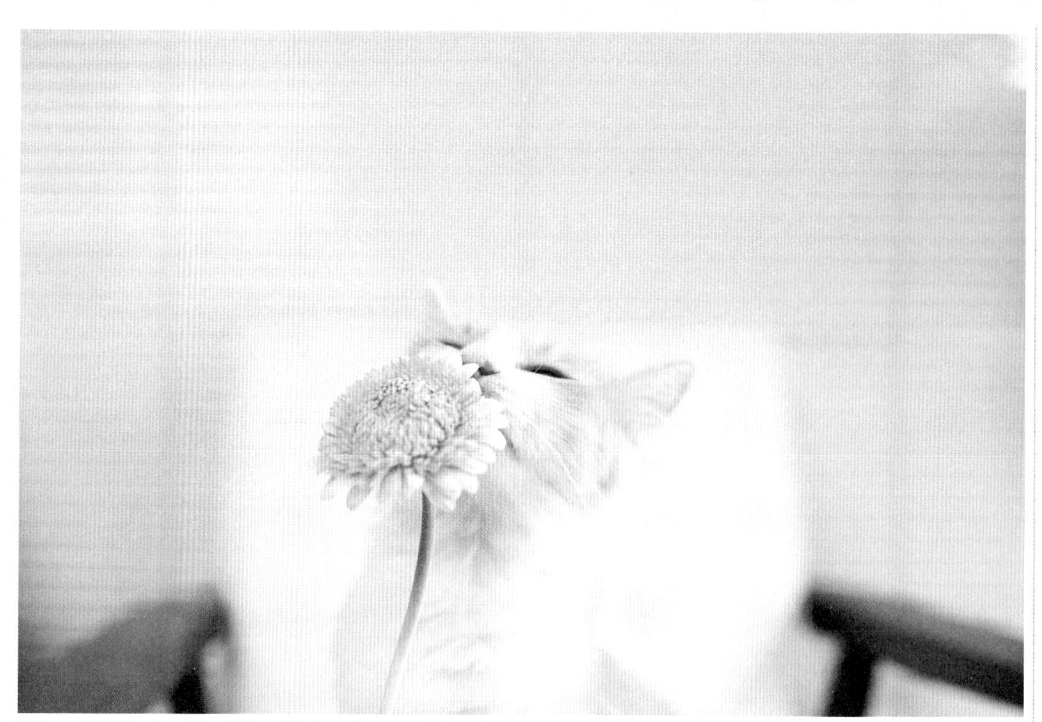

搭配花朵呈現優雅氣息

選擇與貓咪一同入鏡的物品時，可以找一些小物品，即使擋到貓咪也沒問題，貓咪與花朵一同納入畫面，呈現出優雅的氣息，用大光圈製造柔和效果。

初級篇　嗅嗅貓咪

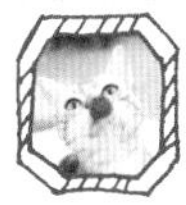

拍攝貓咪的禮儀♥

貓咪具有比人類更靈敏的嗅覺，不要傷害牠

貓咪在聞味道強烈的物品時，會露出微笑般的表情，是非常特別的時刻，有些人在拍照時會給貓咪聞柑橘或是薄荷的味道，基本上不建議這樣做。要隨時觀察貓咪的狀態，並溫柔地對待牠們，並配合貓咪的步調來拍攝。

想嘗試從這個角度拍攝！

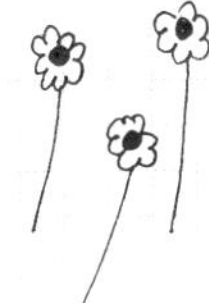

從旁邊拍攝親吻的瞬間

貓咪太過靠近小羊玩偶了，居然就這樣親下去！為了拍攝可愛的畫面，可以使用一些小道具或玩偶，並從旁邊的角度拍攝，更容易呈現現場的樣貌。

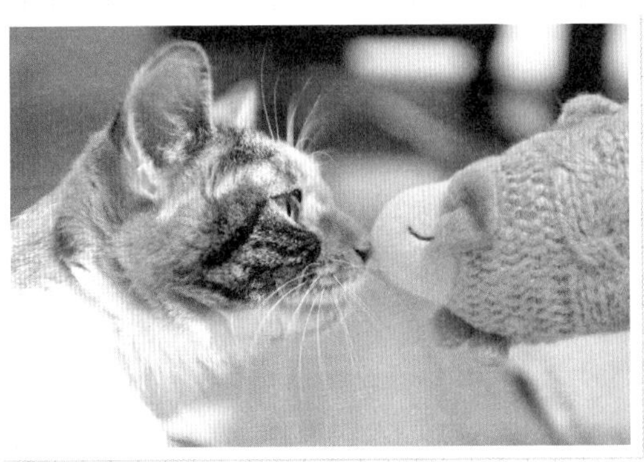

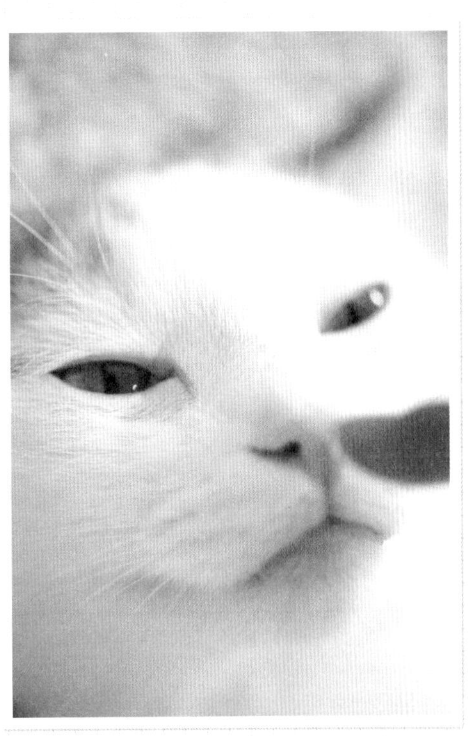

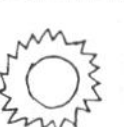

沒有小道具也能捕捉豐富的表情

如果手邊沒有小道具，可以伸出手指來拍攝，這樣要捕捉貓咪的豐富表情已經綽綽有餘，在街角拍攝貓咪時要掌握短暫的瞬間。

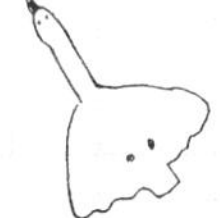

Column 2

值得參考的貓咪寫真

File 06-11

要如何享受貓咪攝影的樂趣？

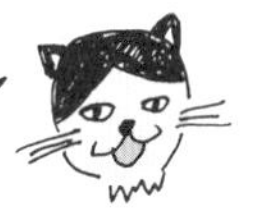

貓咪偶爾流露出來的可愛動作與表情，實在是讓人欲罷不能，在此募集了愛貓人士的照片，請他們傳授捕捉可愛表情的方法。

可愛貓咪寫真篇

File-06

小川美幸

拍出眼神 讓表情更具魅力

小川擅長捕捉貓咪的各種姿態，她最愛的一張是愛貓的可愛表情照片，貓咪似乎愛上了回老家時所購買的點心袋，待在裡面不肯出來，小川看到這畫面便立刻拍了下來。拍攝時為了讓貓咪的表情更明顯，尋找能拍出眼神的角度，讓表情更具魅力。

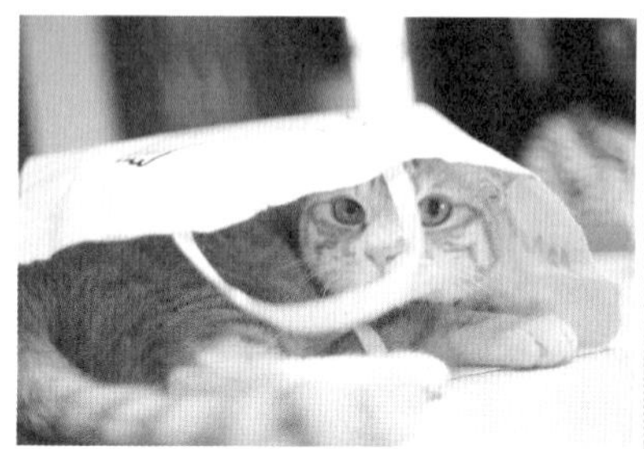

勉強擠進袋子的貓咪超可愛，小川堅持使用單眼相機拍貓。

相機與底片資訊

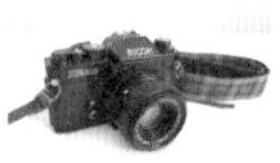

相機為父親流傳下來的手動底片單眼─RICOH XR500，1978年生產。

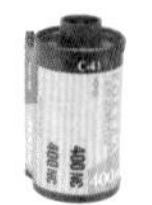

使用底片是KODAK PORTRA400NC底片，色調與顆粒感都很不錯，400度感光度也很適合在室內拍攝。

profile

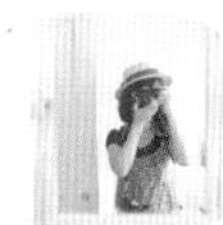

拍照資歷3年。因為看到喜歡的部落客拍的寫真而開始攝影。（部落格「悠閒miyu記」http://bella1002.exblog.jp）

File-07

岩崎百合子

對焦於眼睛 強調可愛模樣

岩崎每天都會拍貓，愛貓剛起床而從紙箱中探出頭來的畫面，是岩崎特別喜愛的照片，圓滾滾的眼珠令人印象深刻，而且可以看出岩崎下過一番工夫。「我認為貓咪的眼神是最迷人之處，因此對焦於眼睛。」（岩崎）。此外，為了強調粉色鼻子的顏色，增加了曝光補償，讓鼻子更為迷人。

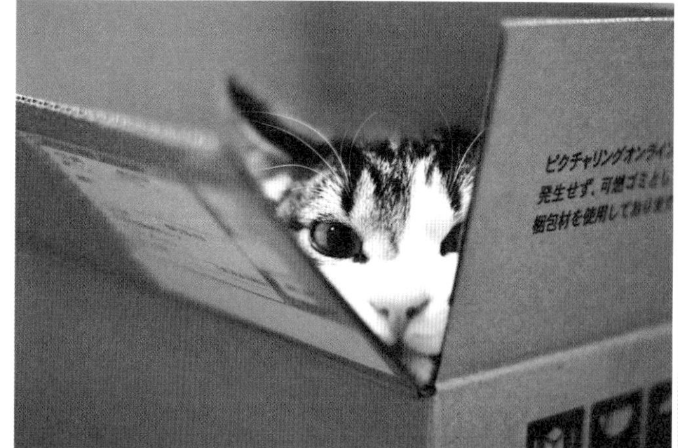

貓咪舒服地睡在紙箱中，趁牠剛睡醒時拍攝。貓咪不喜歡人工光線，因此絕對不要使用閃光燈，事先增加曝光補償來呈現自然的姿態。

相機與鏡頭資訊

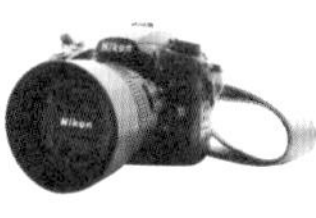

岩崎愛用單眼數位相機，拍攝時使用NIKON D7000，除了本次拍攝的照片外，其他的場合也被廣泛使用。

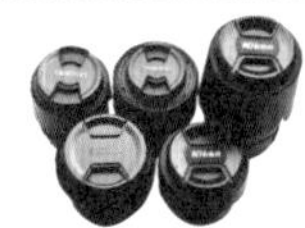

擁有眾多鏡頭，除了拍攝時使用的NIKON AF-S NIKKOR 50mm定焦鏡，還有望遠與廣角等鏡頭。

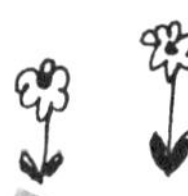

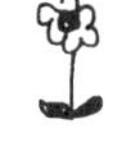

profile

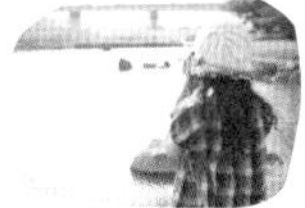

為了替貓咪留影而開始愛上拍照，攝影經歷2年。每天不斷地記錄貓咪的生活，捕捉到貓咪幸福的表情時，是最令人開心的時刻。

File-09

阿部真理子

減少亮度 表現寂寞感

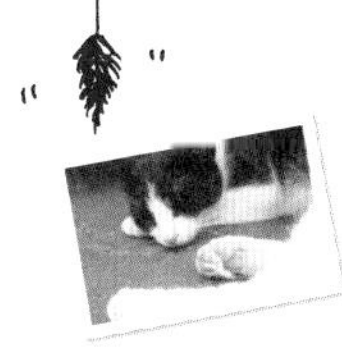

阿部真理子說「拍攝貓咪的樂趣在於，貓咪有時候會有出乎意料的舉動，得以拍出有趣的照片。」在前往高知縣四萬十川旅遊時，在驚喜的場所拍到了貓咪的身影，貓咪躲在有點骯髒的月曆下，為了表現出貓咪以此為家的哀愁，於是使用「玩具相機模式」來降低曝光度。

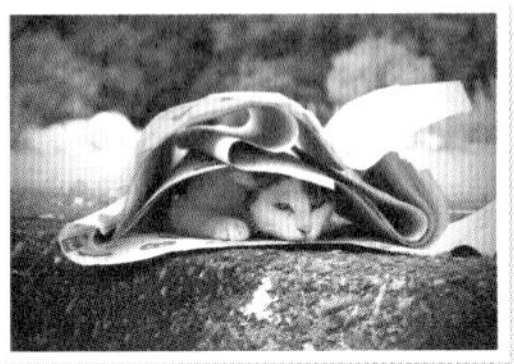

正在骯髒的月曆下休息的貓咪，也許是感到舒適，貓咪也浮現出柔和的表情。

相機與底片資訊

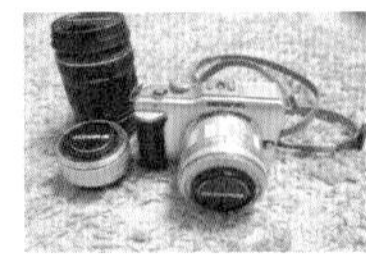

相機為OLYMPUS PEN E-P1，具有輕巧體積攜帶方便，藝術濾鏡可以創造不同的表現。

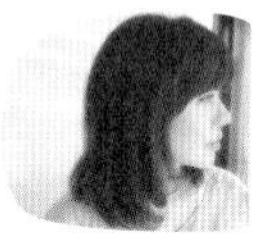

profile

攝影經歷5年，為了用文字以外的表現方式而選擇了拍照，平常喜歡拍攝被人忽視，或是不容易察覺的場景。

File-08

林麻衣

有效運用光線 呈現出柔和感

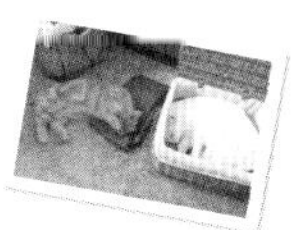

林麻衣喜歡的照片是，在柔和的光線中往上看的貓咪，林麻衣常常帶著OLYMPUS E-P1相機隨時捕捉愛貓的身影，使用相機內建的「DAY DREAM」濾鏡，得以呈現出柔和的氣氛與照射於貓咪臉龐的光線，成功醞釀出溫柔的氣息。

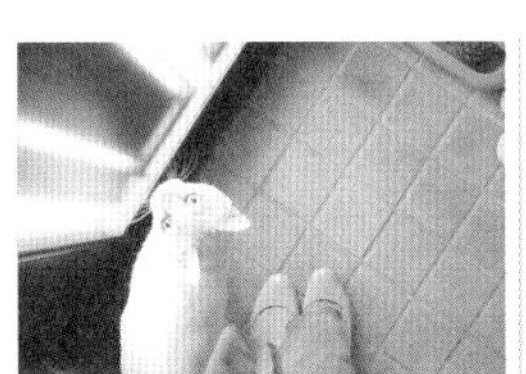

貓咪用撒嬌表情，彷彿訴說著想外出的心情，跟柔和的光線相當搭，貓咪對於相機會保持警戒心，拍攝時盡量別發出聲音。

相機與底片資訊

愛機為PEN E-P1，單眼相機的體積往往過大，但E-P1擁有輕巧的重量，正在改變林麻衣的攝影生活。

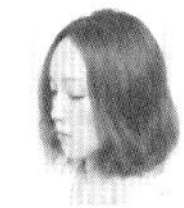

profile

攝影經歷5年，喜歡用玩具相機等拍照，並深受攝影的魅力所吸引，特別喜歡貓咪照片的悠閒感。

File-11

中田景子

利用上午的美麗光線

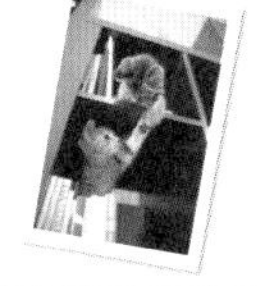

中田景子喜歡拍攝與她一同生活的貓咪姊妹，每天活蹦亂跳的貓姊妹總能帶來許多笑容。這天早上在書櫃中發現躲藏的貓咪們，雖然上班快要遲到了還是趕緊拿出相機拍攝。拍攝重點在於利用上午美麗的光線，感光度設定為ISO3200，並使用大光圈拍攝，強調出貓咪與柔和的光線感。

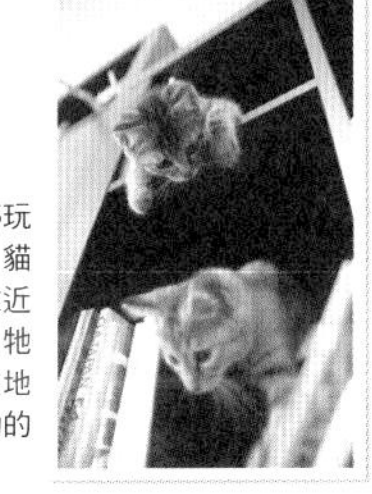

早上就不停玩耍的兩隻貓咪，悄悄靠近避免干擾牠們，並趴在地上拍攝生動的表情。

相機與底片資訊

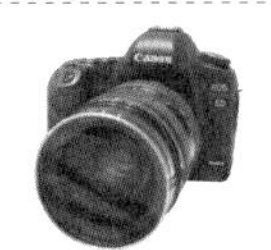

拍攝時使用的是CANON 5D MARK2，另外也會用CANON 40D與RICOH CX4等數位相機。

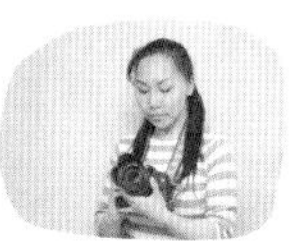

profile

當初使用父親的相機來拍攝朋友與愛犬，因而踏上攝影之路，攝影經歷17年，最近迷上拍攝愛貓。

File-10

石井美穗子

黑白的淡色調 展現溫暖感覺

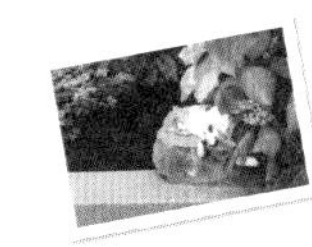

石井美穗子每個月會外出拍貓1次，非常喜歡貓咪，於是某天拍到了下方的照片。在京都哲學之道發現一隻坐在椅子上的貓咪，正打算上前拍攝時，另一隻貓咪靠了過來，原本以為牠們會打架，沒想到卻臉貼臉卻像是接吻一樣，黑白照片的柔和色調也更能襯托貓咪之間的溫馴氣息。

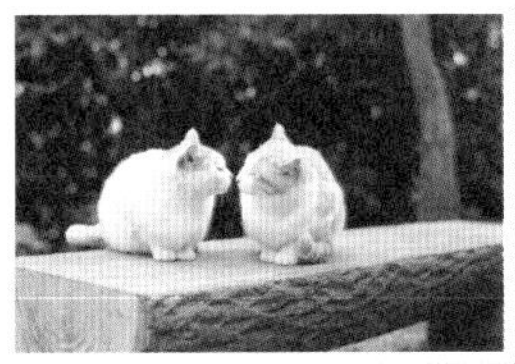

在櫻花季於哲學之道遇見的貓咪們，減少雜亂背景的比例，專注於捕捉2隻貓咪的姿態，黑白照片也扮演畫龍點睛之效。

相機與底片資訊

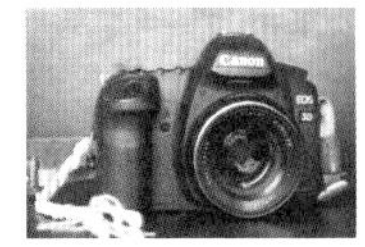

全片幅的CANON EOS 5D MARK2可以發揮鏡頭原始的畫角，50mm鏡頭具有自然的散景，視角接近肉眼所見。

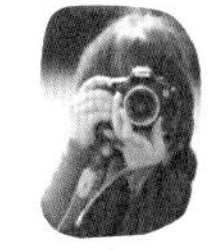

profile

攝影經歷5年，貓咪照片最大的魅力，就是能留住每一刻可愛的模樣。http://www.flickr.com/photos/sawa-yama/

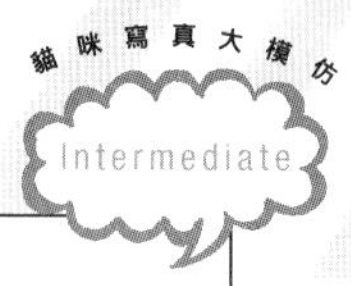

選用適當鏡頭拍下喜歡的部位吧！

捕捉細部的重點

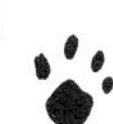

近拍貓咪的某個部位，
傳達貓咪的迷人之處，
讓人看到就不禁發出「好可愛！」的讚嘆聲，
各位喜歡貓咪的哪個部位呢？
找出迷人的部位拍攝吧！

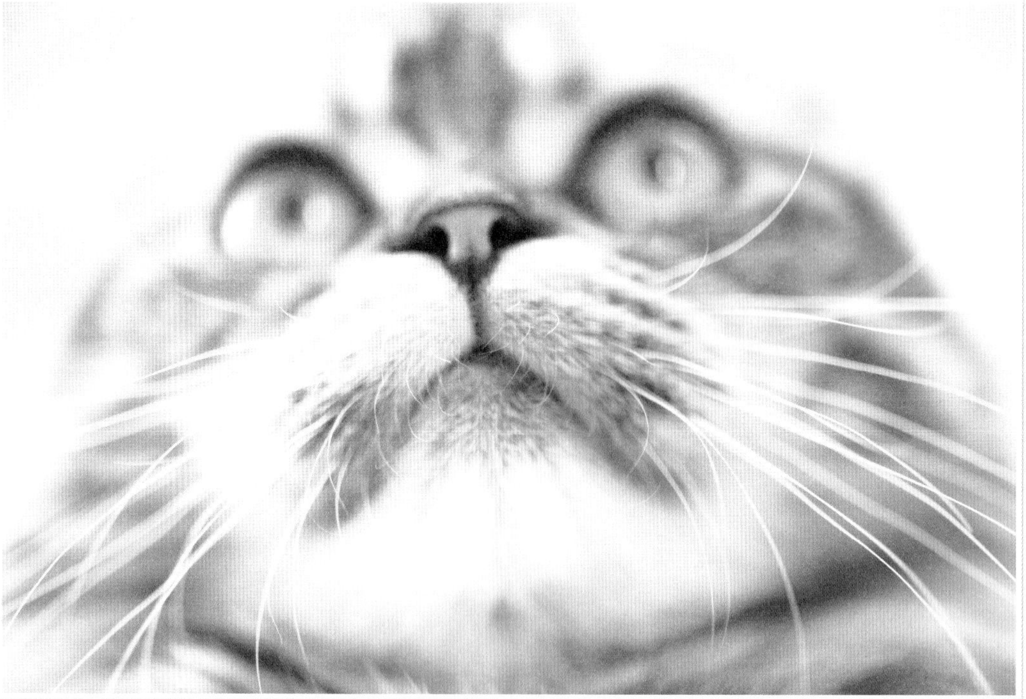

Photo data

鏡頭：105mm
光圈：F2.8
快門速度：1/125秒

How to Take

1 使用105mm（望遠微距鏡頭）拍攝

要拍攝細部，推薦使用望遠鏡頭與望遠微距鏡頭，不須靠近也能放大主體比例，不妨用微距鏡頭放大細部吧！

2 對焦於細部

上方照片是在相機上頭使用玩具製造聲響，讓貓咪往上看，接著對焦於貓咪的嘴巴。

3 製造模糊背景

拍攝時建議使用大光圈，除了展現柔和效果外，還能製造淺景深，讓有趣的細部更為明顯。

圖解

對於構圖有幫助的裁切方式

要強調貓咪的迷人部位時，可以透過背景與攝影角度來營造出完美的照片，但裁切是更為輕鬆的技巧，當拍攝貓咪全身後，可以將喜歡的部位裁切下來，初學者可以藉此練習構圖的感覺。

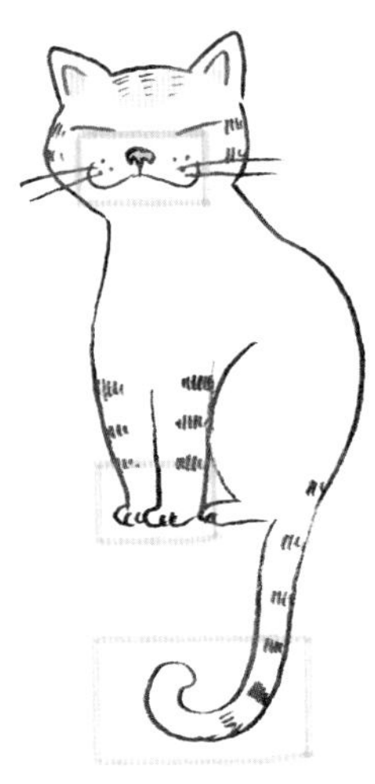

納入背景與光線傳達照片的故事性

愛貓人士一定都有特別喜歡的貓咪部位吧？像是長長的尾巴、圓滾滾的眼睛、張開的手部等，有時候近拍這些部位也相當有趣喔！

為了讓細部照片更有特色，構圖是最重要的，如何將畫面中的空間與光線做完美的呈現，就能替照片增添故事性，並傳達現場的氣氛。

此外望遠微距鏡頭跟一般鏡頭相比，其最短對焦距離較近，得以放大主體的比例，鏡頭依據焦距區分為標準、中望遠、望遠，如果只能從遠處拍攝或是要與貓咪保持適當距離時，使用望遠微距鏡頭是最方便的選擇，望遠鏡頭淺景深效果相當美麗，能拍出戲劇性的照片。

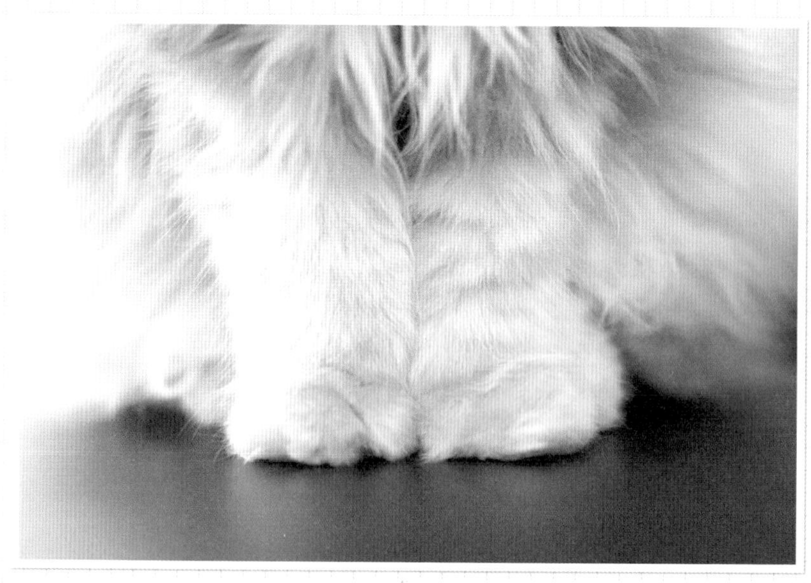

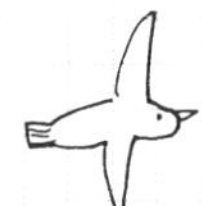

近拍前腳強調貓咪的特色

整齊的前腳是最具貓咪特色的部位，還能感受到一分優雅，無論是坐著或躺下，雙腳併攏的姿勢太可愛了！這正是迷人的部位。此外，腳長或腳短的貓咪併腳姿勢也大為不同，光是看到前腳照片就充滿趣味性。

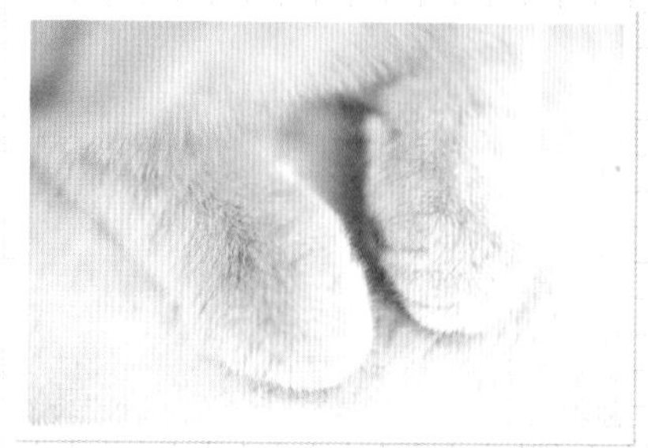

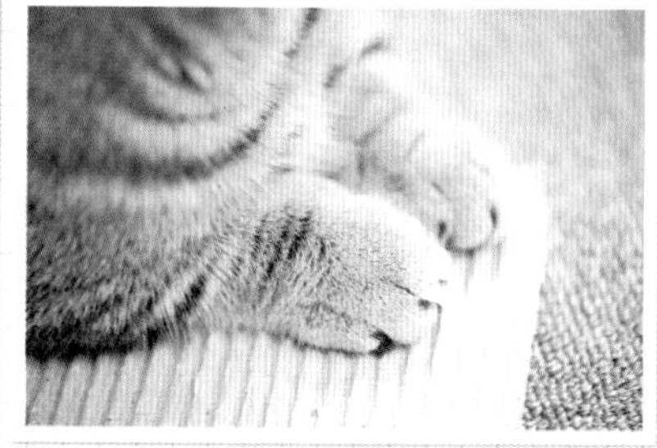

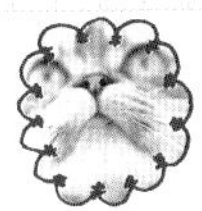

拍攝貓咪的禮儀♥

拍攝時要有所節制

拍攝時要注意的地方是，不要一直追著貓咪不放，不僅是貓咪，大部分的動物都不喜歡面對鏡頭，因為牠們會感覺到相機是比自己還要巨大的動物，因而心生恐懼。如果相機讓貓咪感到害怕，快樂的氣氛也會消失殆盡，因此拍攝時要有所節制。

想嘗試從這個角度拍攝！

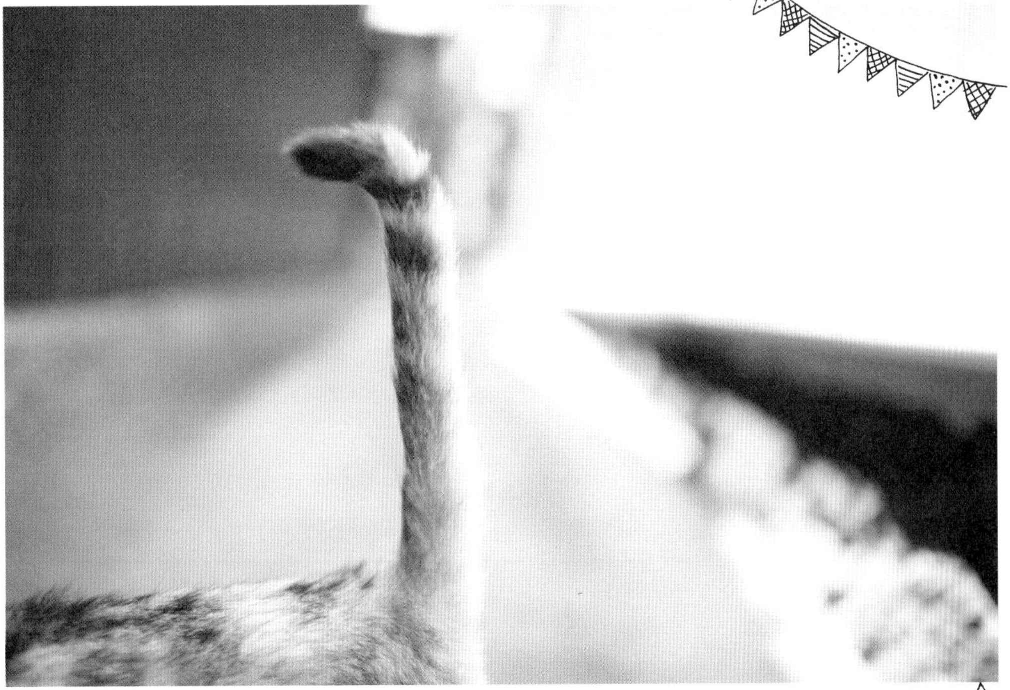

屏除多餘畫面　創造更多的想像力

僅拍攝可愛的尾巴，小巷子背景也相當美麗，就像是水彩畫般的畫面。舉高高的尾巴看起來非常生動，讓人更有想像空間，正因為看不到貓咪的表情，畫面的故事性因而誕生。

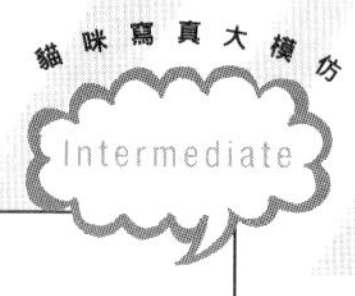

快門速度和拍攝角度是關鍵！

站立的 貓咪

身子直挺挺地奮力靠過來的站立姿勢，
如此拚命的表情擄獲我們的心，
要如何拍攝貓咪站立的可愛照片呢？
請見以下教學。

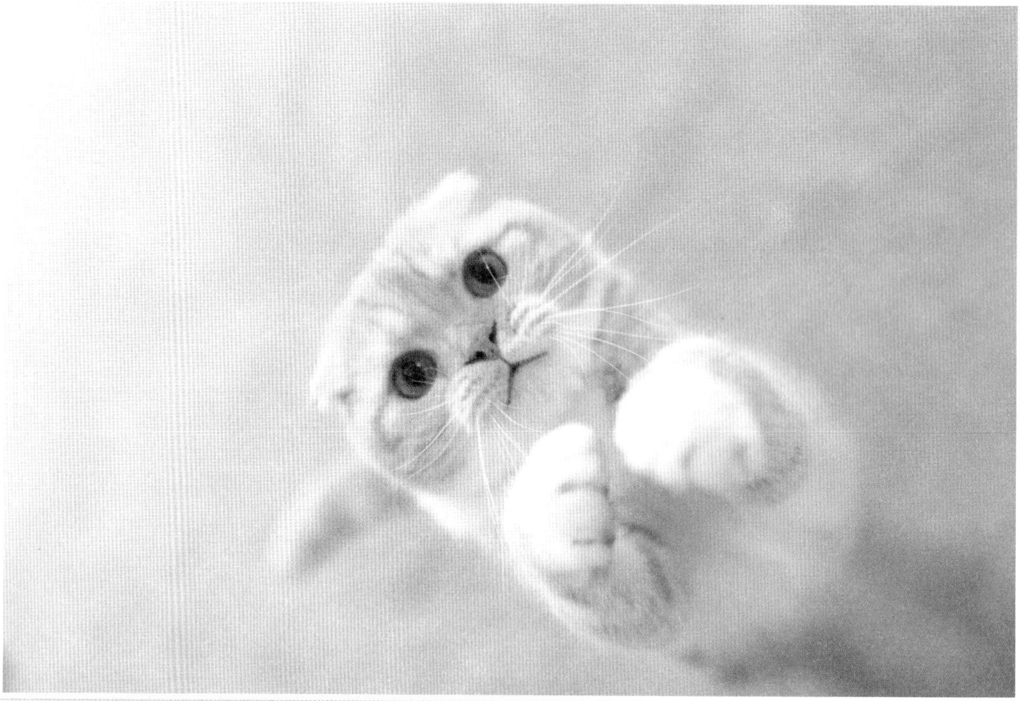

Photo data

鏡頭：35mm（廣角）
光圈：F2.8
快門速度：1/500秒

How to Take

1 使用玩具來誘導貓咪移動到拍攝範圍

拍攝時最好2人1組，另一人使用玩具來吸引貓咪注意力，為了強調貓咪滑稽的動作要盡量選擇簡潔的背景。

2 站立時對好焦

一開始在地板附近，等貓咪習慣後再用玩具誘導到高處，拍攝者預測貓咪臉部靠近的位置預先對焦，並從上方角度強調可愛的表情。

3 設定為高速快門

不斷地用玩具誘導貓咪站立，並抓住最佳的時機，由於貓咪動作敏捷，要用高速快門來拍攝。

圖解

要拍攝站立貓咪就要使用密技！

要如何拍攝貓咪挺直身體並朝向鏡頭的照片呢？其實是有訣竅的。可以使用逗貓棒誘導貓咪，讓貓咪自然而然站立，在貓咪想要捉住逗貓棒的瞬間按下快門，拍出的照片就如同右頁範例般生動喔！

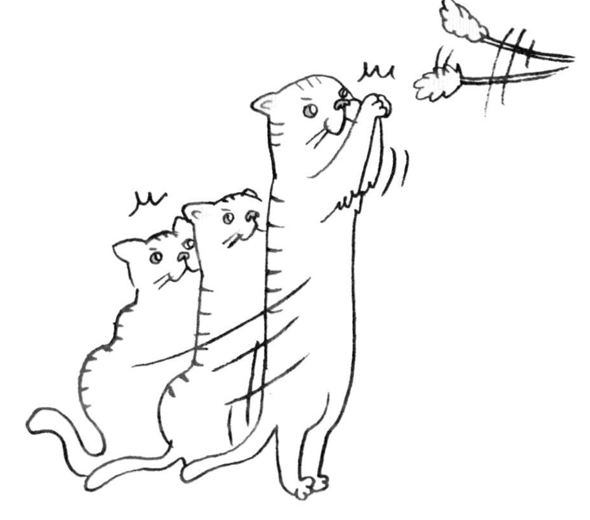

引發玩樂之心 強調畫面生動感

看到貓咪站立等罕見的姿勢，就立刻想拍下來，如果能準備便利的玩具等道具，就能誘發貓咪的玩心，像是毛絨絨的逗貓棒、蝴蝶結等都是貓咪喜愛的物品，可以多試試不同種類，看看牠們對那些玩具有興趣，在拍攝時最好是2人1組，一人拍攝，另一人負責逗貓。

為了同時捕捉貓咪的有趣動作與可愛表情，可以站在椅子上從高角度來構圖。一開始可能比較難抓到時機，不妨多加嘗試。由於貓咪動作敏捷，要注意對焦點的控制，先預測貓咪臉部靠過來的位置，並預對焦於逗貓棒的位置，設定高速快門避免手震，如果使用連拍功能更能提高成功率。

看似獨善其身的貓咪 變身為站立貓

主人在給點心的時候貓咪都會站起來，趁這個時候拍攝吧！2隻貓咪同時站起來，而且左邊的貓咪的手勢好像招財貓，只要每日細心觀察，就能拍出類似的照片。

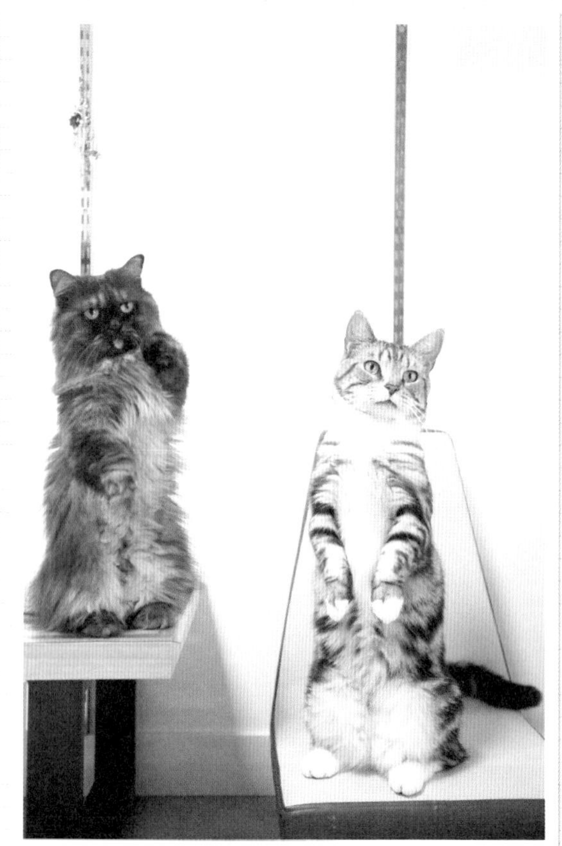

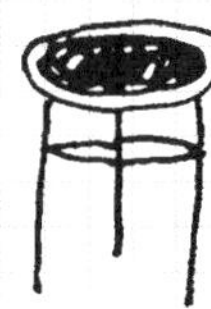

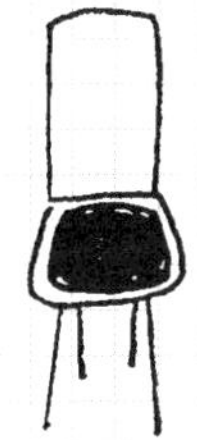

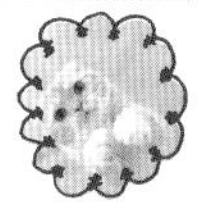

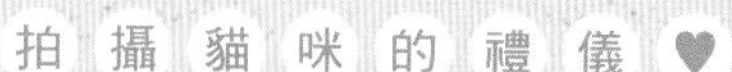

拍 攝 貓 咪 的 禮 儀 ♥

貓咪感到疲累時就中止拍攝

一邊與貓咪玩一邊拍攝站立的姿態，為了捕捉生動的畫面，並傳達出可愛的動作等，就會讓人全力投入於拍攝，貓咪也盡興地玩耍。因此拍完照後貓咪會感到疲憊，當看到貓咪有點疲累時，就立刻中止拍照，這也是體貼貓咪的舉動喔！

想嘗試從這個角度拍攝！

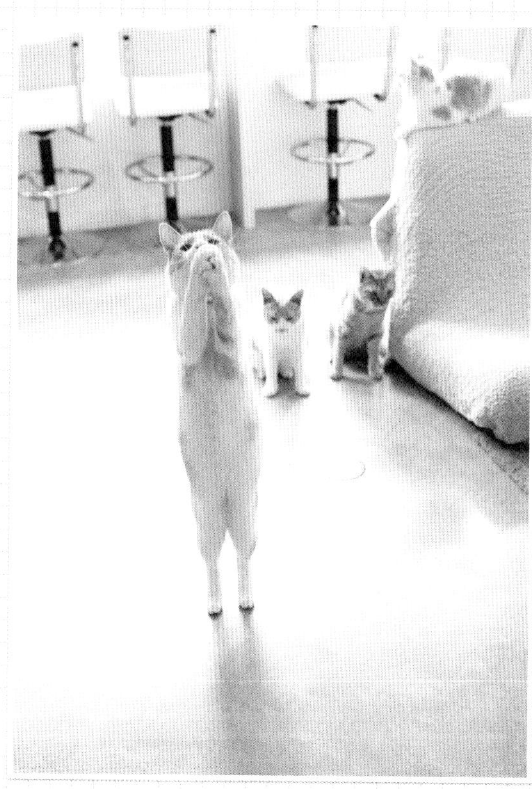

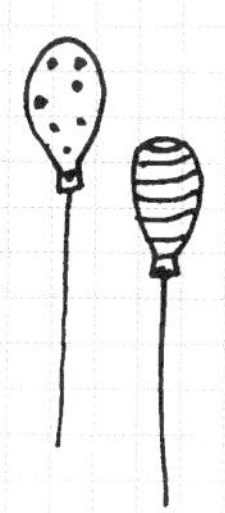

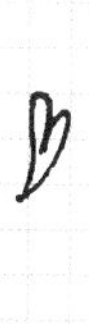

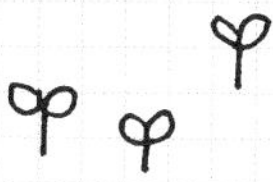

拚命的姿勢♥超可愛乞求貓！

將身體伸直兩手交握的姿態，就像是在訴說著「拜託給我！」般，左邊的照片也是採用跟右邊相同的手法，為了抓住玩具的拚命姿態，跟旁邊冷眼旁觀的貓兒們形成有趣對比，為了呈現表情而從較遠處拍攝。

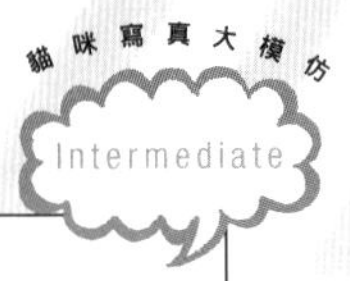

同時感受可愛的魄力與躍動感

貓咪拳

外表可愛的貓咪，
揮起拳頭來可是很猛的喔！
揮動貓拳而來的瞬間，
就是最佳的按快門時機，
不妨藉此提升攝影功力吧！

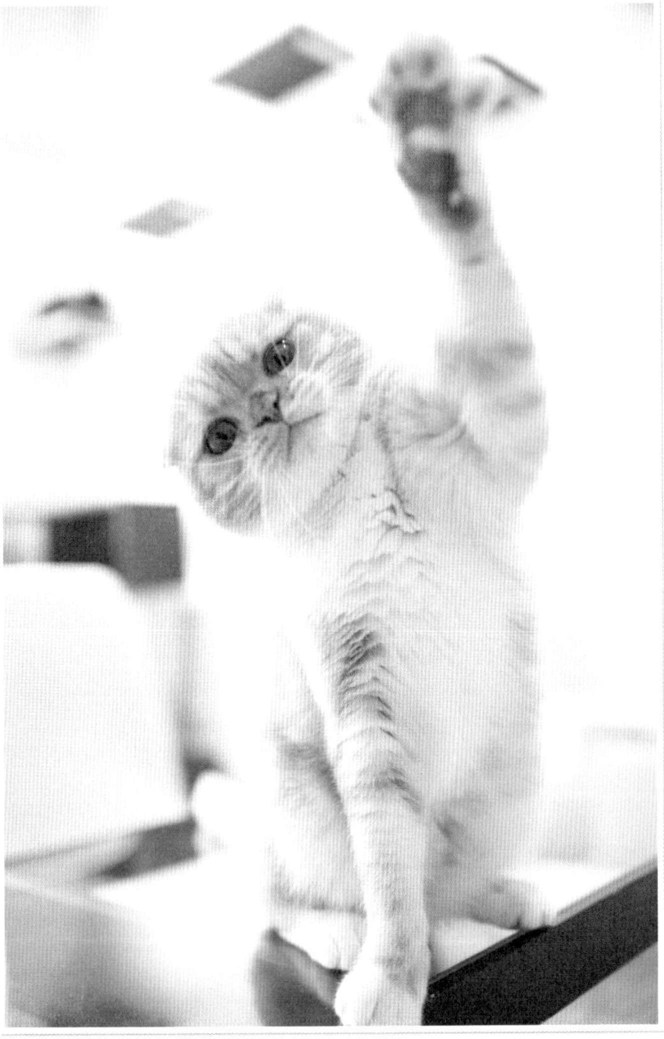

Photo data

鏡頭：35mm
光圈：F2.8
快門速度：1/250秒

How to Take

1 將貓咪引誘到椅子或桌子上

先對焦於眼睛，不要錯過可愛的表情與揮動拳頭的魄力瞬間，如果貓咪在地板上就很難拍攝，因此要誘導到桌子或椅子等高處。

2 一邊陪貓咪玩一邊預測快門時機

從相機旁邊揮舞著玩具，並吸引貓咪的注意，手持相機一邊跟貓咪玩，並且預測最佳的快門時機。

3 用高速快門拍攝

揮出拳頭的時候是最佳時間點，貓咪的動作比想像中快，因此放大光圈並選擇高速快門拍攝，也可以使用連拍或運動模式。

圖解

玩具要拿在相機旁邊

在拍攝時選擇與貓咪相同的視線，並放低角度就能拍到臉部表情。強調手部的動作，將玩具放在相機旁邊逗弄貓咪時，就能拍到很有魄力的畫面。

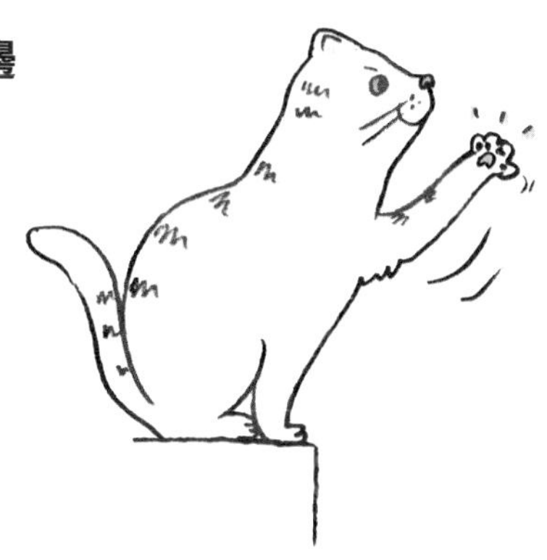

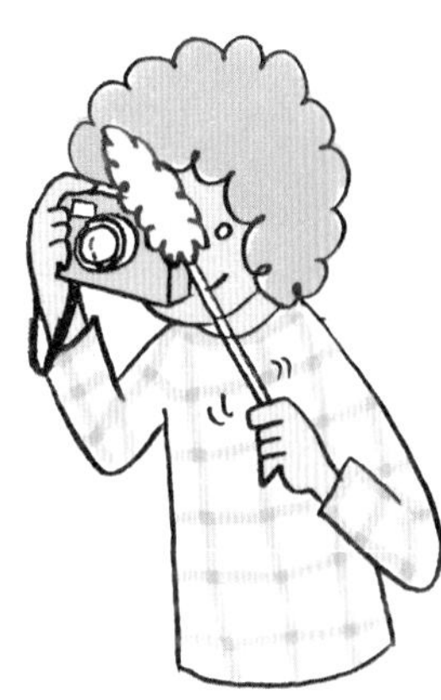

運用高速快門與連拍

貓咪的眾多可愛動作裡，當然少不了貓拳頭。當我們拿著逗貓棒與貓咪玩耍時，貓咪就會揮舞手掌打它，這一連串動作十分迅速，拍攝時要加以適應，只要掌握訣竅就能輕鬆拍攝，請務必試試看。

在正式拍攝之前，先預測一下貓咪臉部的位置做預對焦，是一大重點，接著就能從容拍攝，另外設定高速快門以配合貓咪的敏捷動作，就能夠不晃動地捕捉瞬間，可以使用相機內建的運動模式，讓快門速度變快，搭配連拍功能就更為方便了。

看到貓咪揮拳時，毫不猶豫地按下快門吧！也可故意放慢快門速度，讓手部的動作呈現晃動，創造出具有躍動感的照片。

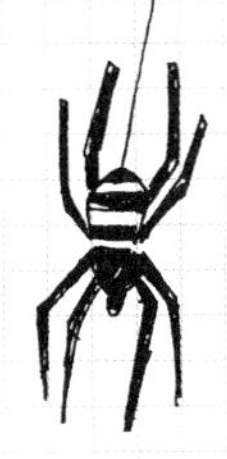

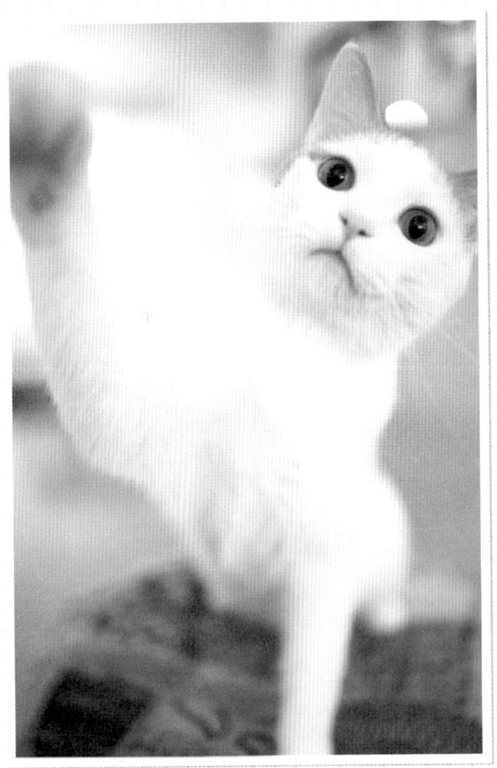

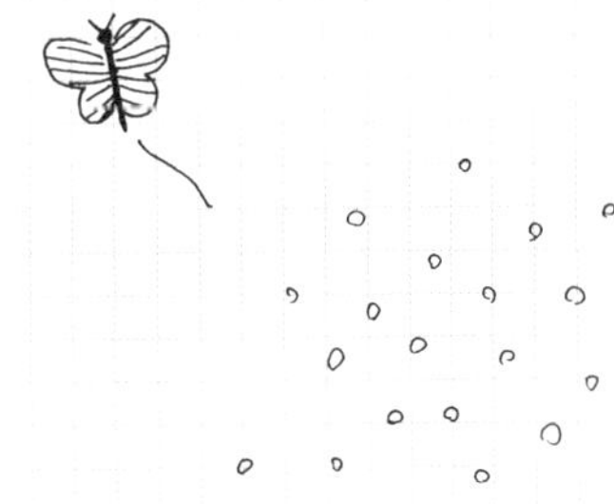

利用連拍功能拍出漫畫的效果

利用連拍功能來拍攝貓拳頭，以高速快門連拍後，將數張照片排列在一起就像是漫畫般，透過貓咪的動作可以看出牠正在揮拳，得以創造臨場感十足的畫面。請多加利用這種方式來捕捉動感照片，在拍攝時要注意快門速度與對焦。

中級篇

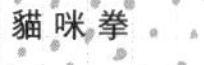

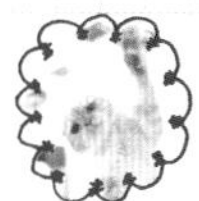

拍攝貓咪的禮儀♥

不要過於靠近
避免造成相機損傷

為了捕捉具有魄力的貓拳頭畫面，之前說過要將玩具放在相機旁邊並逗弄貓咪，但如果太過於靠近貓咪會嚇到牠，甚至貓咪也會打壞相機，因此要選擇最適當的距離並做調整。

想嘗試從這個角度拍攝！

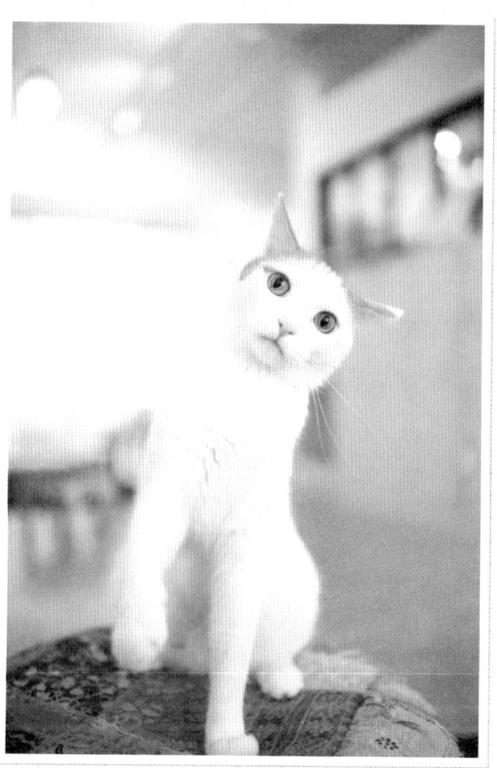

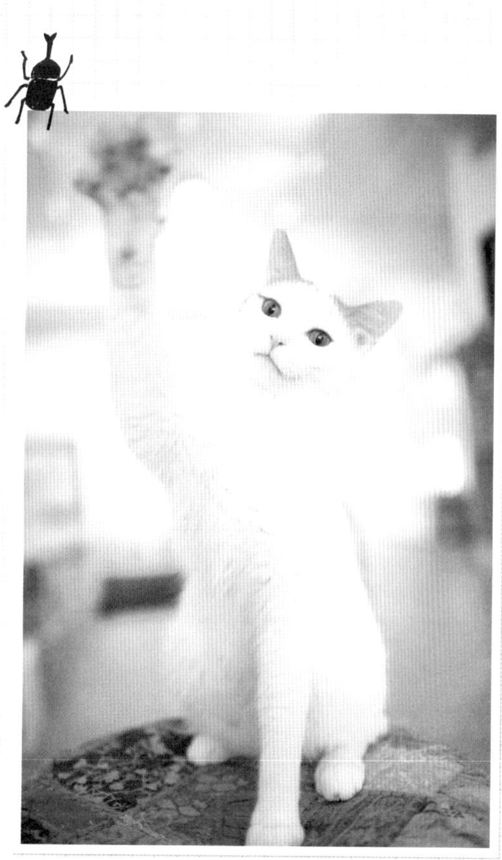

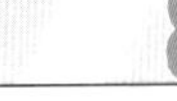

調整曝光與光圈呈現逆光下的美麗身影

戲劇性的貓咪姿態

在此介紹大師級的戲劇性照片，只要花時間與工夫，就能拍出可愛的貓咪表情與柔軟的貓毛質感喔！

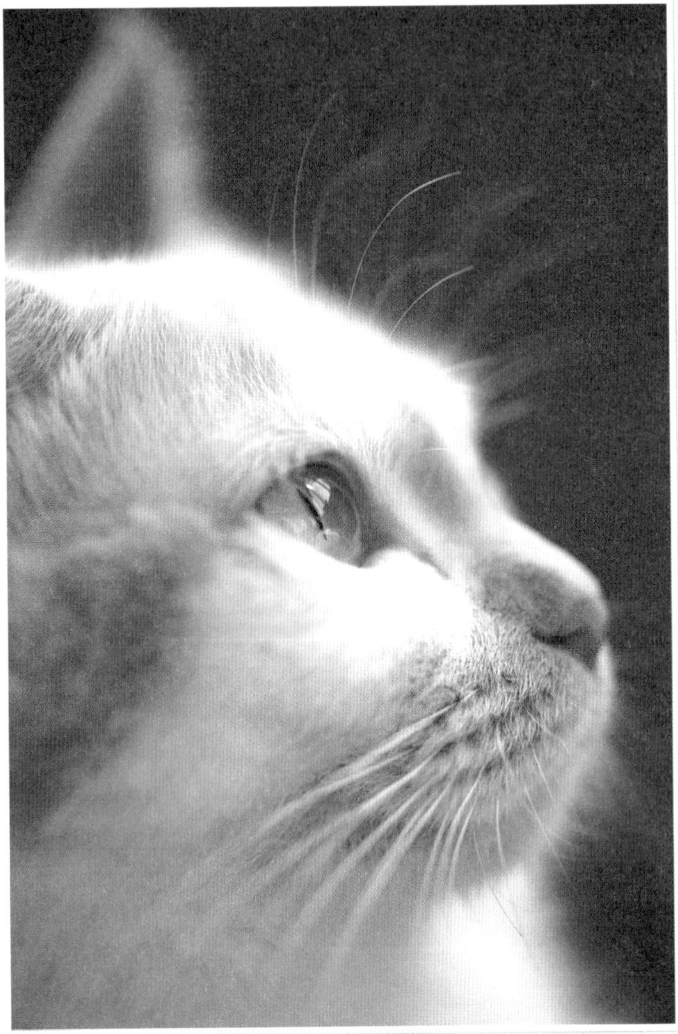

Photo data

鏡頭：105mm
光圈：F2.8
快門速度：1/250秒

How to Take

1 用玩具誘導吸引注意

在窗邊用玩具誘導貓咪，讓貓咪坐著，在相機旁邊搖動玩具，或是用指尖摩擦相機發出聲音等，吸引貓咪的目光。

2 事前增加曝光補償

在逆光下拍攝時，貓咪的臉部容易變暗，因此先增加1級曝光補償。如果相機無曝光補償功能，可以調整曝光來提升亮度。

3 開放光圈對焦於眼睛

使用最大光圈拍攝貓咪，光線照射下使得貓咪的輪廓與貓毛呈現出柔和的質感，營造出戲劇感。記得對焦於眼睛。

圖解

利用反光板補光捕捉貓咪的眼神

要拍攝戲劇性照片不可或缺的道具是反光板，透過反光板反射光線讓主體更為明亮，在逆光下也能突顯貓咪的表情與色調，甚至還能製造眼神閃亮效果。

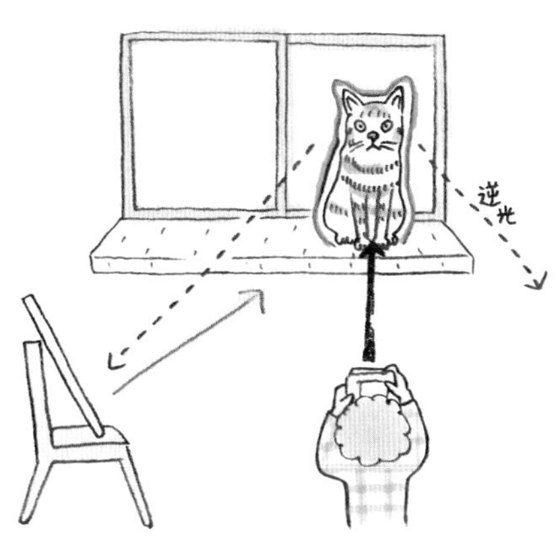

透過逆光
呈現貓毛質感

如果想拍出更具風格的貓咪照片，建議來嘗試看看戲劇性的拍法。

在一般肖像風格照片中，最重要就是製造淺景深效果，像開大光圈或使用望遠鏡頭，就可以讓主題從背景浮現出來，讓肖像作品更加分。在肖像攝影中也要注意背景的配置，可選擇綠樹或藍天當背景，增加清爽的印象，藉此改變照片的風格。

要增加戲劇效果時，最重要的就是逆光，透過相機看到從貓咪背後照射而來的逆光，可以呈現出貓毛的溫暖質感，但逆光也會讓貓咪的臉部變暗，因此要增加曝光補償。請多加利用反光板，藉此增加貓咪的亮度或是製造眼神，也可用白紙來替代。

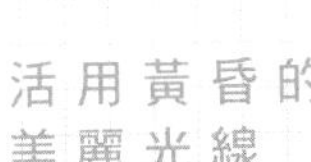

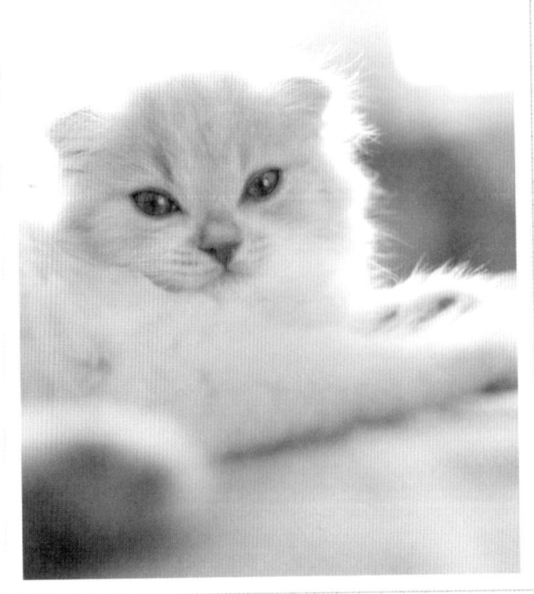

活用黃昏的美麗光線

右圖是夕陽西沉的黃昏時所拍攝的，光線照射在貓咪柔和的毛上，照片看起來很有戲劇性，黃昏是適合拍照的時間點，請務必記住。

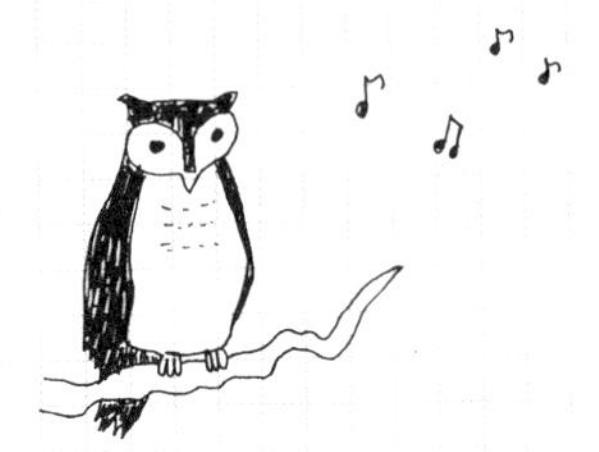

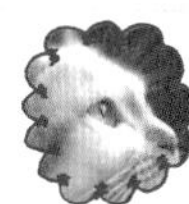

拍 攝 貓 咪 的 禮 儀 ♥

拍攝貓咪的禮儀
不要使用閃光等強烈光源

逆光攝影雖然經常會使用閃光燈，但在拍攝貓咪時要加以避免。強光不僅會嚇到貓咪，也會造成貓咪對於拍照的反感，要補光時可以借助反光板來取得柔和光線，並呈現自然的表情。

想嘗試從這個角度拍攝！

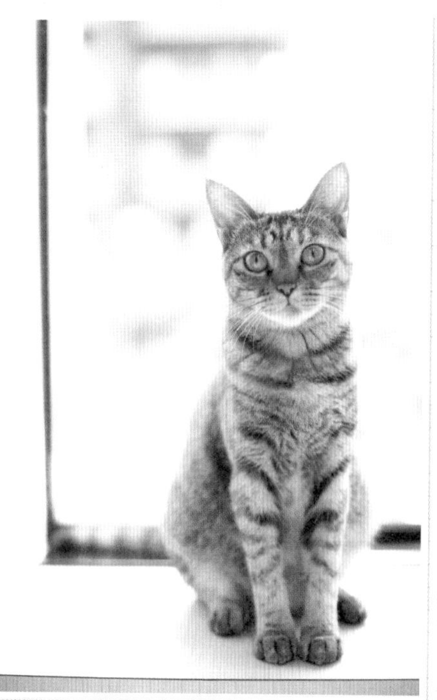

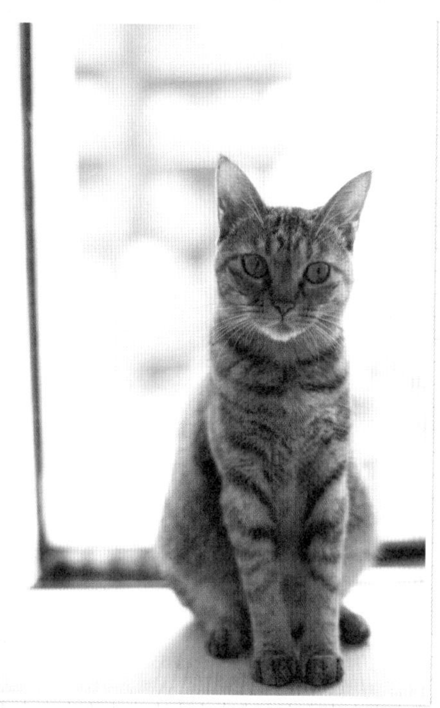

反光板能提升攝影技術

來比較上方2張照片吧。左圖為使用反光板，右圖則沒有使用，使用反光板後表情相當鮮明，也能看到眼神，雖然一般的拍攝方式也能拍出美麗的照片，但還是得依據狀況來運用進階的技巧。

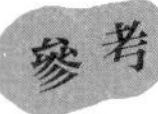

值得參考的貓咪寫真

File 12-17

Column 3

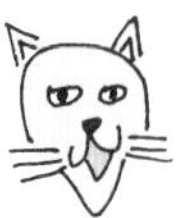

要如何享受貓咪攝影的樂趣？

在此刊載許多令人會心一笑的有趣貓咪照片，請大家分享拍攝的技巧與過程。

逗趣的貓咪寫真篇

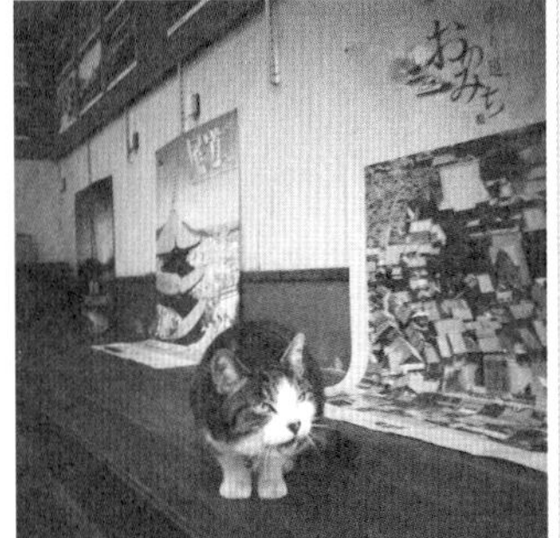

悄悄靠近，也不要追逐逃跑的貓咪，這樣的距離感才能拍出自然的照片。

File-12

Kanako

用盲拍方式 捕捉可愛的表情

Kanako到旅客服務中心時，看到一隻很有霸氣的貓咪，於是用相機拍了下來，為了捕捉最自然的表情，採用不看觀景窗的盲拍方式，不錯過任何精彩瞬間，照片中的貓咪好像正在對她說話似地，流露出生動又可愛的表情。

相機與底片資訊

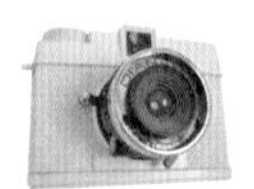

Kanako喜歡使用玩具相機，而本次使用的是LOMOGRAPHY Dian Mini。

使用顏色鮮豔的AGFA Vista400，適合裝在玩具相機上拍攝。

profile

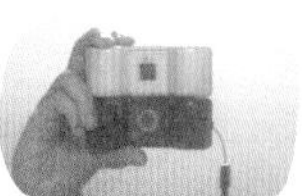

接觸玩具數位相機後開始愛上攝影，最近大多用玩具底片相機拍照。http://ameblo.jp/yutaka-a/

File-13

北川梨沙（LITHAGON）

自然地捕捉 貓咪放鬆的姿態

貓咪自由自在的個性讓北川深深著迷，在街上看到貓咪就會跟隨他們並拍照，如何用最自然的型態來呈現貓咪放鬆而自在的姿態，是北川的拍攝重心。這天遇到了坐在掃把上的貓咪，心想為何牠會坐在這裡呢？不禁笑了出來。為了強調柔和的氣氛，使用F2.8大光圈來拍攝。

相機資訊

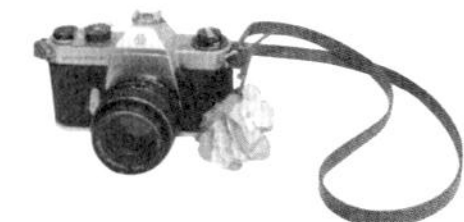

愛機為PENTAX SPF，是第一次購買的底片單眼相機，使用了6年。鏡頭為與北川名字相近的LITHAGON。

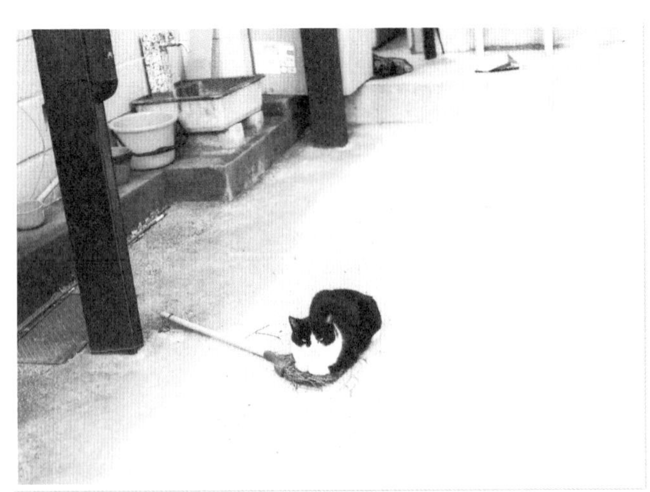

路上偶然見到的光景，正坐在掃把上休息的貓咪，拍攝時不干擾牠，強調自然風格，使用定焦鏡頭攝影。如何不讓貓咪產生警戒心，是拍攝時的一大樂趣。

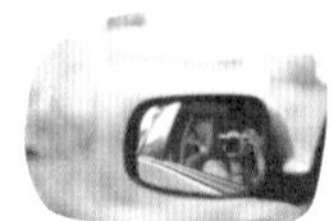

profile

攝影經歷6年，一開始愛上了玩具相機，目前的最佳夥伴是PENTAX SPF。部落格「chocolate」http://chocolate0523.blog123.fc2.com/?pc

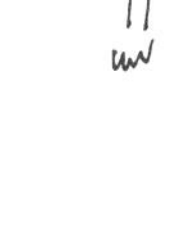

File-13

小野翔子

多按快門就對了

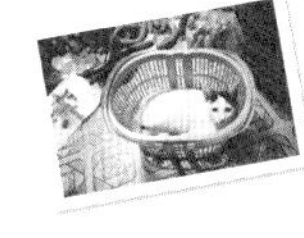

小野終於買到夢寐以求的單眼相機後，拍下了這張個人非常喜歡的貓咪照片。拿起相機準備拍攝休息中的貓咪，看到牠正舒服地整毛，為了避免錯過可愛的動作於是按下數次快門，下圖是其中的一張照片，貓咪沐浴在客廳的柔和光線中，正悠閒地休憩著，透過照片展露無遺。

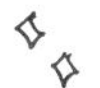

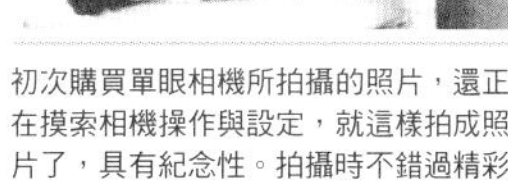

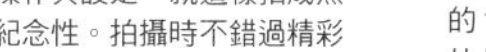

初次購買單眼相機所拍攝的照片，還正在摸索相機操作與設定，就這樣拍成照片了，具有紀念性。拍攝時不錯過精彩表情的瞬間。

相機與底片資訊

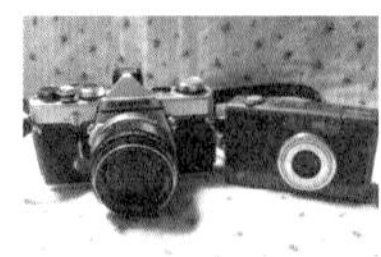

使用OLYMPUS OM-1拍攝，此外在散步時也會將NATURA CLASSICA放進包包裡。

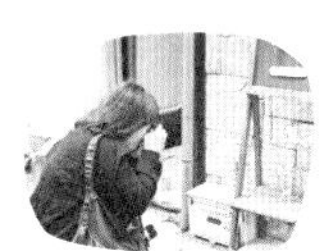

profile

愛上玩具相機而踏進攝影的世界，最近喜歡用底片單眼相機拍照。http://ameblo.jp/communejoy/

File-14

Osada Kasumi

將肉眼所見忠實呈現

Osada以往經常當外拍模特兒，因此對於攝影相當熟悉，慢慢地自己也愛上拍照，她喜歡拍貓的理由在於「可以拍出有別於人像的空氣感與表情」，在照片時總是能配合貓咪的節奏。「透過照片想要表現貓咪在夢中的情境，用過曝的風格來呈現。」她將肉眼所見或感受的心情，忠實地呈現出來。

在自家附近公園散步時遇到的貓咪，貓咪正在木桌上舒服地曬日光浴，靠近拍攝牠也不為所動，感受到貓咪悠閒的時間。

相機與底片資訊

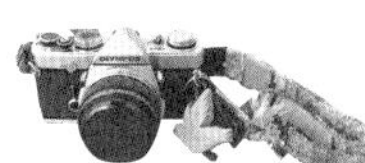

左邊照片是用OLYMPUS OM-1拍攝，柔和的效果跟照片風格相當搭，因此愛上了它。

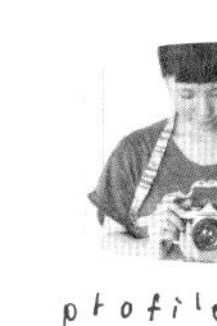

profile

高中時期愛上攝影，1～2年前正式使用底片相機。http://ameblo.jp/kasumii1215

File-16

佐藤杏里朱

活用手機的應用程式

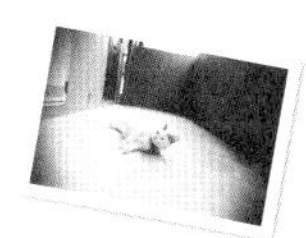

佐藤說「平凡無奇的場所只要有貓咪，就能度過和緩的時間，她非常喜歡這種感覺。」平常透過工作機會經常接觸動物，也常常會替牠們拍照，家中的愛貓小風也是最佳模特兒。佐藤最喜歡使用手機拍照，「手機具有隨拍的便利性，可以使用應用程式來拍出不同的色調效果」（佐藤）。下面照片使用了帶有黃色色調的APP，並呈現出魚眼鏡頭的風格。

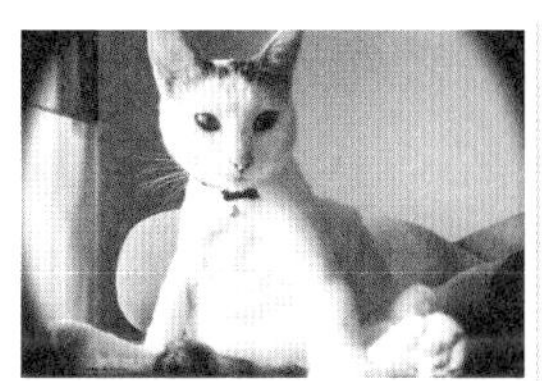

貓咪正坐著整毛中，大大的三層肚干擾到整毛，貓咪露出困擾的表情，趁這個時候趕緊拍下來。正因為常常跟貓咪對話，才能拍出如此自然的照片。

相機與底片資訊

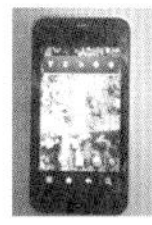

經常使用au的Android I301拍攝，也會使用FxCamera程式。

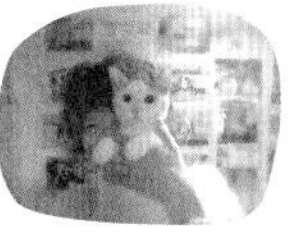

profile

攝影經歷2年，為了遊遍外島而前往沖繩，深受美麗風景所吸引，拍下不少精彩照片。

File-17

Kurosawa

看到偶然出現的光景 不要慌張先仔細觀察一下

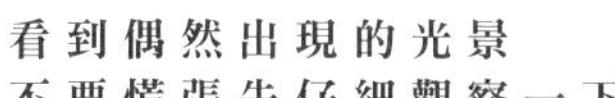

Kurosawa的趣味照片是貓咪與人偶擺出同樣的姿勢，十分可愛！原本在替這一排人偶拍照時，沒想到貓咪自己靠了過來，拍攝時現場處於逆光狀態，因此放大光圈來提升兩度，充滿柔和而鮮明的氣息，創造出畫面的趣味性。

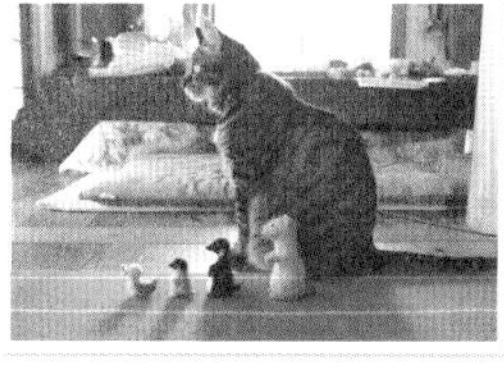

貓咪自己坐在最佳的位置，接著等待貓咪朝向側面並伸直尾巴後拍攝，透過照片可見主人與貓咪之間的互信關係。

相機與底片資訊

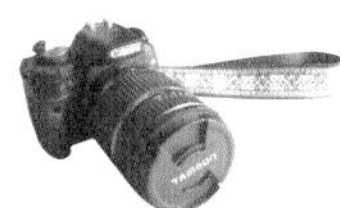

平常大多使用Canon EOS kissX2，習慣操作後就能發揮最大的實力。

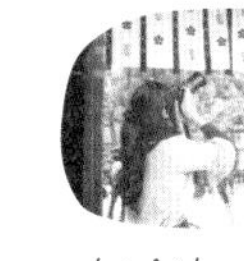

profile

攝影經歷5年，跟友人借單眼相機來玩後，就踏上攝影之途。http://crow96crow.chitosedori.com/

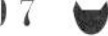

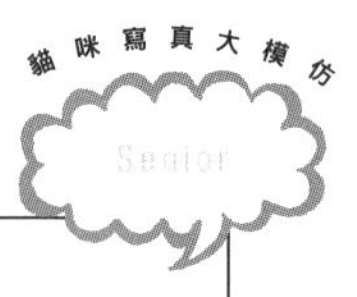

試著捕捉滑稽的表情與姿勢吧！

滑稽 表情與姿勢

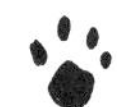

總是我行我素的貓咪，
但有時候會露出
令人意外的古怪表情，
只要掌握時機與技巧，
就能即時將有趣的表情記錄下來！

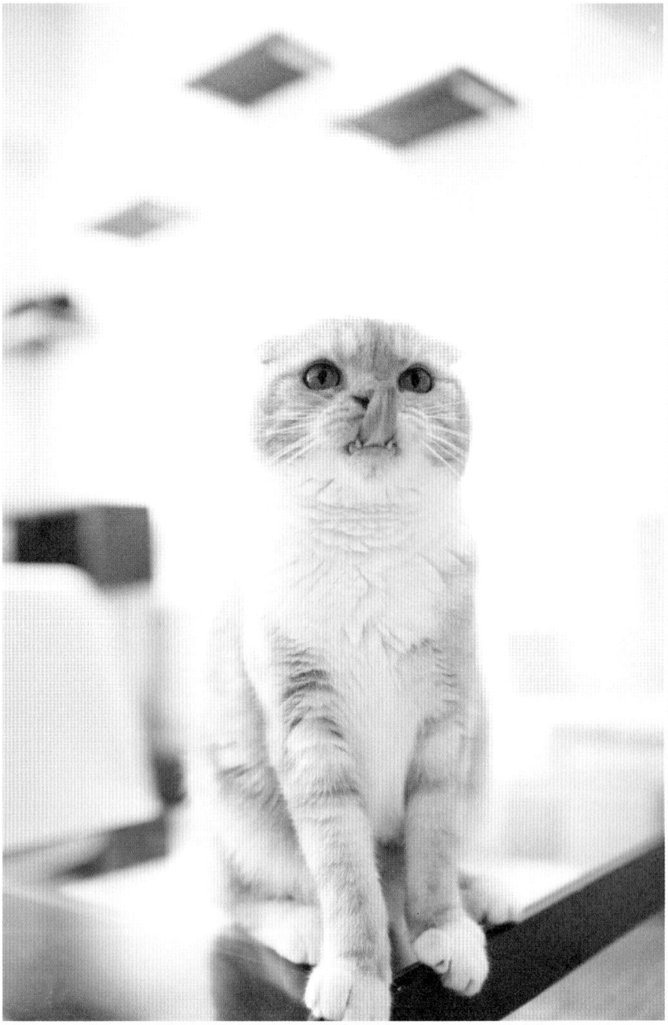

Photo data

鏡頭：35mm
光圈：F2.8
快門速度：1/125秒

How to Take

1 先觀察貓咪的動作

奇特的表情不僅發生在一瞬間，像是飯後、整毛中、打呵欠等，都是容易拍攝的時機，要一邊預測貓咪的動作，並尋找快門時機。

2 找到快門時機後連拍

遇到有趣的表情時，為了避免錯過決定性瞬間，就用連拍來捕捉吧！切記別太過著急而對焦失敗。

3 有充裕時間也可以改變角度

只要改變拍攝的角度，滑稽表情照片就會有不同的效果，右圖是從下方拍攝，拍完一張後可以考慮其他的構圖。

圖解

拍攝滑稽表情與姿勢的時間點

圖解為打呵欠、吃飯、整毛、玩耍等貓咪的日常生活行為，如果每天跟貓咪一同生活，只要多加觀察牠們的生活習慣，就容易拍到有趣的表情與姿勢。

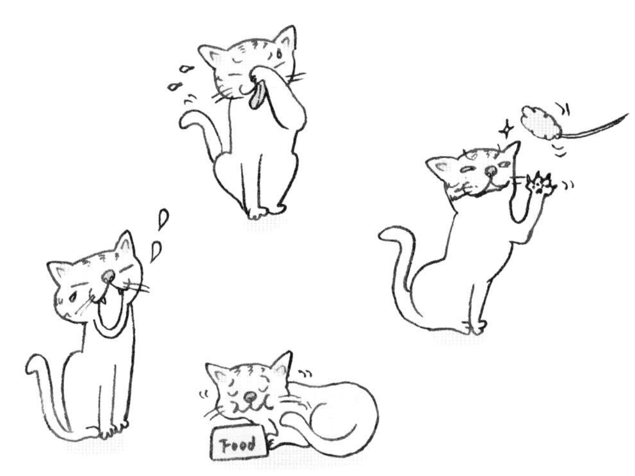

按快門時機存在於日常生活中

貓咪酷酷的表情很吸引人，但牠們熱衷某些事情或放鬆的時候，就會露出有趣的表情，請務必拍出滑稽又可愛的表情吧！

拍攝奇特表情的時機有很多，其中打呵欠後的瞬間最容易拍到像是怪獸大吼般的表情。

另外貓咪專注於整毛時也容易擺出特殊表情，只要開始整毛後就會無視周遭存在，容易貼近拍攝，飯後與喝水過後也是令人意外的時機，這時候貓咪會伸出舌頭，用舌頭舔嘴巴四周，可以看到有趣的臉龐。滑稽的表情時時刻刻都在改變，要持續按快門，不妨利用連拍功能，如果將快門速度調慢，還能拍出如同妖怪照片的有趣效果。

意外的動作造就出魄力十足的照片

可愛的小貓皺著眉頭，像是正在發怒……看起來魄力十足的照片，其實是貓咪剛打完呵欠所捕捉的畫面，這樣的表情讓人不禁會心一笑。

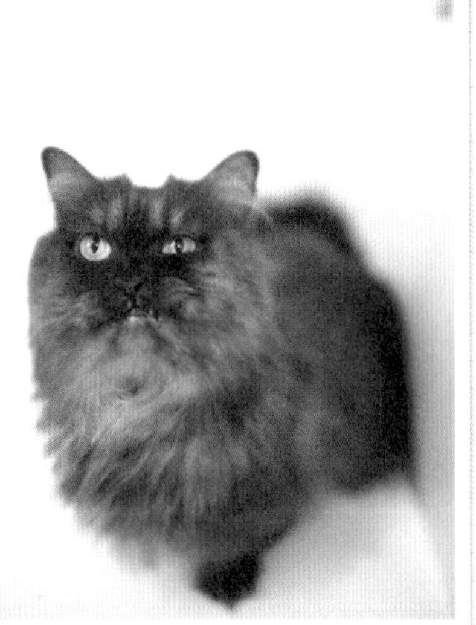

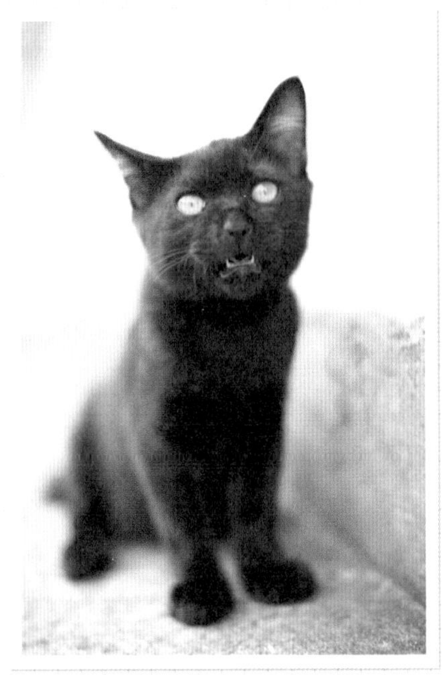

捕捉到預料之外的表情

貓咪似乎在說「你看什麼看！」的表情，其實是正在吃點心，可以拍到預料之外的有趣表情，這也是貓咪攝影的魅力。

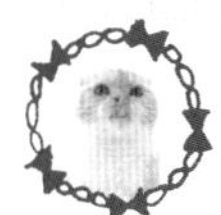

拍攝貓咪的禮儀

不要過於急躁
等待最佳的時機

要捕捉滑稽表情與姿勢還是得靠運氣，需要觀察力與耐心等待最佳時機，可以陪伴貓咪度過快樂的時光，等待最佳瞬間的到來。當貓咪在睡覺時，千萬不要因為想讓牠打呵欠而叫醒牠，或是隨意餵食。

想嘗試從這個角度拍攝！

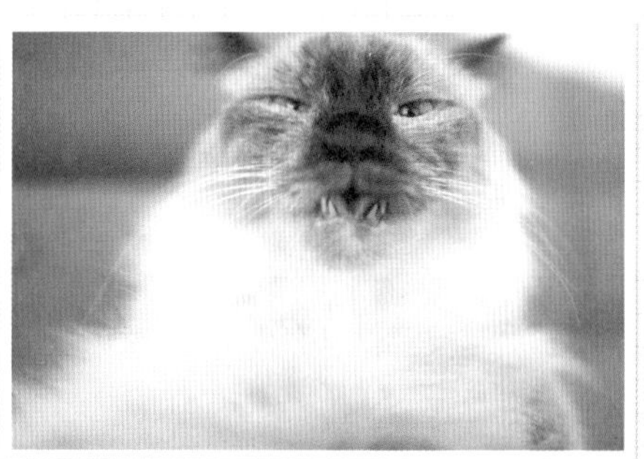

靠近拍攝強調趣味性

貓咪整毛中的畫面，表情與愛心型舌頭相當有趣，靠近拍攝比較能突顯臉部表情，如果只能從遠處拍攝時，事後裁切即可。

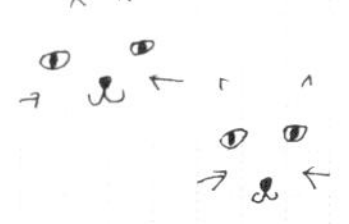

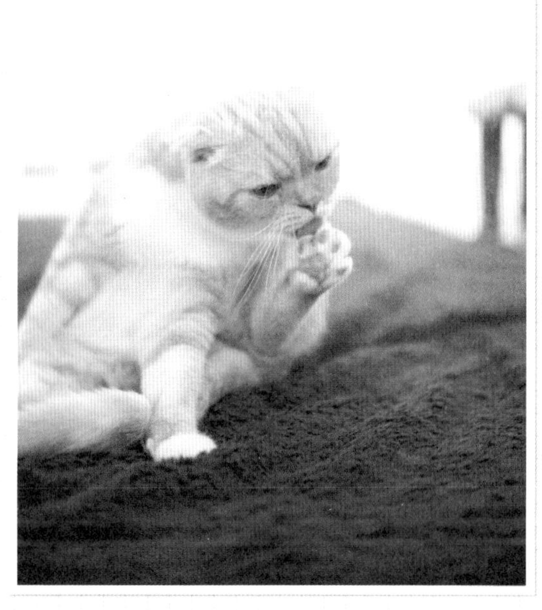

專注於整指甲的貓咪

抬起單腳正在清潔指甲，由於太過專心了，擺出很好笑的姿勢，成功捕捉到可愛的表情。從稍遠處連拍，為了呈現柔和風格，增加1～2級曝光補償並使用大光圈。

大家一起喊「笑一個！」

整齊劃一的姿勢

在貓咪攝影集中經常可以看到數隻貓面對同個方向，
或是擺出相同的姿勢，
雖然是具有難度的拍法，
只要掌握訣竅，相信初學者也能拍出有感覺的照片。

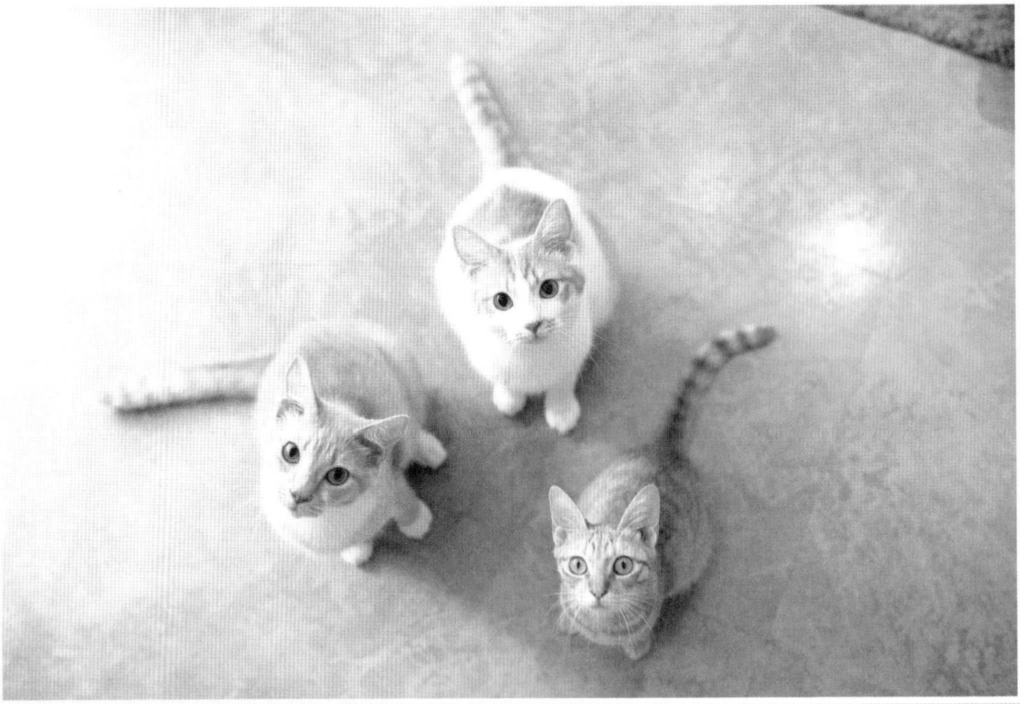

Photo data

鏡頭：35mm
光圈：F2.2
快門速度：1/500秒

How to Take

1 拍攝貓咪聚集在一起的景象

尋找貓咪聚集在一塊的地方，如果找不到可以用玩具來吸引牠們聚集，集合後趁牠們感到厭倦之前迅速拍攝。

2 製造小聲音來吸引注意

從上方角度拿好相機，用玩具或是手指輕敲相機，製造聲音來吸引注意，當貓咪的視線都朝向這裡時按下快門。

3 對焦於身高最高的貓

對焦於身高最高的貓咪臉部，即使很多隻貓排在一起時，對焦也會較為容易。

圖解

左右晃動逗貓棒來誘導貓咪

除了範例外還有各種誘導方式，像是利用逗貓棒吸引數隻貓咪聚集在一起，左右大弧度擺動逗貓棒，讓貓咪轉頭方向一致，這樣就能拍出整齊劃一的照片。

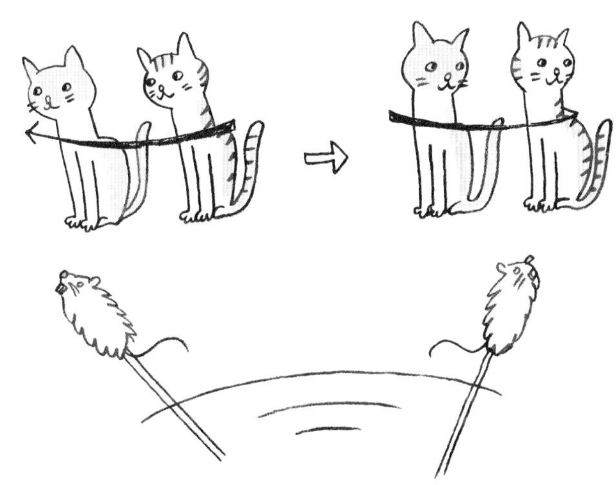

對焦在最突出的貓咪

整齊劃一的姿勢是讓數隻貓咪站在一起，擺出同樣的姿勢。要讓貓咪動作一致非常困難，雖然拍攝難度很高，但可以創造出可愛度滿分的照片！

一邊左右擺動玩具吸引貓咪注意，當貓咪朝同方向擺頭時按下快門。

拍攝時要注意對焦位置，當很多貓咪聚集在一起時，常不知道對焦在哪裡，從止面拍攝時可以對焦在最突出的貓咪，從上方角度拍攝時，則可以對焦在身高最突出的貓咪。

此外，同時拍攝黑貓與白貓時，可以分別測光並取中間值，就不容易拍出曝光失敗的照片。

掌握訣竅也許需要時間，但只要平常多練習，就能提高拍攝的成功率。

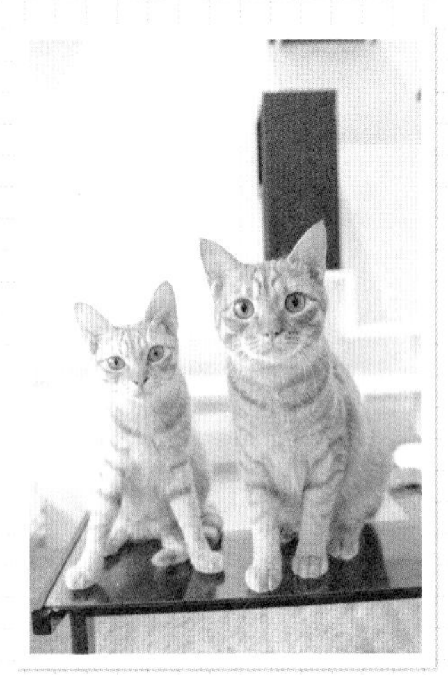

自然動作一致的親子貓咪

上圖是親子貓咪的整齊劃一姿勢，由於貓咪兄弟與親子長時間相處，也習慣了主人。因此拍攝上沒有難度，親子貓咪自然而然擺出相同動作，令人感到不可思議。

動作雖不一致 只要姿勢奇特就OK！

各種貓咪坐在一起的畫面，看起來十分熱鬧而奇特，每隻貓咪有不同的動作，面對不同方向，整體畫面非常有趣，像這樣同時拍攝多隻貓咪也是一大樂趣。

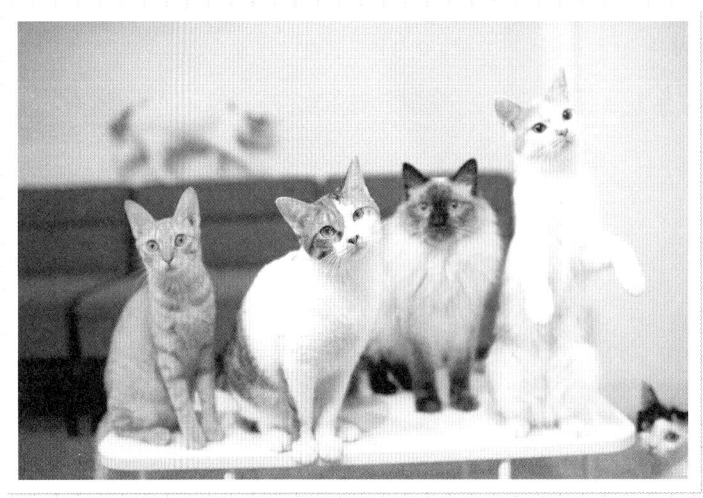

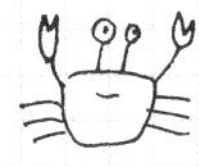

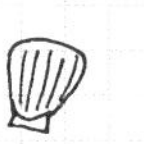

高級篇　整齊劃一的姿勢

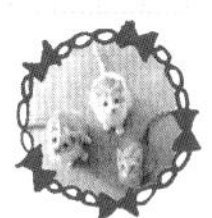

拍攝貓咪的禮儀

當貓咪吵架時 先讓牠們冷靜下來

拍攝時需要聚集數隻貓咪，當貓咪要搶奪玩具時，就很有可能會互相吵架，這時候就不要繼續拍攝，先等待貓咪冷靜下來，過一陣子再繼續拍攝。

想嘗試從這個角度拍攝！

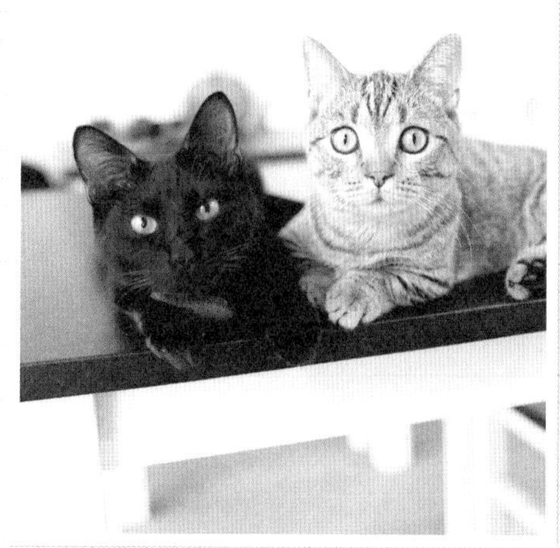

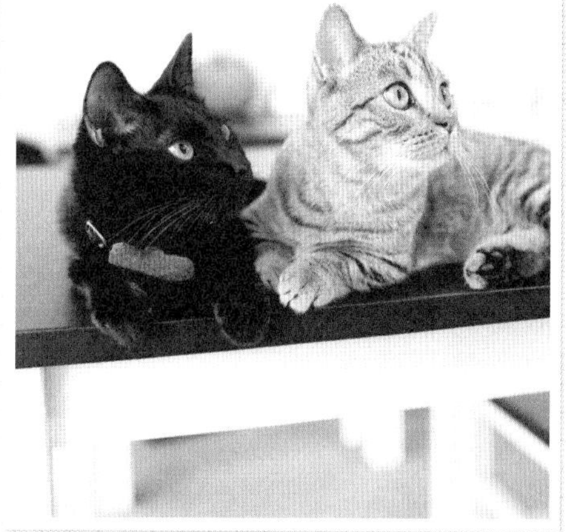

注意曝光別讓黑貓過暗

兩隻貓咪感情很好地躺在桌子上，在此挑戰整齊劃一姿勢的照片，貓咪的頭擺向正面與左右，實在是可愛極了！拍攝時避免黑貓過暗，稍微調亮曝光，兩隻貓咪的毛就能呈現出溫和的質感。

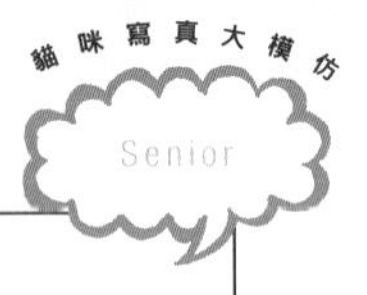

利用連拍跟按快門速度來捕捉瞬間！

跳躍抓取

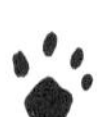

最後介紹最高難度的貓咪寫真，就是跳躍的貓咪，由於貓咪的動作十分迅速，拍攝時會相當辛苦，不妨多按幾張快門，從大量的照片中選出最成功的一張。

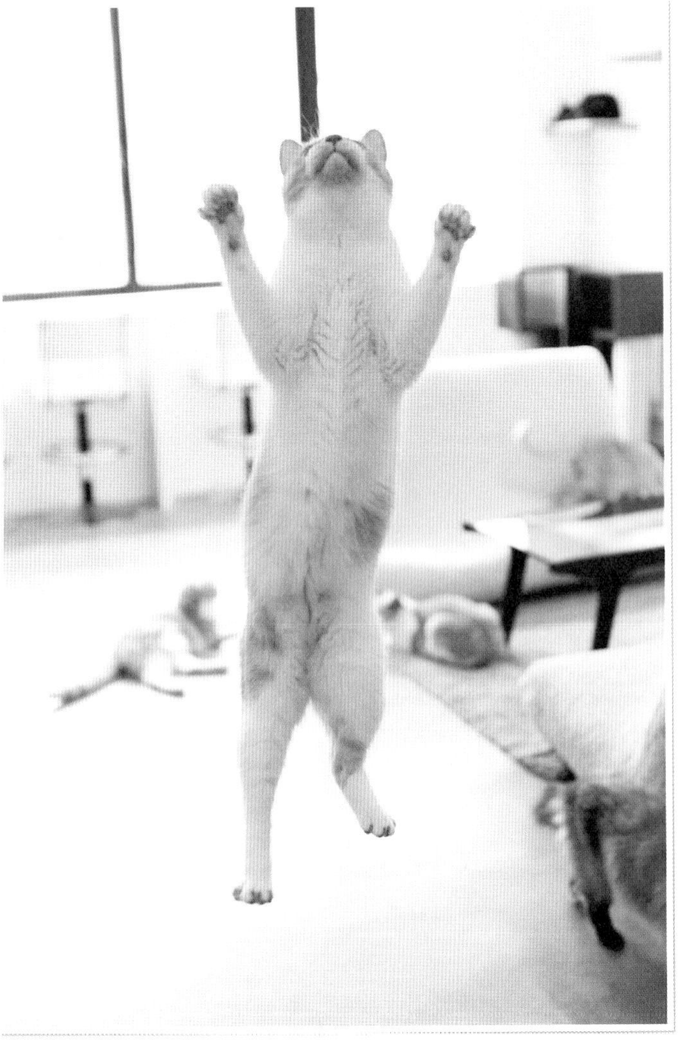

Photo data

鏡頭：35mm
光圈：F2.8
快門速度：1/250秒

How to Take

1 用玩具引誘貓咪跳躍

引誘者先拿玩具在貓咪腳邊晃動，引起貓咪的注意。接著再將玩具由下而上拉起，貓咪就會隨之跳躍，將玩具固定在貓咪快要抓到的位置即可。

2 設定高速快門

為了捕捉快速的跳躍，必須設定高速快門，加上開放光圈就能凍結跳起的貓咪，並避免產生晃動。

3 多拍幾次看看

在貓咪跳起的瞬間對焦並連拍，第一次可能拍得不夠好，多嘗試幾次看看，拍攝大量的照片後再從中挑選合適的。

圖解

2人1組
進行拍攝

跳躍照片的拍攝難度高，需請旁人協助，分別進行誘導與拍攝，有些貓咪並不會隨便跳躍，可以先陪伴玩耍並觀察看看，如果找到活力十足跳躍的貓咪，就立刻進行拍攝吧！

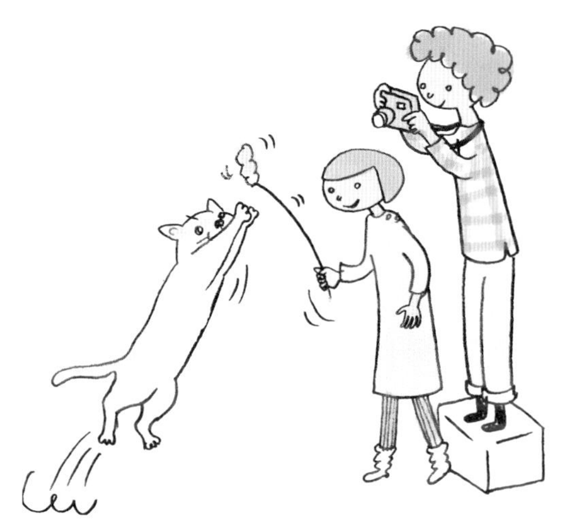

在貓咪攝影中屬於高難度

在貓咪攝影領域中，跳躍照片屬於高難度等級，可算是最後的關卡，拍攝技巧跟站立貓咪與貓咪拳一樣，都屬於動作快速的場景，拍攝前預先對焦，並使用高速快門連拍，由於很難掌握時間點，先多拍幾張試試看。單獨進行拍攝較為困難，可以2人相互配合拍攝。

等到熟練後可嘗試別的角度，要強調表情時可以站在高處，從上而下拍攝跳躍姿態，如要營造如同飛躍半空中的情境，不妨從下方拍攝看看。

若挑戰更高難度，就試試看追焦攝影，事先對焦於貓咪，配合貓咪的動作一邊移動相機進行拍攝，就能拍出背景呈流動感又兼具速度感的照片。

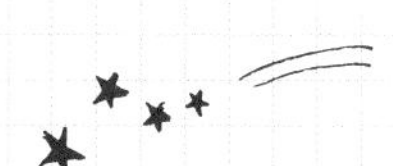

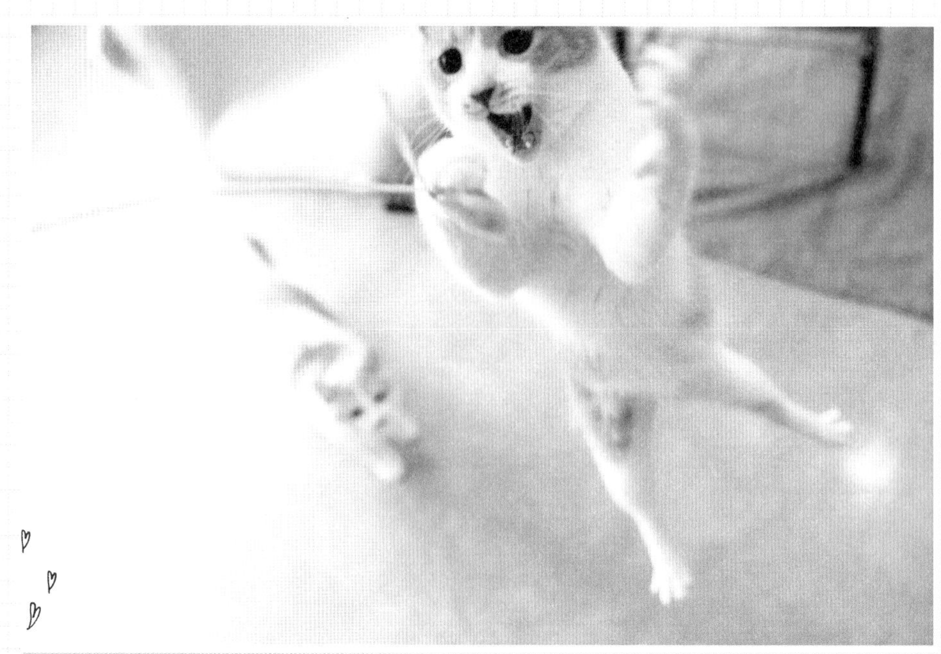

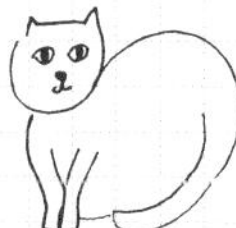

跳出畫面之外的氣勢

站在板凳上從上拍攝貓咪跳躍的畫面，刻意將臉部切掉，讓主體跳脫出畫面之外，展現跳躍的氣勢與力道，透過照片感受到貓咪源源不絕的活力。

特別篇　跳躍抓取

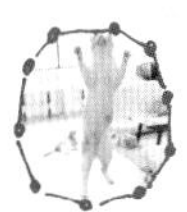

拍攝貓咪的禮儀♥

拍攝時要選擇寬廣又安全的地點

拍攝時要選擇寬廣且周圍沒有障礙物的地方，貓咪有時候會跳過頭導致著地失敗，要避免貓咪因此受傷。貓咪有時候會搶到玩具，對牠們而言就像是捕獲獵物一樣，這時就不要硬搶回去，等牠們自然放開就好。

想嘗試從這個角度拍攝！

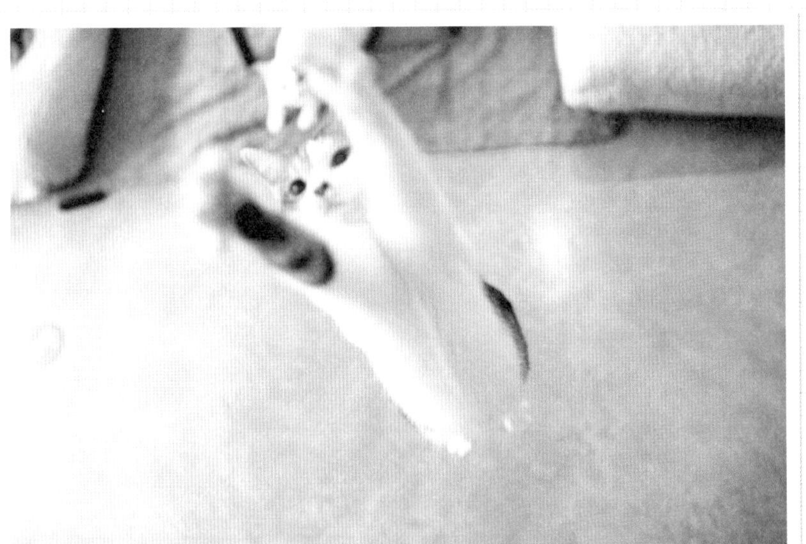

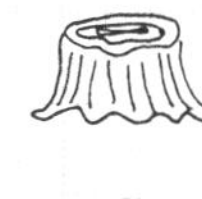

拚命的模樣相當可愛

從正上方拍攝，貓咪伸長雙手努力跳躍的姿態太可愛了！要拍到這樣的畫面，最重要的是抓對時機，在跳起來的同時開啟連拍吧！

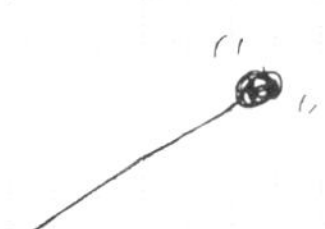

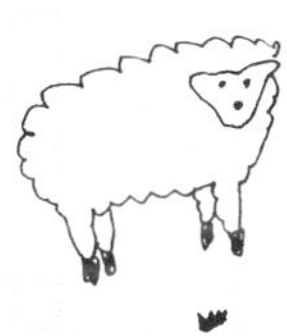

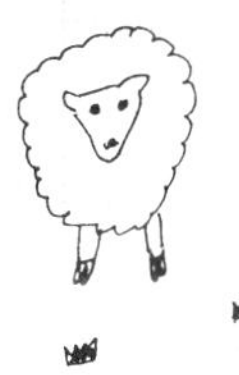

Column 3

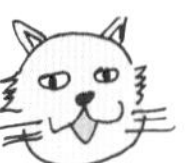

要如何享受貓咪攝影的樂趣？

值得參考的貓咪寫真

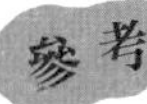

File 18-23

貓咪從任何角度拍都十分上相，但偶爾想呈現出戲劇性效果，在此專訪了貓咪攝影師們，請他們傳授拍攝時的技巧。

戲劇性的貓咪寫真篇

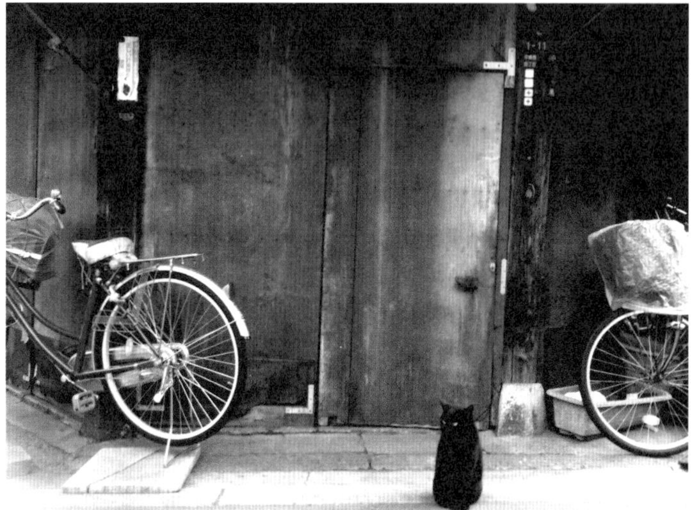

靜靜地站在路旁的黑貓，好像在等待他人的到來，菊地依據當時的氣氛來決定構圖，至於大部分的時候都是隨著直覺來拍攝。

File-18

菊地由衣

融入背景 展現現場的氛圍

無論貓咪身處何處，都是最親近的存在，貓咪照片的魅力在於給人懷念又緩和的感受。菊地最喜歡的是黑貓站在街道上，就如同印象畫般的照片，這是她初次造訪大阪時所拍攝，為了忠實重現現場的氛圍，大比例納入背景，將貓咪配置在右側，並且連同影子拍進畫面，是非常高明的手法。

profile

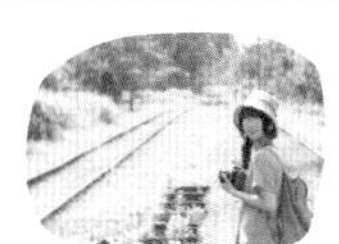

開始學攝影已經2年半，原先使用即可拍與手機來拍照，為了記錄更完美的瞬間，而投入於攝影的領域。http://y-chell.jugem.jp/

相機與底片資訊

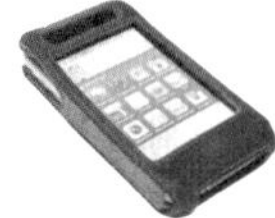

由於來不及拿出相機，只好用iPhone拍攝，為了更凸顯貓咪的存在，套用APP改成淡褐色。

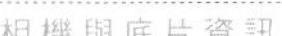

File-19

島田雪子

低角度&魚眼 製造不可思議的氣氛

島田喜歡的照片是造訪江之島觀光的時，在當地拍到的貓咪，由於是在主要道路拍攝，為了避免人群與背景過於雜亂，選擇最佳時間點以低角度並使用魚眼鏡頭拍攝，在人群交錯的喧囂聲中，貓咪的存在看起來十分閑靜，呈現非常有趣的照片。

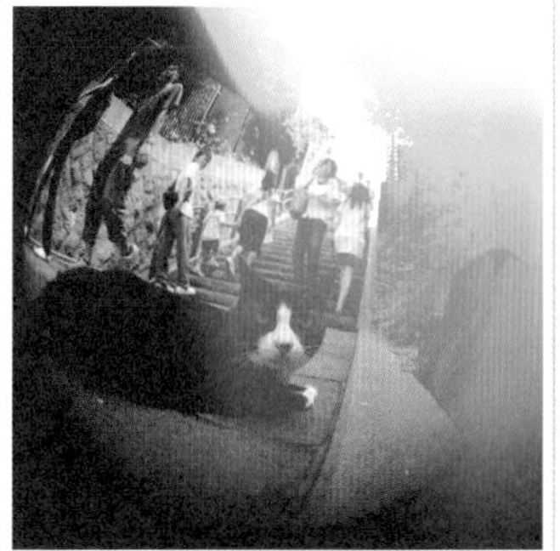

相機放在貓咪視線的高度，引起貓咪注意後拍攝，感覺連呼吸聲都能聽到的臨場感。

相機與底片資訊

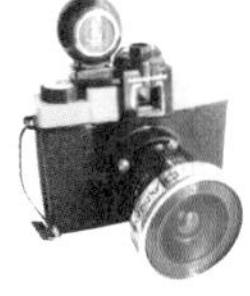

LOMOGRAPHY Diana+加上20mm魚眼鏡頭，Diana+的復古色調很適合江之島街頭的貓咪。

profile

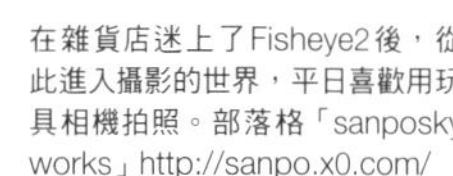

在雜貨店迷上了Fisheye2後，從此進入攝影的世界，平日喜歡用玩具相機拍照。部落格「sanposky works」http://sanpo.x0.com/

File-21

神崇太

考量盛開的櫻花與貓咪之間的平衡

貓咪的表情會依距離感而有差異，神崇太就是喜歡貓咪隨興的個性，因而四處拍攝貓咪，他在盛開的櫻花樹下遇到一隻正在賞櫻的貓咪，除了貓咪也想將櫻花納入構圖中，因此將貓咪配置在右邊，並增加櫻花背景的比例，調亮曝光避免讓背景過於厚重，在柔和的背景中貓咪顯得很有威嚴。

相機與底片資訊

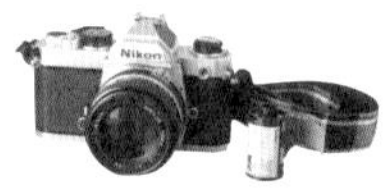

拍攝時使用的Nikon FM與KODAK PORTRA 160NC，全手動能享受拍照的真正樂趣。

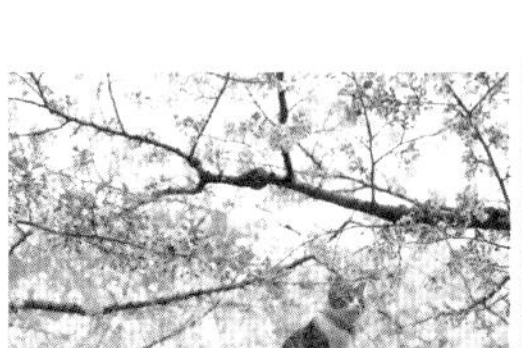

貓咪站在樹上總是吸引旁人圍觀，即便如此貓咪依舊不在乎，獨自賞花的姿態令人印象深刻。

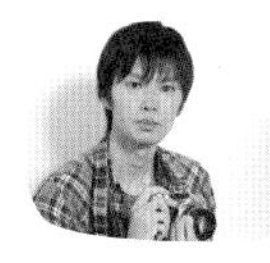

profile

攝影資歷雖不滿1年，每天慢慢地沈迷於底片獨特的質感與底片相機的帥氣造型。

File-20

Gunji Kazue（ichimai）

重視與貓咪的相遇並拍攝

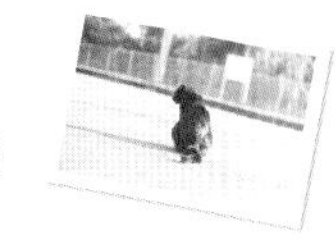

Gunji Kazue大多拍攝野貓，因此每次的拍攝都是珍貴的相遇過程，藉由交會拍出一張張的作品。在旅途中發現一隻貓咪，貓咪伴隨著警戒心與好奇心的模樣十分有趣，於是拿起相機拍攝，由於現場偏暗，將PENTAX SPF設定為陰天模式，並放大為F2.8光圈，呈現出柔和的效果，在樹林的透光中看著拍攝者的貓咪，令人印象深刻。

相機與底片資訊

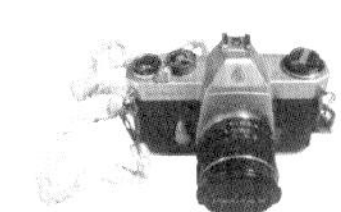

愛機為PENTAX SPF，柔和的效果很適合拍貓，本人非常中意它。

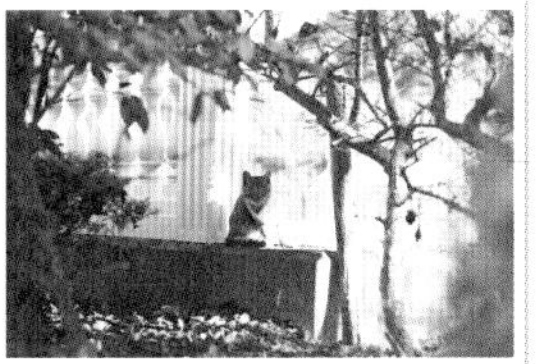

貓咪感覺快要逃走了，卻還是觀察拍攝者的動向，為了避免嚇到牠而悄悄靠近拍攝，貓咪有不同的個性，要多加觀察並以貓咪的心情為優先考量。

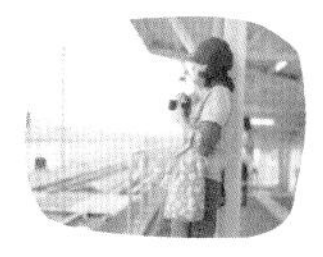

profile

攝影資歷7年，一開始使用數位相機來拍攝寵物，目前轉變為底片相機派。http://hibiichimai.jugem.jp/

File-23

長土居梨那

充分利用復古的背景

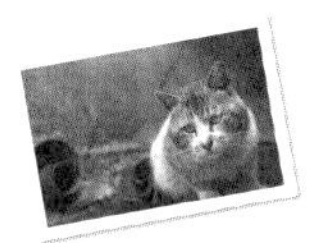

長土喜歡在散發昭和氣息的街頭拍攝貓咪，跟友人在路上散步的時候拍到以下的照片，看到路旁出現一隻可愛的貓咪，發現貓咪的花紋與後方木門極為相似，從遠處將貓咪與背景一同放進構圖，為了避免白貓過曝，稍微降低了曝光度。

相機與底片資訊

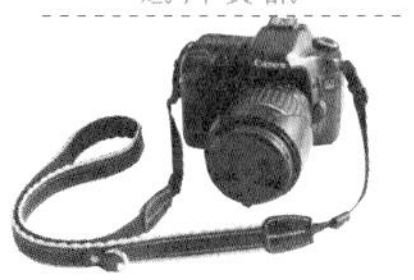

使用的是Canon EOS40D加上TAMRON SPAF 17-50mm F2.8拍攝，很滿意相機快速的對焦性能。

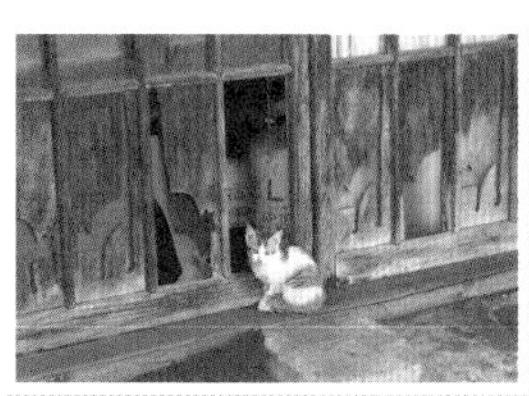

貓咪坐在散發昭和氣息的民房前，看起來十分復古的畫面，貓咪的表情讓人想一把抱住牠。

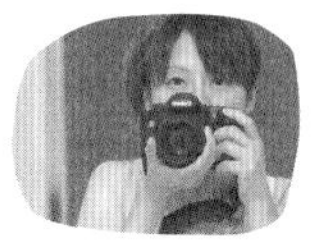

profile

看到同年紀女生拍出的美麗照片大受刺激，於是開始從事攝影，攝影經歷5年。http://conaring.blog15.fc2.com/

File-22

岩倉詩織

透過構圖與曝光
呈現不可思議的氣氛

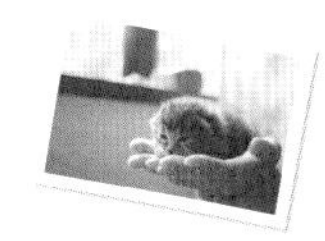

岩倉看到貓咪就會陷入瘋狂似地拍照，在公園發現宛如龍貓場景的樹葉隧道。當貓咪身處其中時，同時產生無窮的想像力，為了傳達樹洞的不可思議氛圍，從較遠處拍攝並使用明亮的曝光，宛如繪本中的插畫便完成了。

相機與底片資訊

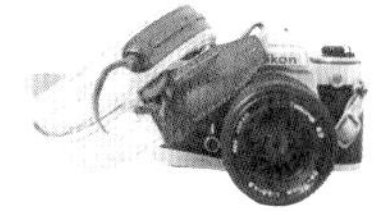

愛用相機為NIKON FE，相機具有光圈先決，拍貓時不需花太多時間設定。

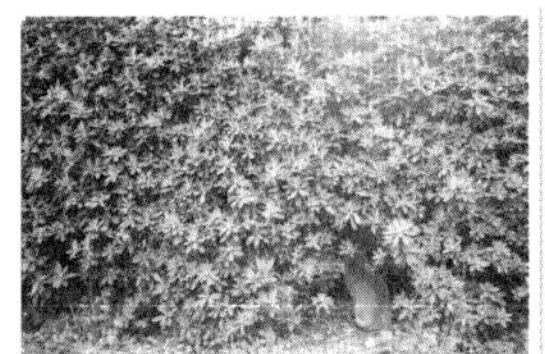

可以事先設定比底片更低的感光度，呈現出明亮效果，在拍攝時用全自動功能，就能夠從容不迫地捕捉貓咪的身影。

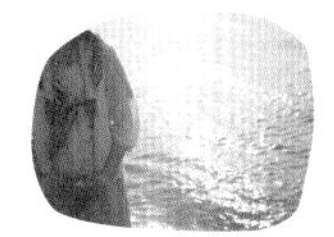

profile

第一次進入暗房感受到黑白照片所帶來的感動，之後便投入於攝影的世界中無法自拔。部落格「MICHIKUSA」http://15352432.blog71.fc2.com/

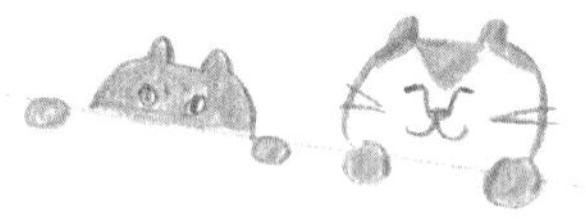

姿態的祕訣為何？

的 奧 祕

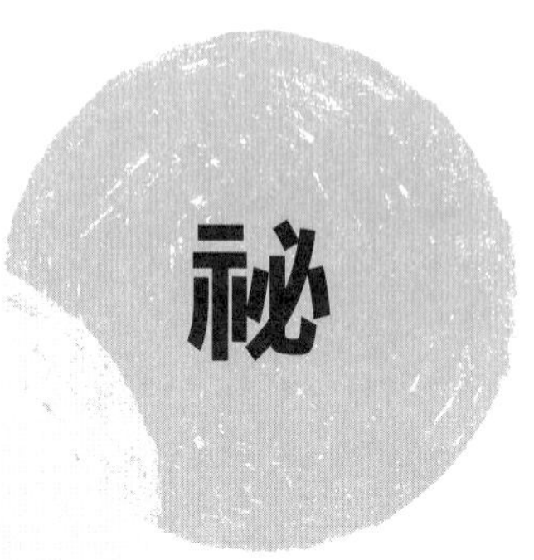

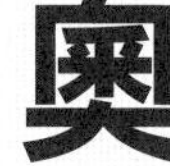

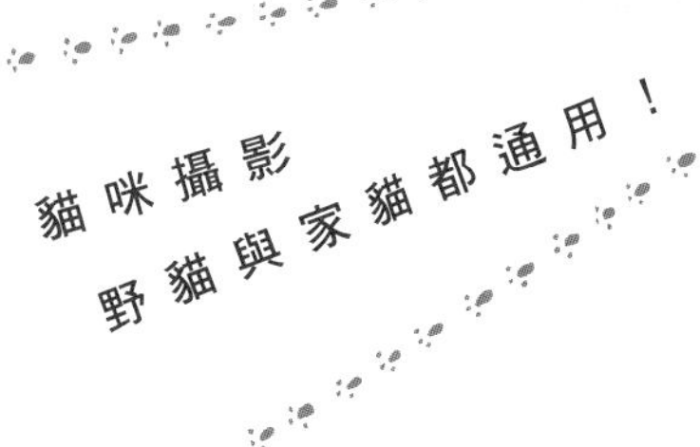

貓咪攝影
野貓與家貓都通用！

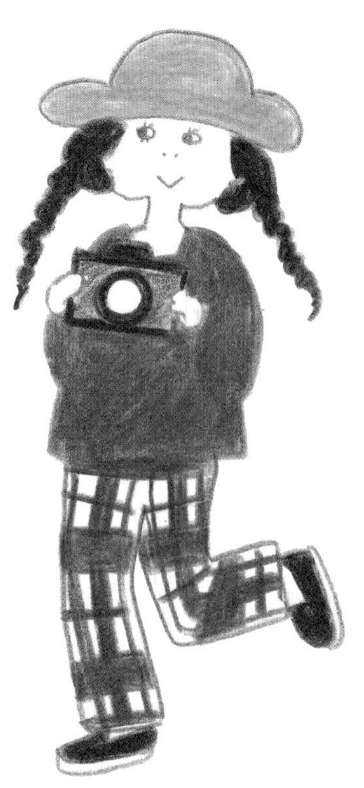

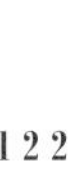

呈現貓咪自然而可愛

The mystery of the cat photographic

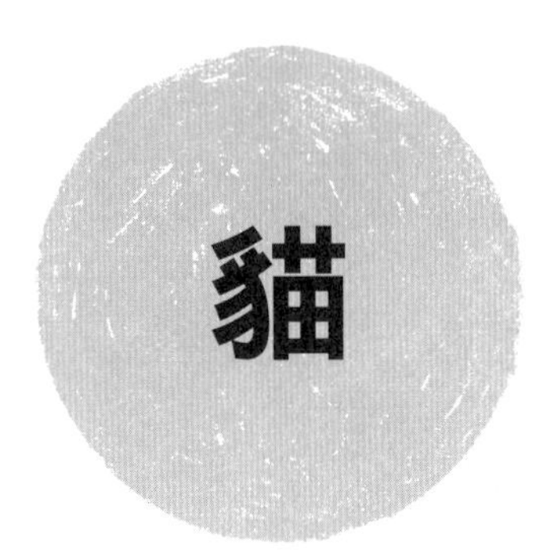
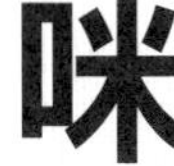
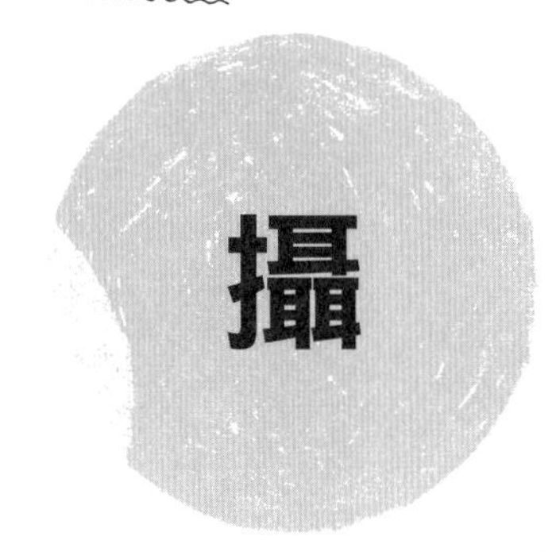

貓咪攝影

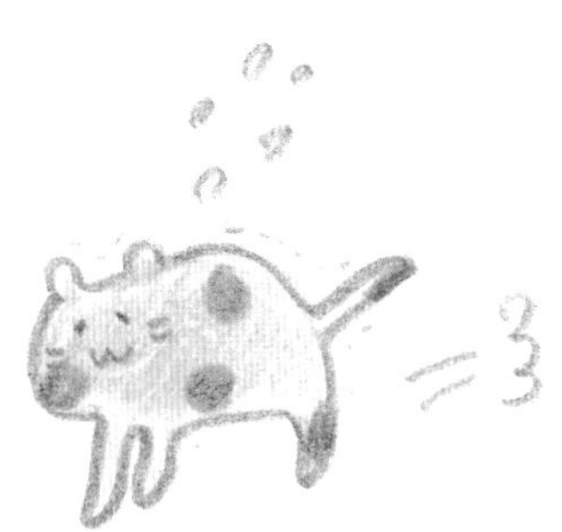

面對隨心所欲的貓咪，其實有各種拍攝的祕訣。
在此邀請貓咪攝影師關由香親自傳授
如何與野貓打好交情，以及拍出家貓決定性瞬間的技巧！

監修＝關由香（參照P16）
插圖＝木波本陽子　文＝山賀沙耶

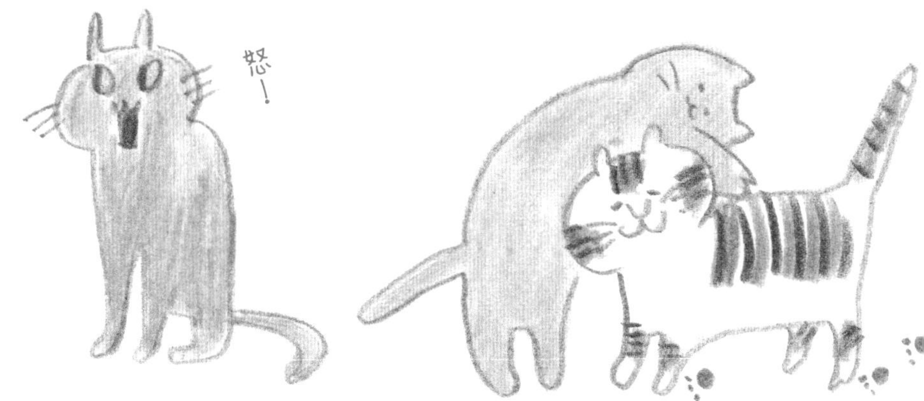

遇上野貓的場合

去拍攝路上或路旁的野貓吧！在此傳授出門前的準備、尋找貓咪與接近的方式、以及實用攝影術。

一、培養擁有貓咪探測器的能力吧！

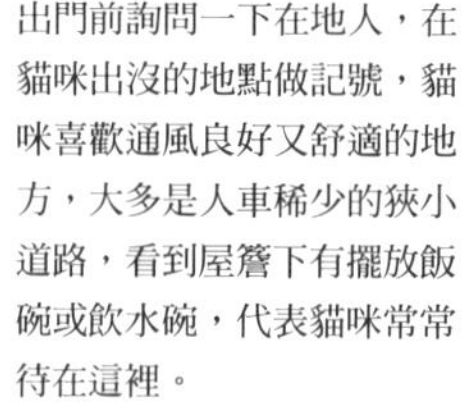

出門前詢問一下在地人，在貓咪出沒的地點做記號，貓咪喜歡通風良好又舒適的地方，大多是人車稀少的狹小道路，看到屋簷下有擺放飯碗或飲水碗，代表貓咪常常待在這裡。

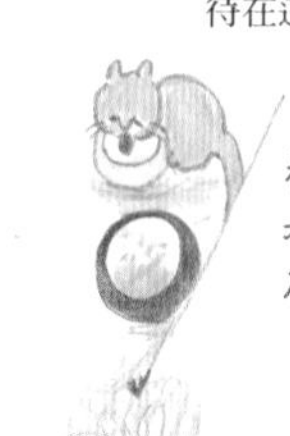

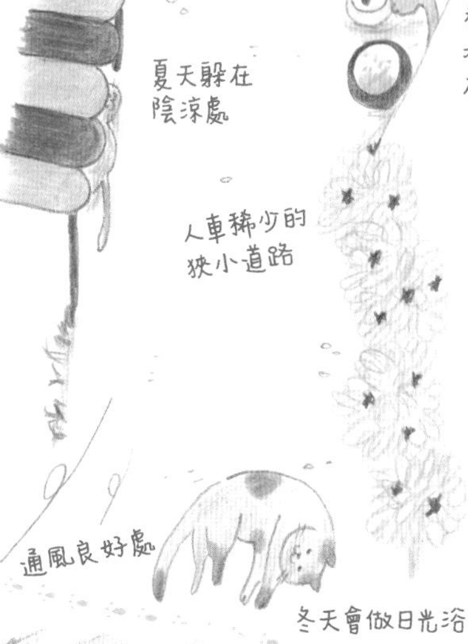

使是貓咪經常出沒的地點，只要遇到炎熱氣候時，就很難發現貓咪的蹤影，夏天貓通常出沒於早上與傍晚；冬天為溫暖的上，要按照氣候去選擇拍攝時間點。

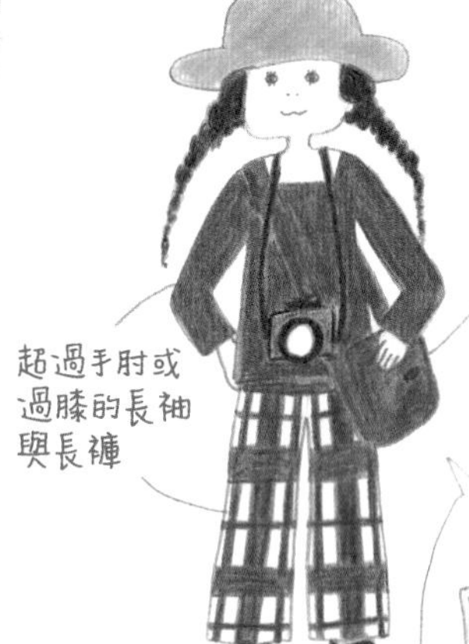

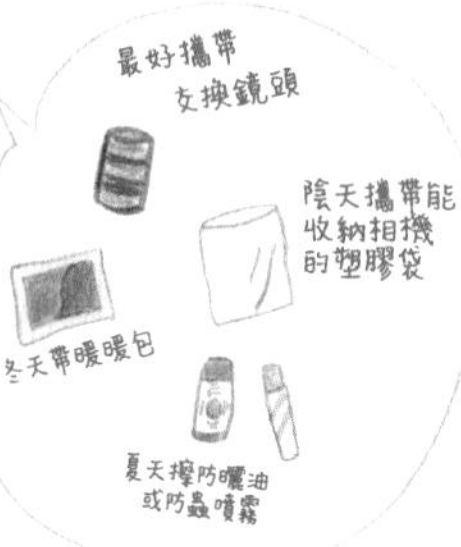

一、盡量穿輕便服裝外出

在外面拍攝野貓時，大多得依靠步行來尋找貓咪，因此裝備不要太笨重。可以背個側背包或背包，方便雙手開啟的款式，相機以外的物品盡量不帶。在拍照時常常得倚靠手肘或膝蓋，最好穿上長袖上衣與長褲。

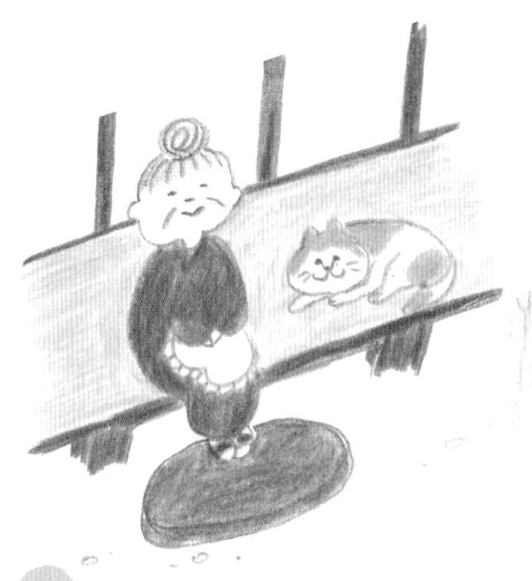

一、發現一隻貓咪後就跟隨著牠的腳步

發現一隻野貓時，如果牠沒有立刻逃開，不妨一邊跟著牠一邊拍攝，貓咪有回到老地方的習性，經常會帶領我們來到其他貓咪聚集的地點。

你好！

喵

喵！

一、拍攝貓咪時也要跟周遭的人們打聲招呼

貓咪旁邊有人的時候，記得跟他打聲招呼，當旁人放下警戒心後，貓咪大多也會敞開心房，甚至還會告訴我們貓咪出沒的場所呢！

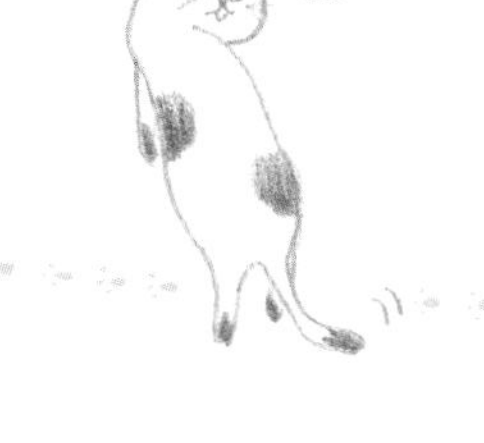

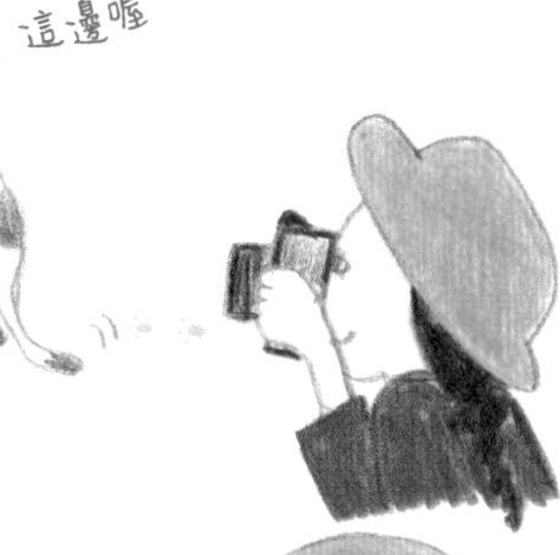

一、發現貓咪後當場拍下照片

野貓發現有人靠近時通常會逃走，發現貓咪時不要過於靠近，先在原處拍一張照片，之後再觀察貓咪的狀態慢慢接近。

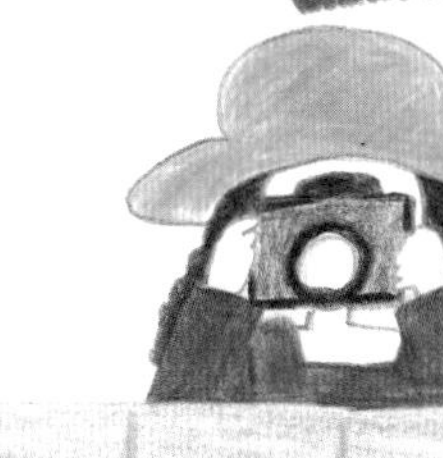

column 縮小主題讓拍攝更具趣味性

持續拍攝後會發現光是拍貓有些不足，想透過貓咪傳達哪些概念，不妨事先設定主題。拍攝時自然而然就能思考如何呈現。

一、配合季節來選擇拍攝時間點

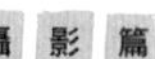

一、

感覺貓咪快逃開時 先退後一步，不要追著牠跑

想要靠近貓咪卻發現牠瞪著攝影者，感覺想要逃跑時，就移開視線退後一步吧！等到貓咪放鬆戒心再慢慢接近，千萬不要追著貓咪，如果這樣做也會影響到其他貓咪的信賴感。

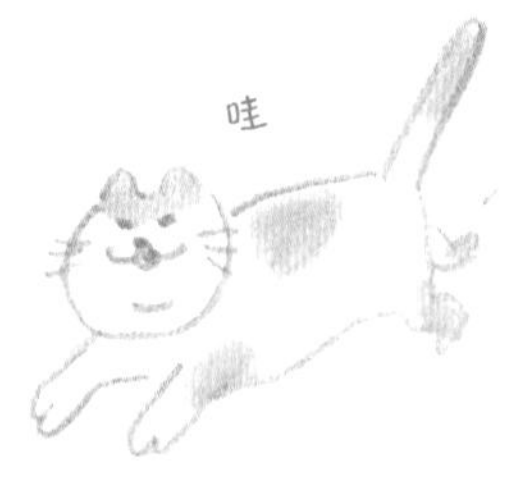

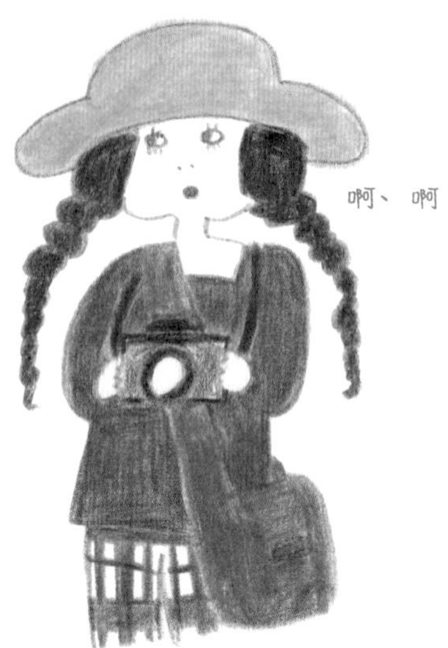

一、

不要與貓咪對看 並慢慢靠近

靠近野貓同時觀察牠的動向，眼神不要交會地慢慢靠近吧！跟貓咪對看會被視為敵意，而引發對立之心，如果是親近人的貓咪也許會主動靠過來。

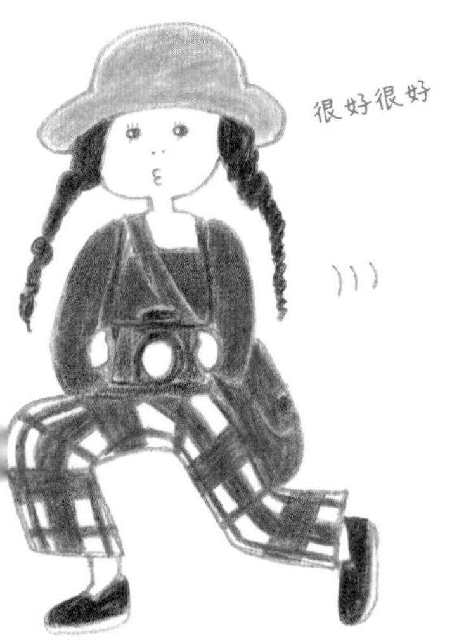

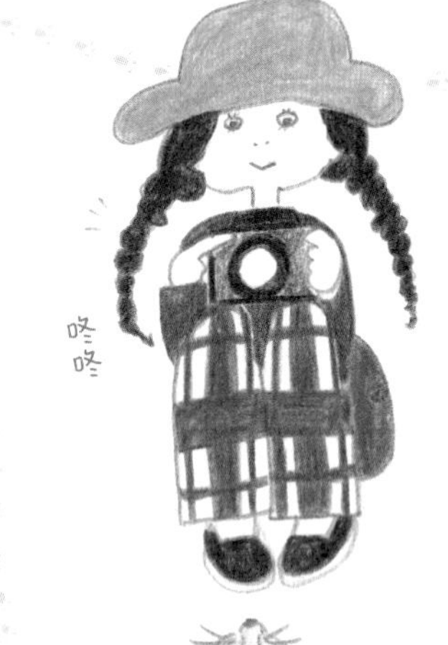

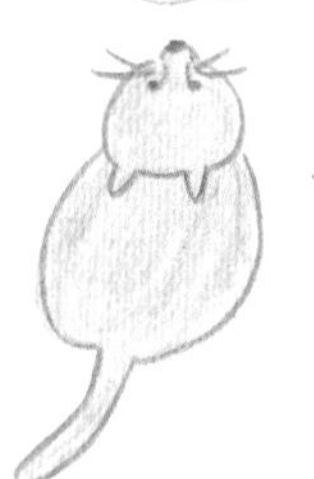

一、

製造微小的聲音來吸引注意

在戶外拍攝野貓時，應該會希望貓咪能看鏡頭吧！這時候就製造微小的聲響，像是小聲地跟貓咪說話、或是用手指輕碰鏡頭，吸引貓咪注意後也許就會看鏡頭喔！

一、不要在意衣服弄髒！積極變換拍攝角度吧！

先上下左右移動身體，找出喜歡的構圖，這是攝影的基礎。穿上弄髒也無所謂的輕便服裝，拍攝時就不會在意衣服弄髒。

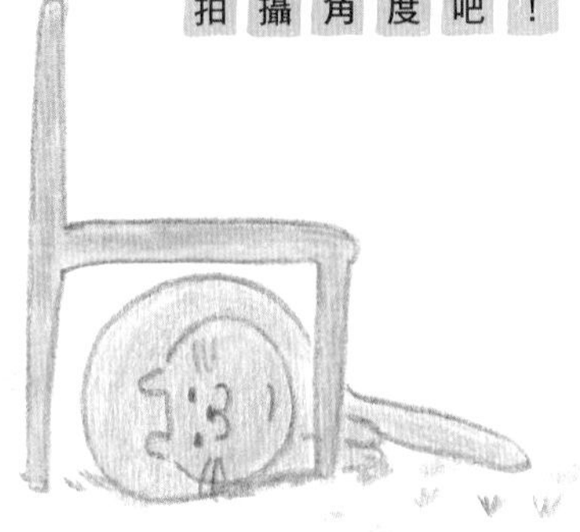

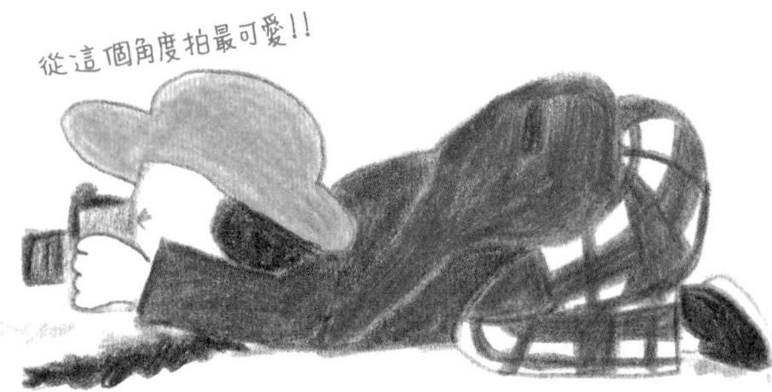

一、使用樹枝或草捕捉具生動感的照片

拍攝野貓即使沒帶逗貓棒，也可以用樹枝或草來替代，請參考P129的逗貓方式，跟貓咪玩耍以拍攝生動的照片，草或樹枝拍進畫面也沒關係。

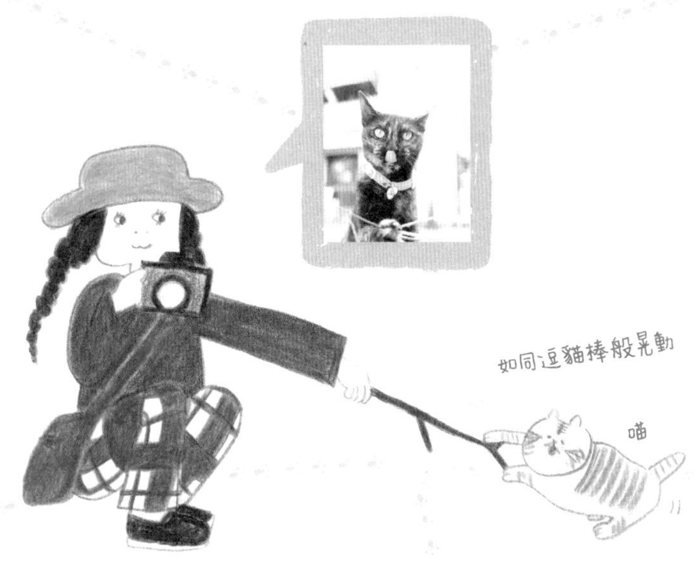

一、伸出食指跟貓咪打招呼

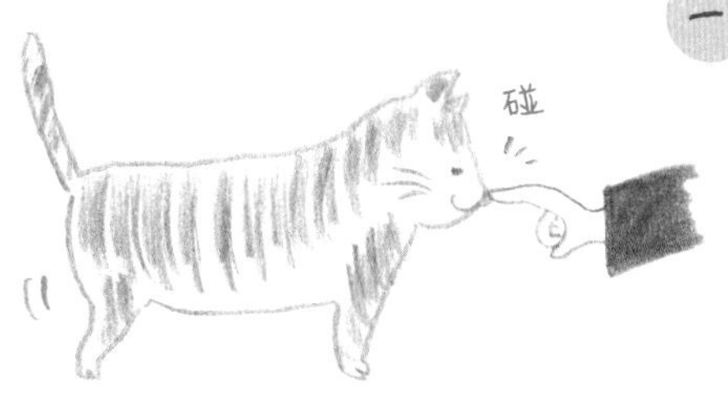

如果靠近到能接觸貓咪的距離，先別急著摸牠，可以先將食指伸向貓咪的鼻子，貓咪也許會用鼻子碰觸喔！打過招呼後再貼近拍攝吧！

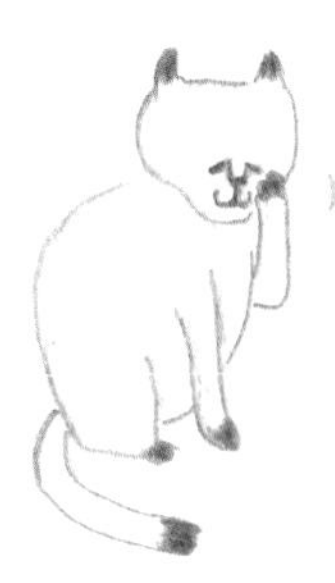

遇上家貓的場合

跟家貓相處的時間很長，容易拍到決定性瞬間，這是家貓的最大優勢，要如何抓住這一瞬間呢？

一、

相機要放在隨手可拿的地方

快門時機隨時都會到來，為了能即時捕捉精彩瞬間，相機要放在明顯的地方，可以放在籃子裡蓋上布，以便隨時取出拍攝。

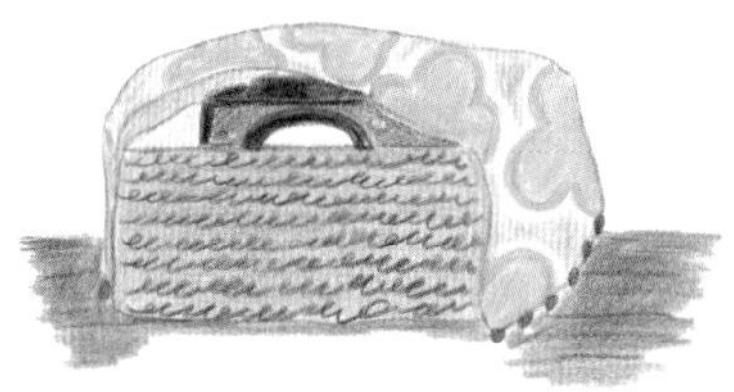

放在籃子裡蓋上布備用

column

準備一些趣味十足的小物品

偶爾改變風格，讓貓咪與家中小物品一同入鏡如何呢？像是準備籃子或玩偶，或是鋪上布料等用心布置一下，思考布景樂趣無窮。

鏡子

籃子

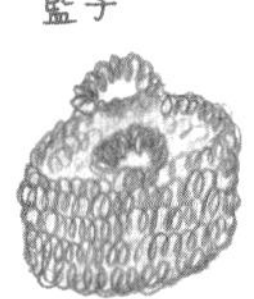

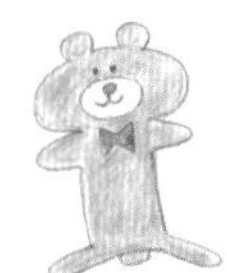

玩偶

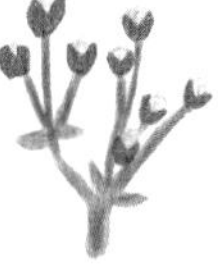

花

一、

不要開閃光燈

打閃燈的話就會失去貓毛的柔軟感與立體感，要盡量避免。此外，直接對著貓咪打閃燈，會嚇到貓咪，並將瞳孔閉合，如果晚上必須要打閃燈時，就用跳燈的方式將光線打在天花板或牆壁，若閃光無法擺頭，可以貼上雙面膠來減弱光線。

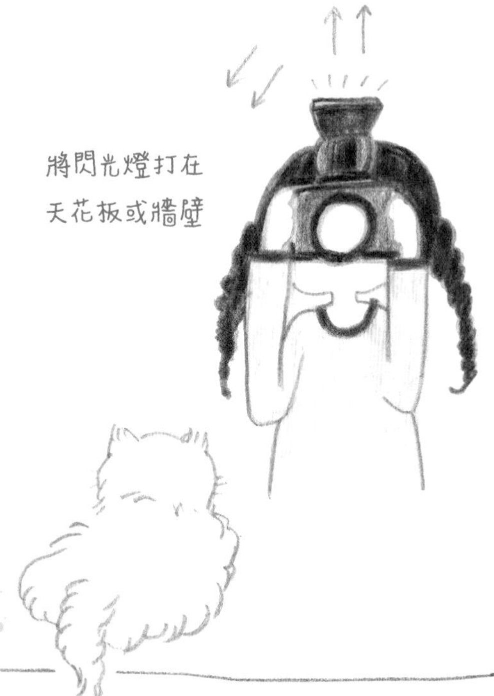

一、

製造在家中隨時能拍攝的情境

在家裡保持經常拍貓的習慣，就不會讓貓咪感到困擾，如果將籃子放在窗邊，絕佳的快門時機隨時會到來喔！

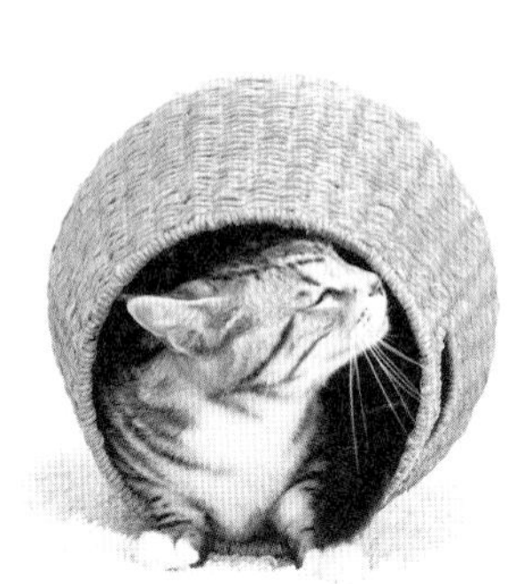

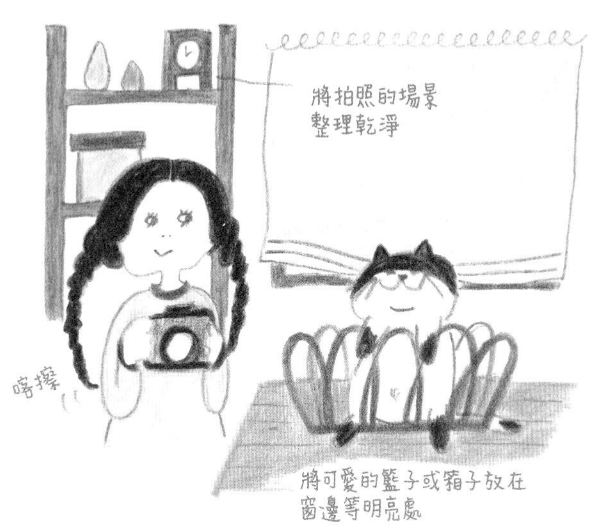

一、

要活用逗貓棒！

要使用逗貓棒引起貓咪的興趣，就必須喚醒其狩獵本能，利用逃跑或是躲藏等動作讓貓咪追趕，也有些貓咪比較喜歡球或老鼠玩具，先了解貓咪的喜好再來選擇合適的玩具吧！

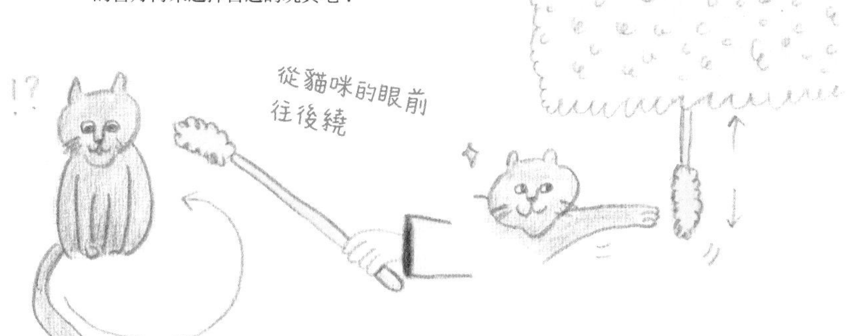

分別運用逗貓棒

逗貓棒大致上分為兩種草狀的款式可以微調前的幅度，適合單獨一人攝時使用。至於釣竿造的逗貓棒適合兩人一組用，可以誘發貓咪做出躍等動作。

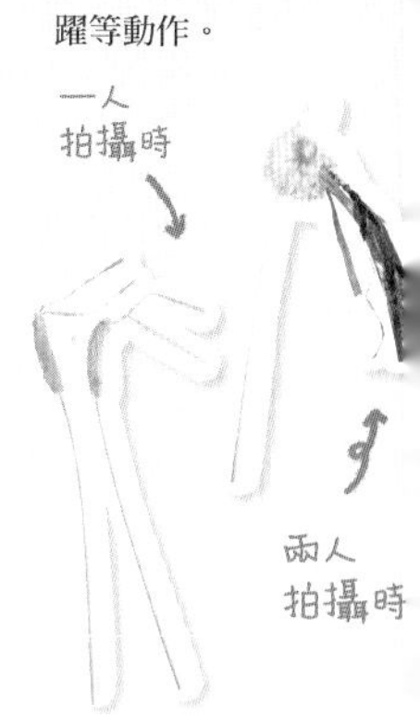

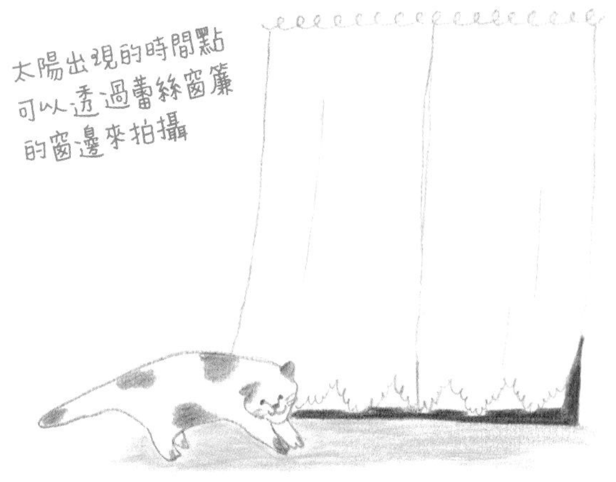

一、

要了解自家拍攝的最佳時間與地點

在考量拍攝時間與地點時，最重要的就是光線的狀態，在自家拍攝時要選擇最明亮的時間點與場所，先觀察房間射入自然光的時間與地點，並活用最佳時間與位置。

二、

尋找能強調貓咪個性的角度

每隻貓咪都有不同的臉孔，各種角度露出的可愛表情大為不同，可以趴在地上尋找最可愛的表情，因為家貓是最常拍攝的題材，偶爾拍攝背影也不錯。

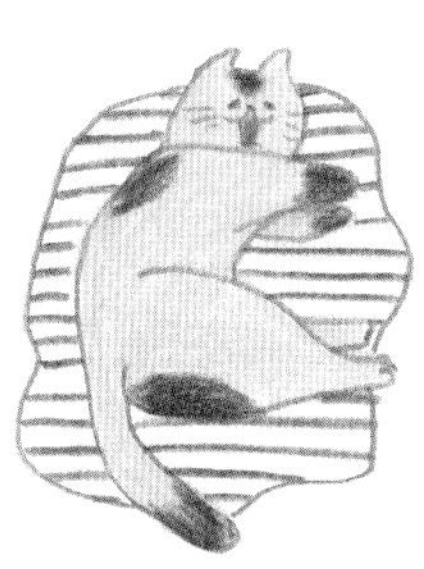

低角度剛剛好

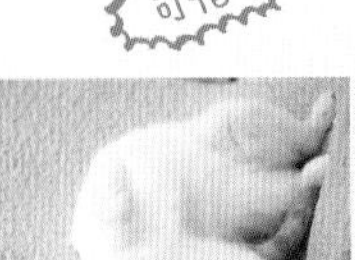

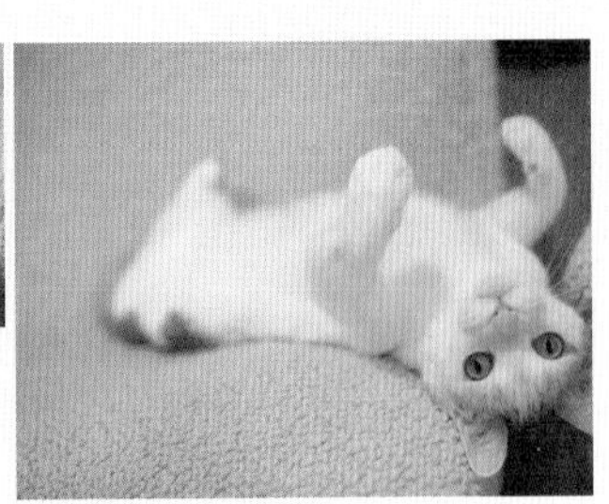

可惜！

column

使用簡易反光板

要捕捉柔和的照片時，大多選在逆光的環境拍攝，但正面的臉龐會變暗，這時候就用圖畫紙折成兩半或素描紙來取代反光板，將光線反射於臉部讓表情更鮮明。

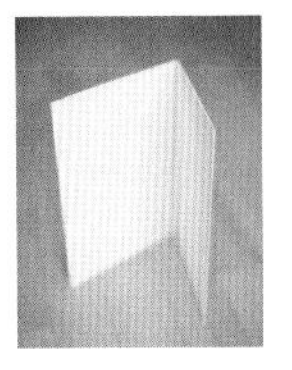

一、兩人一組捕捉具有動感的照片

要找到旁人幫忙擺動玩具來吸引貓咪，才容易拍出貓咪追逐跳躍或是奔跑的畫面，不妨請家人或朋友協助，分別擔任引誘與拍攝的角色吧！

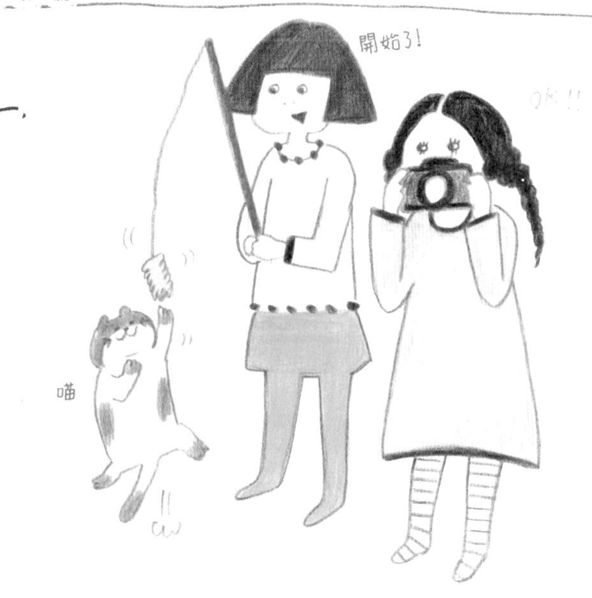

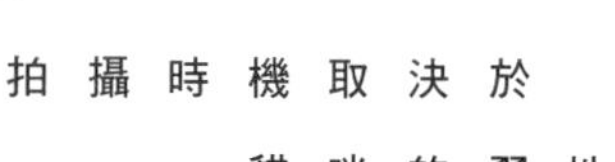

一、拍攝時機取決於貓咪的習性

雖然想要叫貓咪擺出某種姿勢，但貓咪卻不為所動，去勉強貓咪時會產生反效果，拍攝時不要去強迫貓咪擺姿勢，而是反覆觀察並找到最佳的瞬間，捕捉最自然的表情。

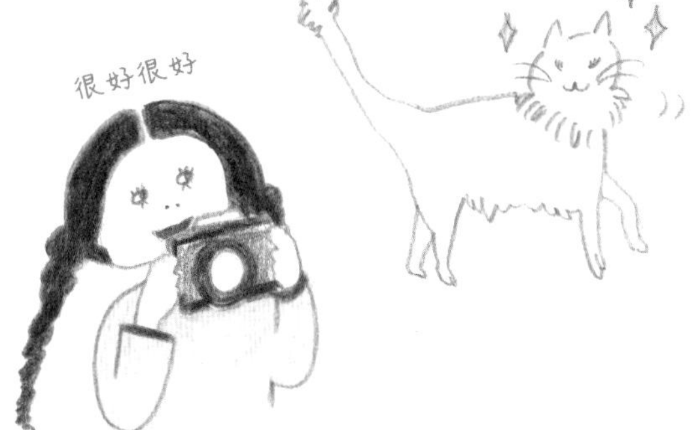

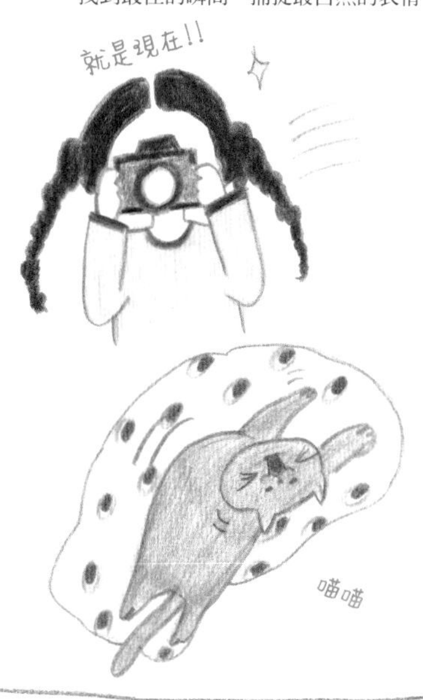

一、要用笑容來迎接貓咪

當過於投入拍攝時，自己的表情會變得過於嚴肅，要讓貓咪覺得拍照是件快樂的事情，並且一邊稱讚牠一邊拍攝。如果對貓咪擺出笑容，就能讓貓咪展現出最佳的表情。

有時候不會乖乖給你拍，畢竟貓咪也會鬧脾氣的

特別篇

貓咪總是悠然自得又隨心所欲，這就是貓咪的魅力，太過可愛拿牠沒辦法！在此透過貓咪的視線來解說其行為的含義與喜好吧！

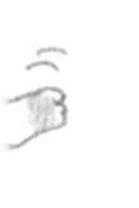

貓咪能察覺主人是否認真陪伴玩耍

如果以為隨便動動逗貓棒，貓咪就會因此上鉤，這是很大的誤解。當主人認真投入跟貓咪玩耍時，貓咪也會有所回應，因為貓咪能從現場的氣氛立刻察覺到喔！

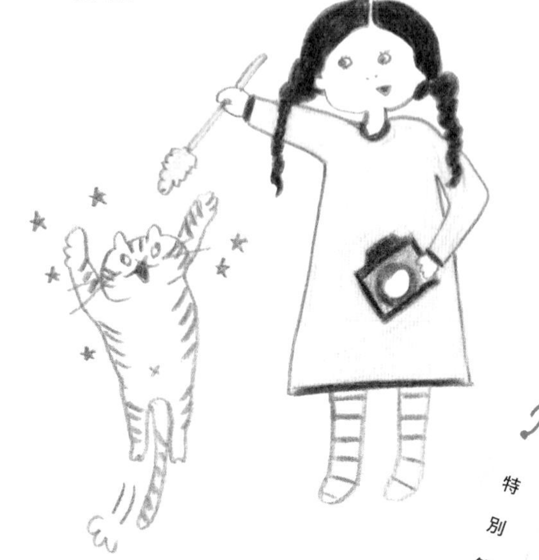

有時候貓咪不喜歡人逗弄牠！

像是貓咪正在午睡、不想玩耍或是心情不佳時，即使說「讓我拍張照！」也不會搭理。當貓咪沒有心情時，就不要勉強牠喔！如果一直騷擾牠，就不會再讓人拍照了！

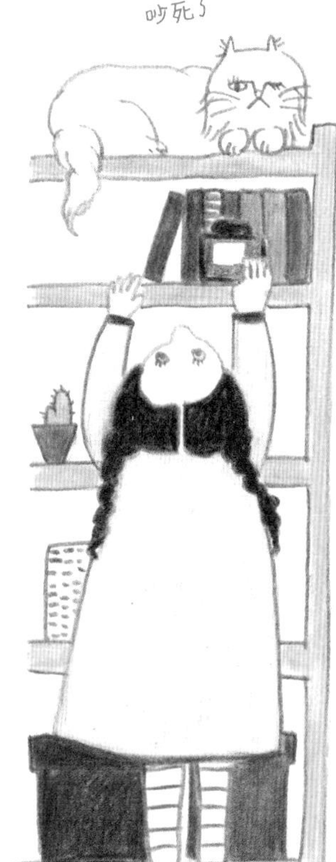

請觀察貓咪想要玩耍的心情

當貓咪靠近你並用身體磨蹭時，就可以開始拍照了，當貓咪對玩具產生興趣時，就會挑動嘴巴的鬍鬚，這時候就拿出逗貓棒吧！

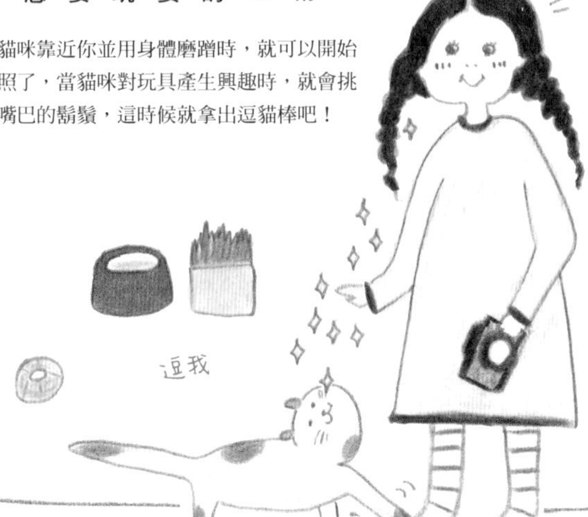

被巨大身形擋住時會想逃跑

貓咪見到陌生人，當看到人站立前方時會感到恐懼，因此當我們接近貓咪時要採取低姿勢，從下方伸出手吧！

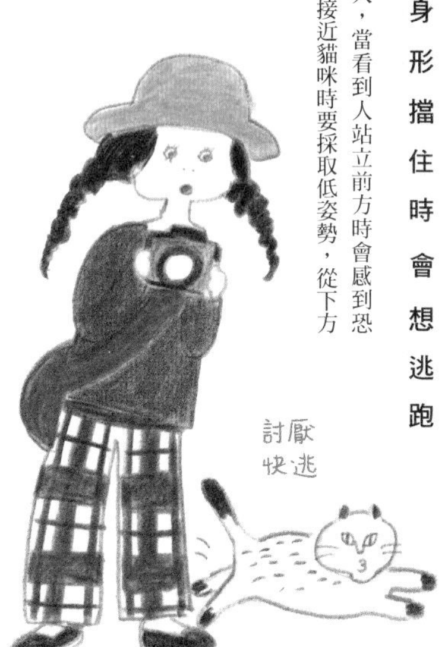

貓咪豎起尾巴靠近時，代表牠想跟你玩

在外面過著自由自在的生活，有時候貓咪也會希望親近人類，當牠們豎起尾巴靠過來時，就是代表可以親近的信號。

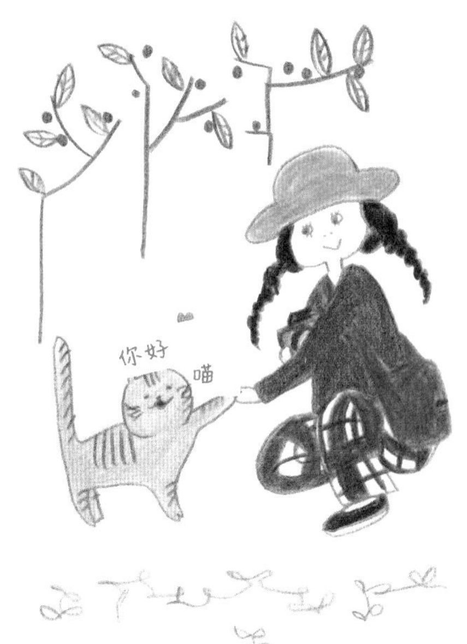

貓咪瞪著你看，代表不希望有人靠近

當貓咪感受到有人想靠近，用眼神不斷地瞪著人們時，代表牠感到討厭與害怕，這時候不要強行接近喔！貓咪已經擺出隨時準備逃跑的態勢了。

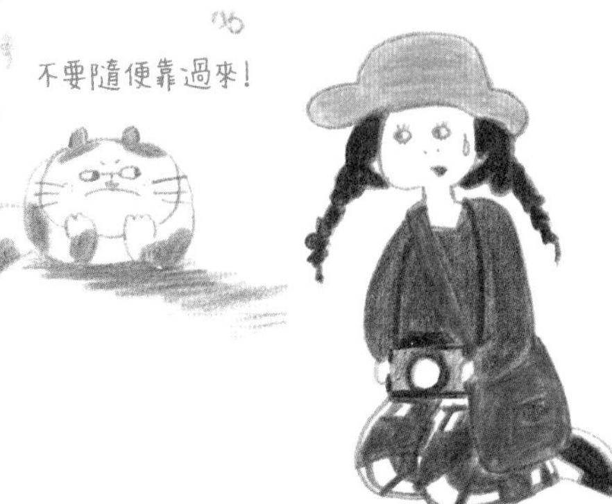

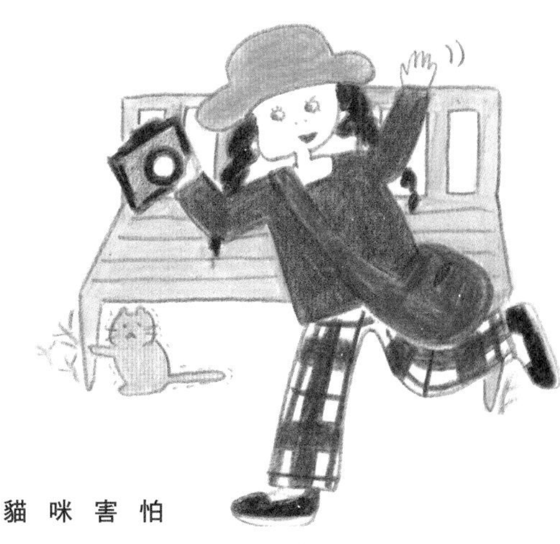

貓咪害怕巨大聲音或是快速動作

當遇到巨大聲響或是有人在奔跑時，貓咪就不會主動靠近，貓咪喜歡走路較緩慢又安靜的「老爺爺」與「老奶奶」。

自己

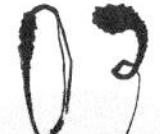

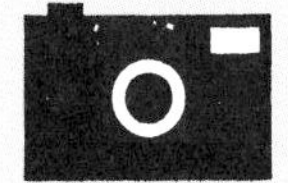

底片相機

04

相機規格表

05

攝影用語辭典

[拍攝貓咪照片最重要的相機是哪台？]

不斷推出新機的相機市場！為了尋找最適合自己的相機，希望能拍得更好，操作更為便利等……，首先思考一下自己的攝影生活型態吧！在此利用Q＆A的方式，列出最新的數位相機與受到固定族群支持的底片相機等，推薦最適合你的相機！

文＝飯野央子（P136-141）、笠井美香（P142-149）

選擇最適合的相機

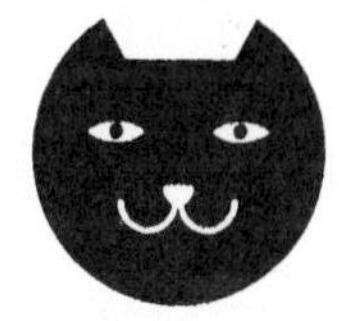

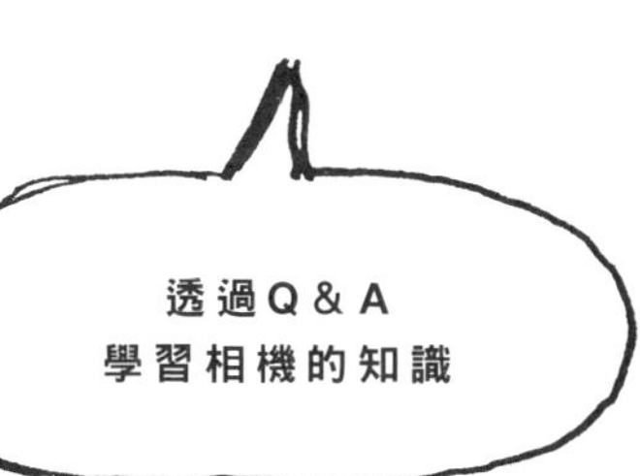

01

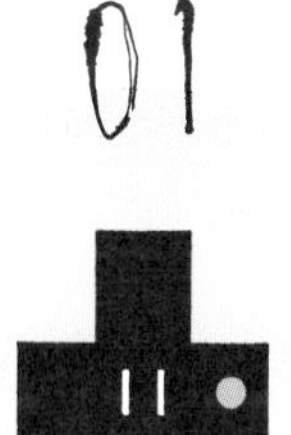

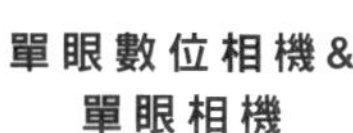

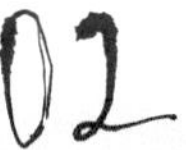

消費型數位相機

[Digital Single lens Reflex Camera]

單眼數位相機篇

對於拍照產生興趣後，就會帶著相機到處拍，
於是對於拍出好照片的慾望也越來越強，最適合常伴身旁的就是單眼數位相機，
在此介紹適合購買的入門首款機種。

\ BEST1 /

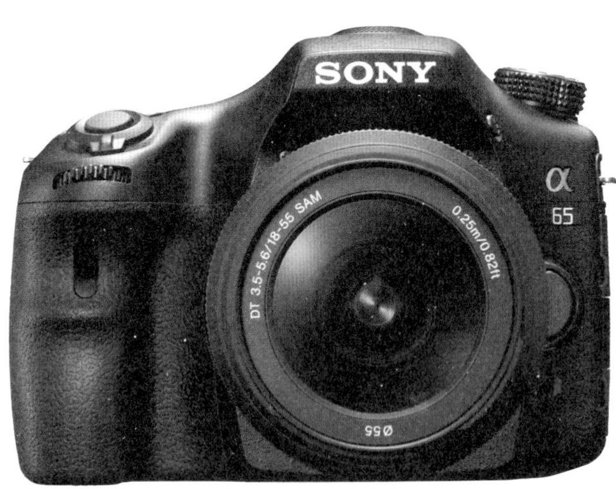

SONY
α 65

2011年10月14日上市的新機，獨創系統無論動態或靜態都能隨時對焦，能透過高速連拍捕捉貓咪的動作。

\ BEST2 /

PENTAX
K-r

可以自由搭配12色機身與10色握把，打造出自我特色的相機，內建數位濾鏡功能，可以拍出素描、模型、玩具相機等有趣效果。

\ BEST3 /

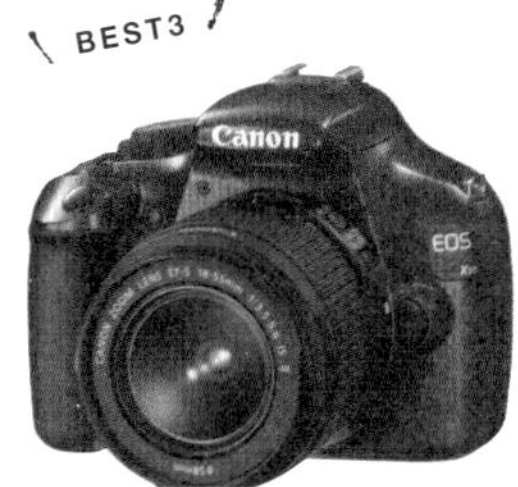

CANON
EOS Kiss X50

內建亮度自動調整功能，可以調整喜好的亮度與對比，人像在逆光下依舊有鮮明表情，平淡的風景也能增添立體感。

Q
想要購買第一台單眼數位相機，推薦哪些機種呢？

單眼數位相機的等級從入門到專業機，依據價格分為數種，3萬元以下的機種適合初學者使用，隨著功能更齊全，價格也隨之上升，在選購時不妨實地操作看看！考慮一下自己需要的功能，也有些機種內建適合初學者使用的色彩效果模式，近年來廣受矚目。

Q

推薦的第一台無反光鏡相機為何？

隨著單眼數位相機、消費型數位相機的推出後，無反光鏡相機又樹立了新的領域。雖然屬於可交換鏡頭的單眼相機，但跟單眼數位相機相比擁有更為輕巧的體積，女性也能輕鬆握持，適合日常生活攜帶，大多數機種都內建了效果模式，提升了拍照的樂趣，很適合當作第一台相機使用。

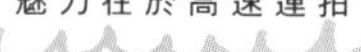

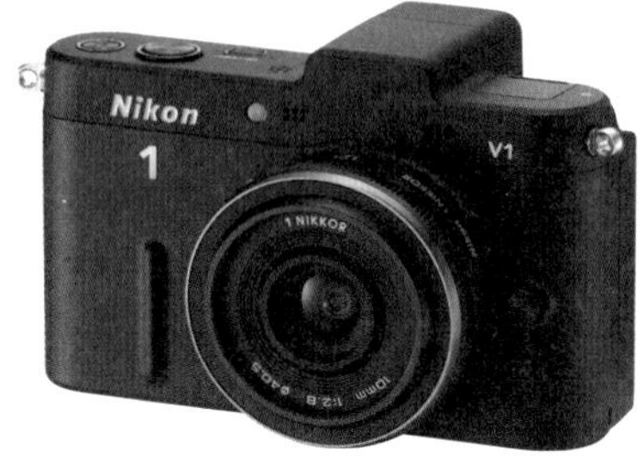

Nikon
Nikon1 V1

2011年10月20日上市的Nikon首台無反光鏡單眼相機，內建觀景窗，能滿足透過觀景窗取景的需求，號稱世界最快AF、世界最多對焦點的高速反應力，不會錯過任何景物，透過高速連拍也能即時捕捉奔跑中的貓咪姿態。

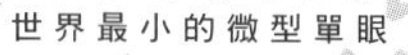

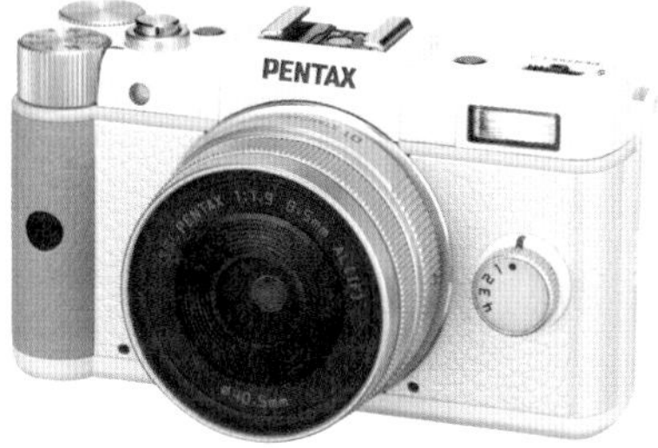

PENTAX
Q

採用小尺寸CCD與超小型鏡頭，打造出手掌大小的世界最小最輕量微型單眼相機，交換鏡頭群齊全，可以裝上玩具相機鏡頭與魚眼鏡頭等，趣味性十足。內建豐富的效果模式(共39種)，輕鬆拍出具有個性的照片。

操作便利

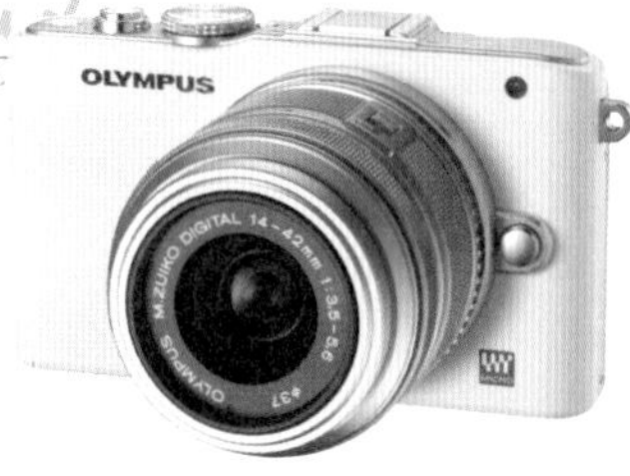

具備高精細畫質

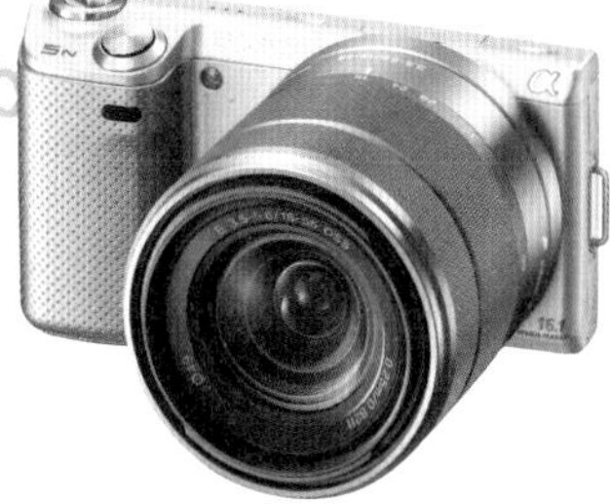

OLYMPUS
PEN E-PL3

全新設計機身更為小巧的EP-L系列最新機種，初次採用可動式螢幕，可以輕鬆運用低角度與高角度來拍照，操作介面具人性化，也內建了輔助說明功能，初學者不用看說明書也能快速上手。

SONY
NEX-5N

輕巧機身採用了一般單眼相機的APS-C感光元件，能呈現如同單眼相機的美麗淺景深與圓滑層次，並能有效抑制雜訊，優秀的畫質是最大優勢。有很多職業攝影師選購此機種當作隨身機，性能值得信賴的機種。

Q 有哪些配件是要與相機一起購買的？

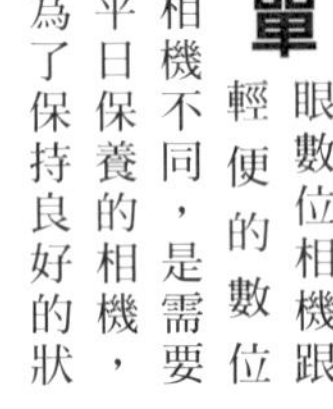

單眼數位相機跟輕便的數位相機不同，是需要平日保養的相機，為了保持良好的狀態，最好準備一些保養配件，左邊列舉出基本的配件，另外也需要購買濾鏡與保護貼等。

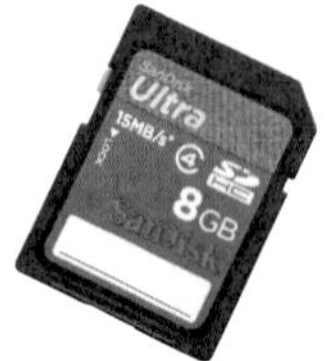

記憶卡

用來記錄影像的媒介，左圖為SD卡，其他也有CF卡等種類，記憶卡依機種而不同，最好事先確認。

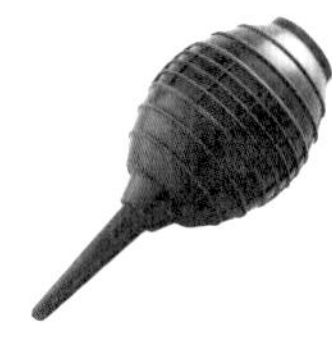

吹球

產生風力將灰塵吹走的工具，適合使用於鏡頭與機身細微部位，是平日保養的必需品。

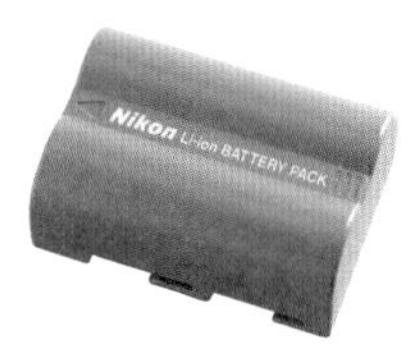

預備電池

隨身攜帶預備電池，在外面拍攝貓咪一整天也不用擔心沒電，在拍照前記得將充飽的電池放進包包備用。

擦拭布

細膩纖維材質（不容易產生毛屑）適合用來擦拭機身，拍照時隨身攜帶非常便利。

Q 要買幾顆鏡頭才夠呢？

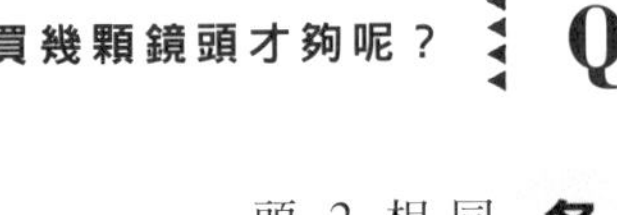

各種鏡頭的畫角與光圈值各不相同，既然都買了單眼相機，不妨再購入第2顆鏡頭。第1顆鏡頭選擇標準變焦鏡頭，就能滿足大部分的需求，若之後感到不足就可以購買合適的鏡頭。變焦鏡頭具有明亮自然的淺景深效果，非常受歡迎。

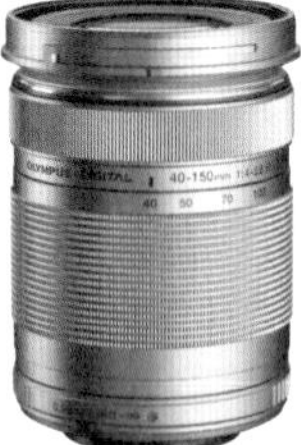

廣角鏡頭

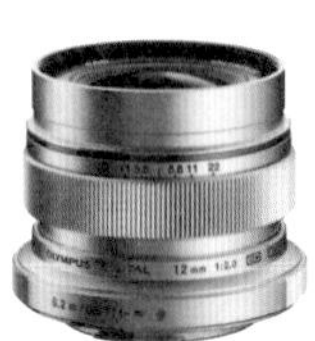

變焦鏡頭

Q 單眼相機與無反光鏡相機有何不同？

單眼相機是透過機身的反光鏡將影像投射於底片或感光元件，光線透過光學觀景窗所導入；無反光鏡相機則是將影像投射於電子觀景窗，由於少了反光鏡，得以實現輕量化機身。

【 Compact Digital Camera 】

消費型數位相機篇

消費型數位相機十分輕巧，可以隨意放進包包，
很多人用來會當作隨身機，在日常生活中輕鬆地拍照，因此重要性日增。
近年來還推出了具備DPS與投影功能的相機，功能越來越齊全。

Q 光是拍攝功能不夠吸引人，還有哪些獨特的功能呢

輕便型數位相機如同其名，平日放進包包也不會感到負擔，是體積輕巧的相機。跟單眼數位相機相比價格較平實，也有內建各種場景模式，適合初學者使用。市面上推出難計其數的機種，其中還有內建投影功能或是記錄GPS定位功能的相機，許多都是相當實用而先進的功能，光是能拍照還不夠吸引人，請參考以下的介紹吧！

內建GPS

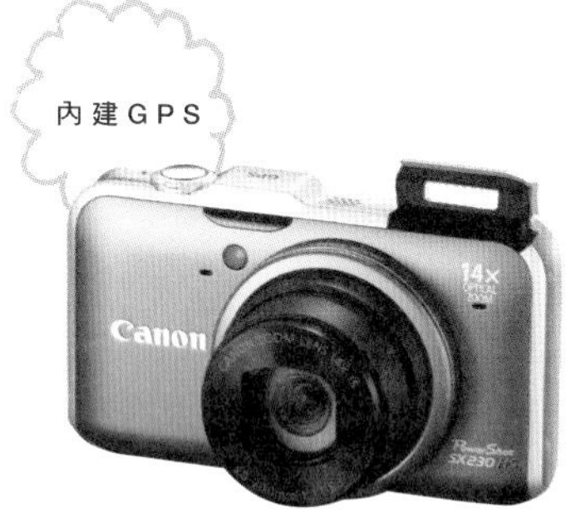

CANON
PowerShot SX230 HS

將拍照地點資訊與影像一同紀錄，透過軟體能顯示地圖移動軌跡，在拍攝貓咪時就能將貓咪出沒地點記錄下來。

內建 WI-FI

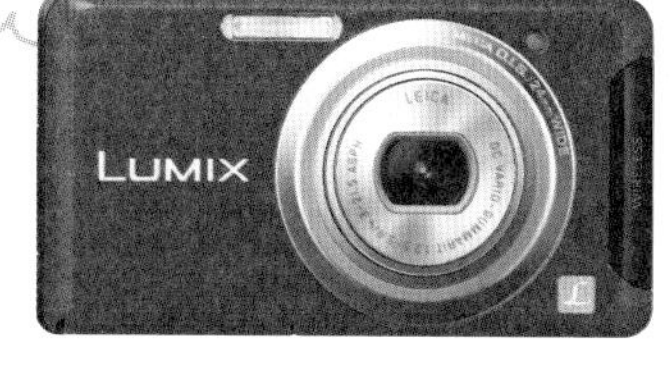

PANASONIC
LUMIX FX-90

首次內建WI-FI功能的相機，可立即將照片傳輸到電腦與智慧型手機，拍完照馬上上傳到FACEBOOK分享吧！

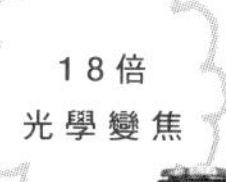

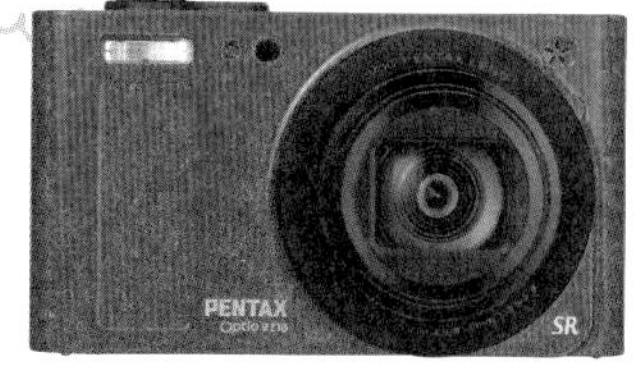

PENTAX
Optio RZ18

內建25mm廣角～450mm望遠18倍光學變焦鏡頭，從遠處就能輕鬆拍攝貓咪，並能使用復古模式等12種數位濾鏡。

內建 投影功能

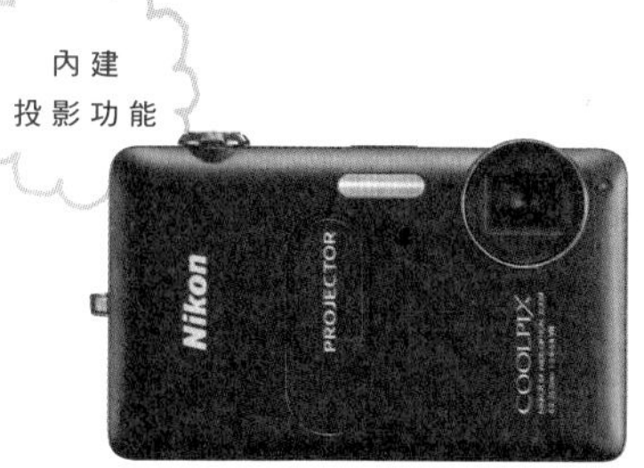

Nikon
COOLPIX S1200pj

相機內建投影功能，投影畫面提升了40%的亮度，最大可投射至60吋螢幕，拍完照能立刻與眾人一同欣賞。

消費型數位相機的畫質比單眼相機差？ 

消費型數位相機雖然不能更換鏡頭，但也有些機種採用高性能鏡頭與大尺寸CCD，或是跟單眼相機同等的操作功能等，價格雖然比一般的數位相機來得高，但其高畫質表現受到職業攝影師的喜愛。除了全自動功能外，喜歡全手動拍照的族群也可以選擇高階數位相機。

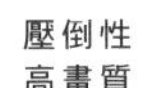

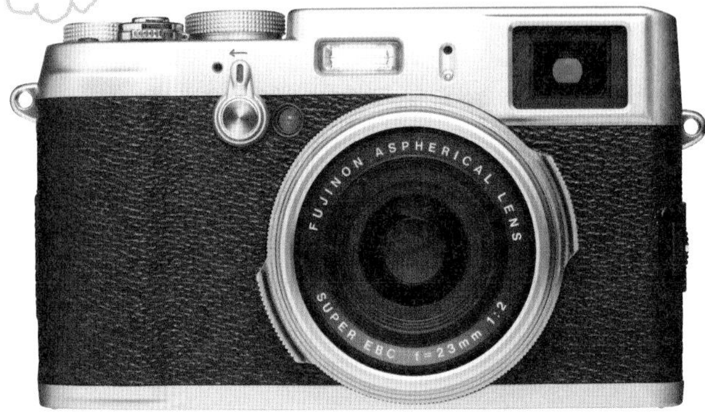

富士
X100

採用FUJINON 23mm F2定焦鏡頭，連肌膚與毛髮都拍得一清二楚，具有優秀的畫質，輕巧機身也內建了可切換電子與光學式的觀景窗。

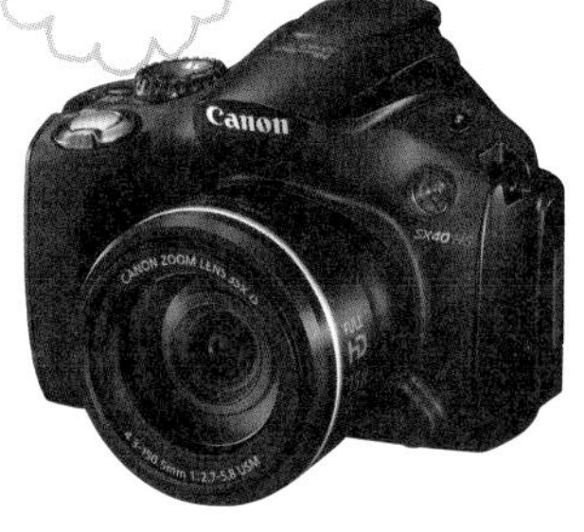

CANON
PowerShot SX40 HS

內建「多重場景IS」，能自動選擇最合適的防震程度，在變焦時也能安心拍攝，雜訊抑制效果佳，具有玩具相機與透視鏡等模式。

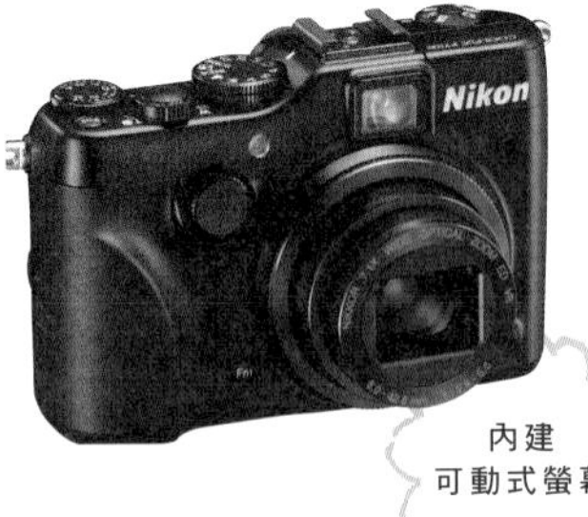

Nikon
COOLPIX P7100

搭載相當於28mm廣角的光學7.1倍變焦鏡頭，透過鏡片位移的防手震功能，變焦後也能拍出清晰的影像，內建繪畫與正片負沖等色彩效果。

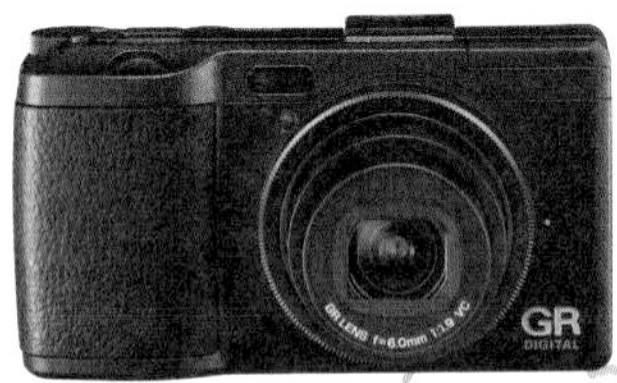

RICOH
GR DIGITAL Ⅳ

高畫質又擁有廣大粉絲的GR最新機種，對焦只需0.2秒，速拍性能極佳，透過影像設定能拍出正片或漂白效果，還能重複曝光。

Q

有哪些相機在任何環境下都能安心拍照？

幾款機種標榜耐用性，設計的重點在於防撞，並能防止灰塵與細沙進入相機，即使浸水也沒關係。除了在外拍攝貓咪，也很適合登山、浮潛、滑雪等戶外活動，相當值得信賴。

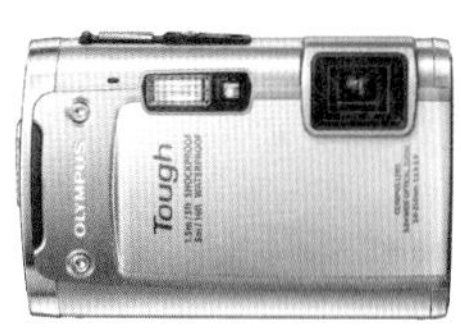

OLYMPUS
Tough TG-615

適合運動與戶外活動，採用OLYMPUS自豪的防水與防塵功能，掉落或是負重都能發揮耐用性，設有高畫質錄影按鍵。

- 水深5m防水（可使用60分鐘）
- 防止灰塵與沙子侵入
- 通過1.5m掉落實驗測試
- 金屬鏡頭防護

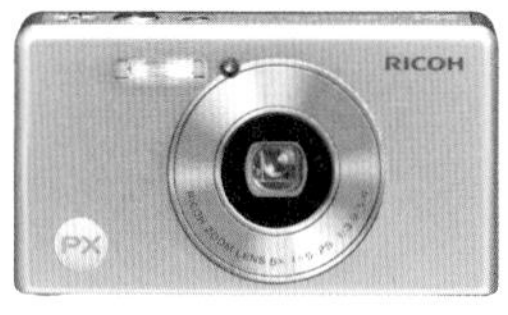

RICOH
PX

寬度100x高度55x厚度21.3mm的輕巧機身，任何地點都能安心攜帶的耐用相機。

- 水深3m防水（可使用60分鐘）
- 防止灰塵與沙子侵入
- 通過1.5m掉落實驗測試
- 液晶螢幕採防刮材質

Q

能享受復古樂趣的玩具數位相機有哪些？

玩具數位相機雖然不具備高性能，但擁有特殊的色調與可愛造型，價格平易近人，因而廣受歡迎。畫面四周因失光呈現出暗角效果，或是擁有鮮豔色調，如同褪色般的復古效果等，玩具相機的訴求不同於追求高性能的相機，各機種特性也不同，選購前最好先了解色調特性。

Vivitar
ViviCam 5050

玩具相機也內建基本的曝光補償與白平衡等功能，除了基本色彩外、還有鮮豔、褐色、黑白等色調模式。

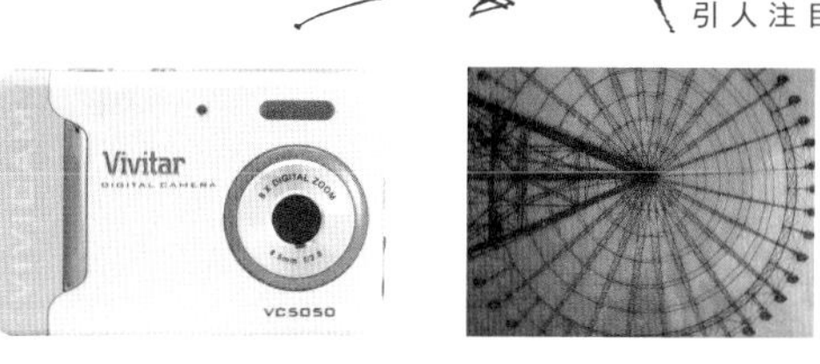

引人注目

POWERSHOVEL
minimo-X

寬60x高30x厚度18mm的超小機身，並搭載液晶螢幕，操作就跟一般的數位相機相同，特長在於暗角效果與重複曝光。

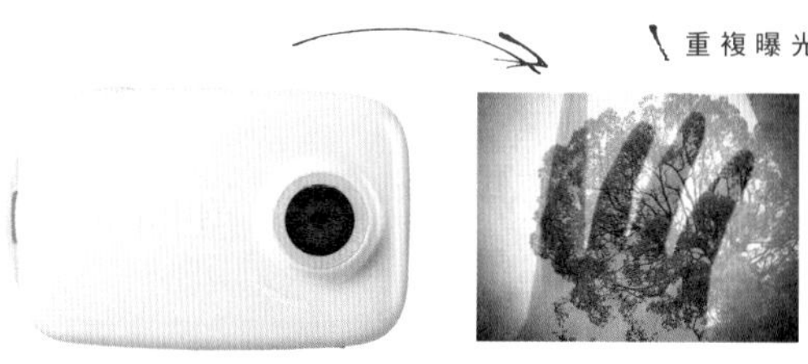

重複曝光

GREEN HOUSE
GH-TCAM30P

機身提供綠色、橘色、粉紅色、藍色、咖啡色等多色選擇，造型可愛又具流行風，附有頸帶。寬60x高43x厚度30mm

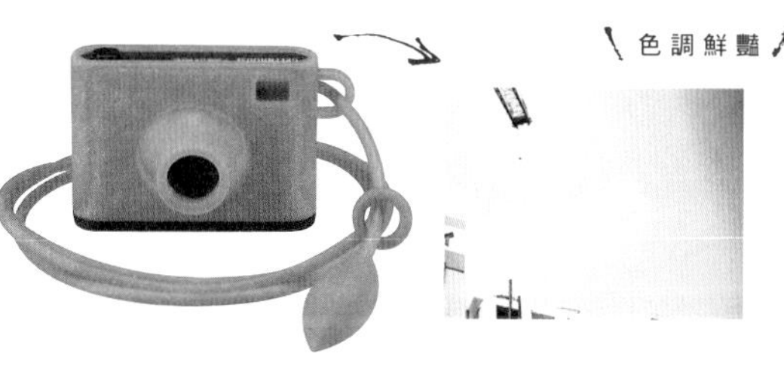

色調鮮豔

[Various Analog Camera]

底片相機篇

雖然數位相機是相機市場的主流，但底片相機依舊受到攝影愛好者的支持，

底片相機種類繁多，除了能享受拍攝底片的樂趣，

多樣化的選擇與手感也是最大的魅力。

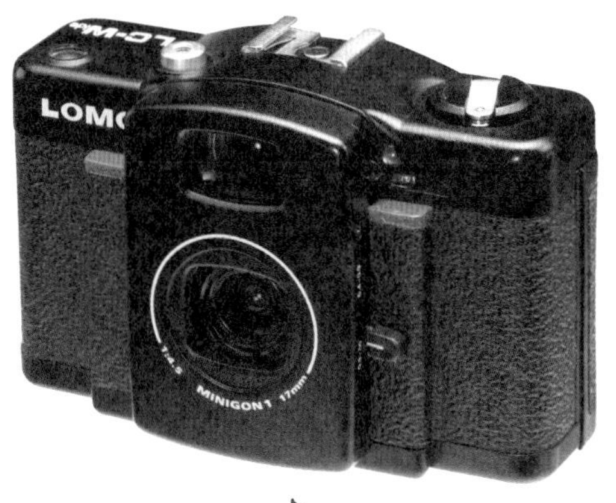

推薦的第一台底片相機為何？ Q

雖然市場上以數位相機為主流，但還是有生產與販售底片相機，其中以價格平實、體積輕巧操作簡單、又能兼具高畫質的機種廣受歡迎，受到眾多相機迷的喜愛，在此介紹兩款底片相機。

寬廣

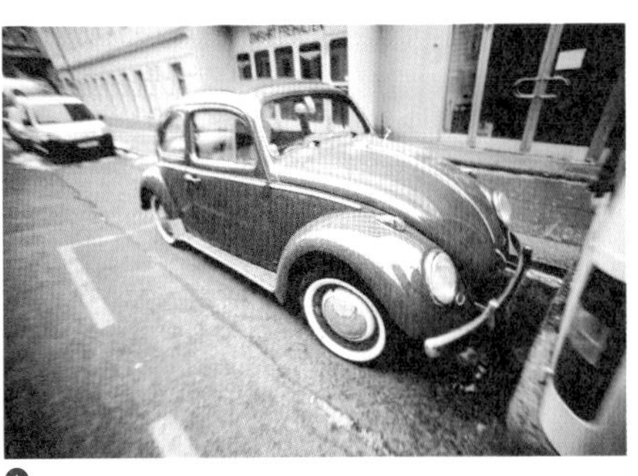

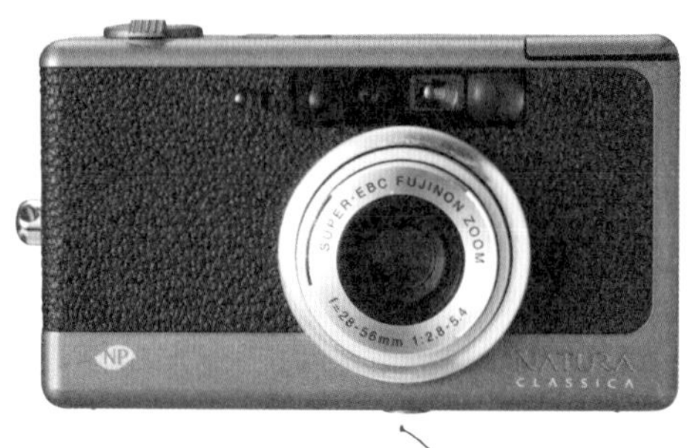

明亮！

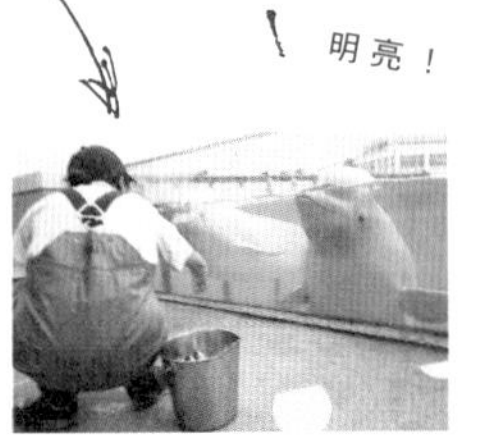

LOMOGRAPHY
LOMO LC-Wide

人氣的LOMO LC-A兄弟機，17mm F4.5搭載廣角鏡頭，除了大比例納入主體外，也能輕鬆將背景置入畫面，除了一般比例外，還能使用正方形與直幅的半格片幅。

富士Film
NATURA CLASSICA

大光圈鏡頭搭配高感光度底片，不開閃光燈也能完整捕捉現場氣氛，由於不須開啟人工光線，能夠呈現出自然柔和的效果。

Q

除了拍照外，還具有存在感的相機有哪些？

像是果汁盒造型、或是機身上畫有笑臉等跳脫一般相機的概念，就宛如玩具般的存在。有許多相機的外盒獨具設計感，適合送人或是當成房間的裝飾，加上價格平易近人，容易入手是最大優勢。

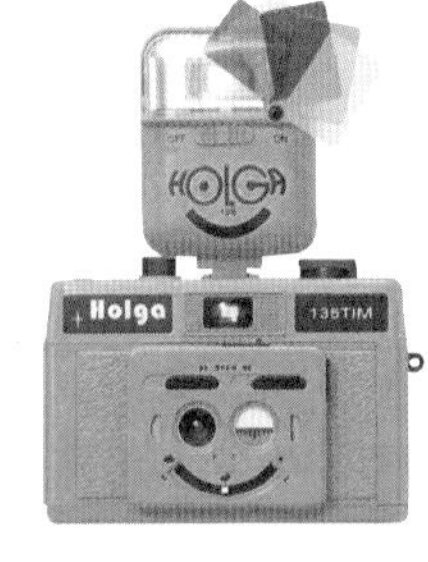

HOLGA
HOLGA135 TIM

HOLGA第一台135半格相機，還能拍攝3D照片，左右各設有一個鏡頭，如同眼睛般的造型，可以獨立拍攝或倒過來拍攝，樂趣無窮。

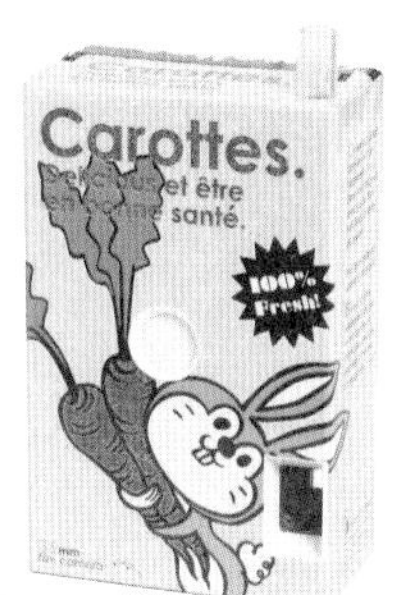

FUUVI
JUICE CAMERA

如同果汁盒的造型，吸管部分是快門鈕，外盒也經過設計，送人應該會很受歡迎喔！

Q

有哪些相機可以炒熱氣氛呢？

拍完照片能立刻印出來，現場分享並將照片送人，拍立得相機在派對等場合大受歡迎。其中最具代表性的就是CHEKI，也受到許多不常玩攝影的族群所喜愛。裝上CHEKI專用的拍立得底片，就能簡單地拍出照片，背景也有一定的清晰度，大受歡迎。

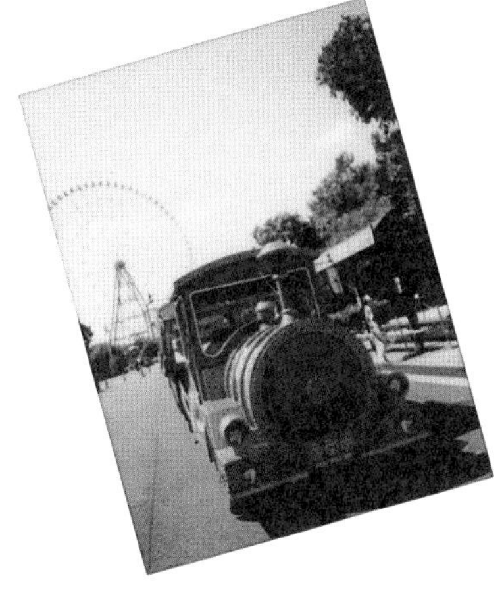

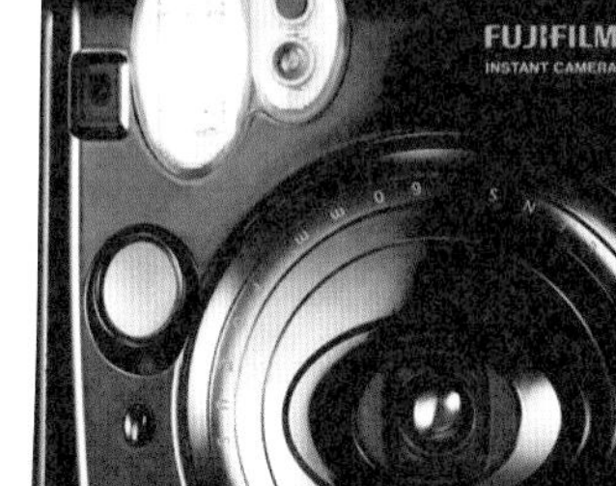

富士Film
instax mini 50S
CHEKI PIANO BLAC

主打「大人的拍立得」宣傳標語，按1次快門就能連拍2張，優異畫質大獲好評。

Q 想拍出獨特風格的照片要選哪台？

將單張照片用連拍的方式呈現，有些相機內建的鏡頭還會產生獨特的變形效果，有別於普通相機獨具個性。當作第一台相機購入也許會不習慣操作，不妨作為第二台或第三台備用機來享受樂趣，在此介紹幾款有趣的機種。

不可思議的造型

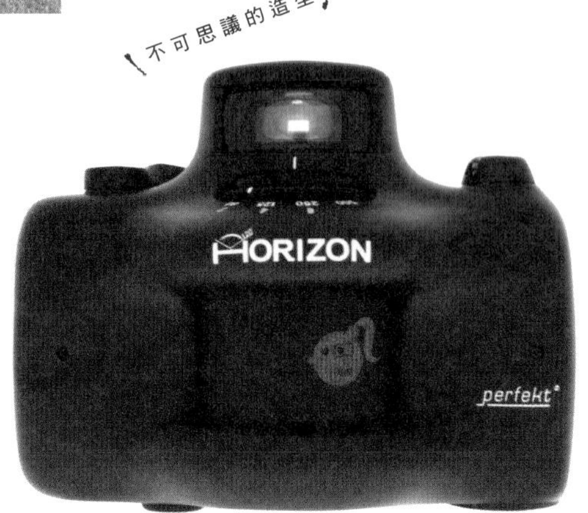

LOMOGRAPHY
Horizon Perfekt

獲得廣大相機迷支持的全景相機，不是透過裁切上下底片的方式，而是鏡頭橫移後寬幅1.7張的全景效果，機身也能微調光圈與快門速度。

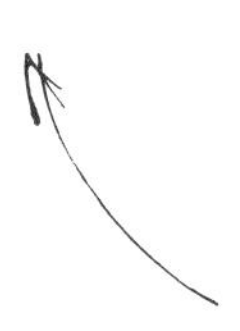

圓形畫面

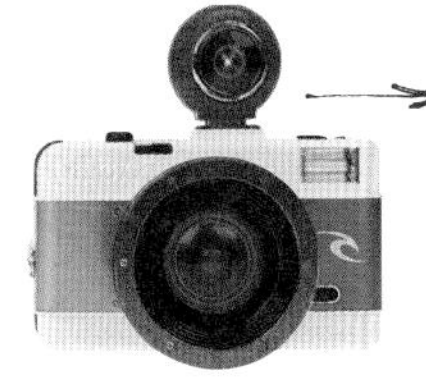

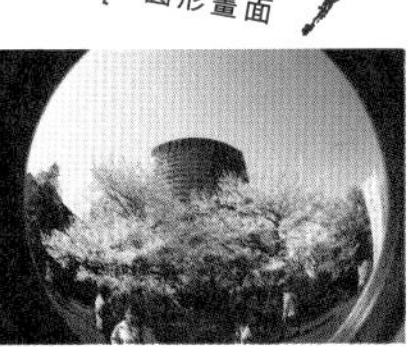

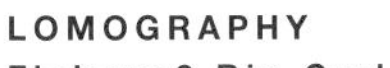

LOMOGRAPHY
Fisheye2 Rip Curl Edition

搭載170度超廣角鏡頭，具有按下快門後持續開啟快門狀態的B快門，以及重複曝光等功能，就如同魚眼般的效果，是樂趣十足的相機。

有趣

LOMOGRAPHY
Super Sampler
Sun Mi

縱向4連拍將單張照片分成4格，拉開機身按鈕就能進行過片與捲片，可以移動相機拍攝靜止的主體。

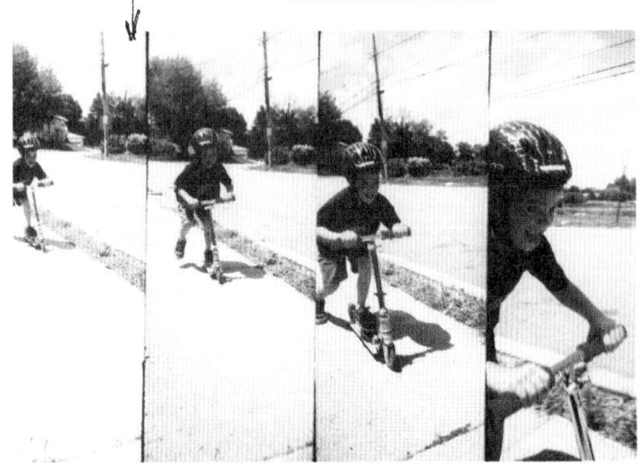

不可思議的造型

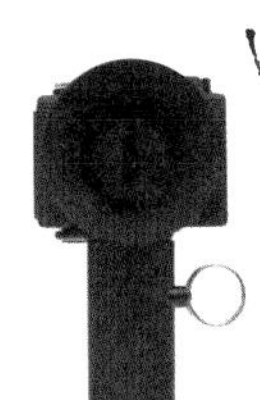

LOMOGRAPHY
Spinner 360°

拉開機身的長線，上頭的鏡頭可旋轉360度拍攝，單張照片大約為4格底片，可以納入眾多景物。

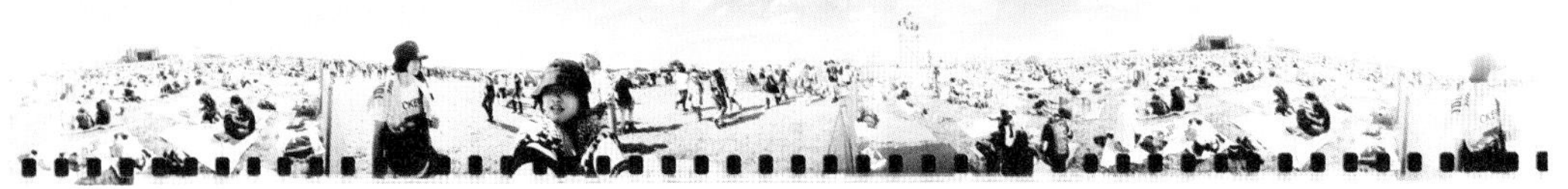

Q 現在還能買到古董相機嗎？

古董相機具有經典的造型，光是擁有就令人感到欣喜，大受喜愛攝影的女生族群所歡迎。目前可以在中古相機店與網路商店購得古董相機，或是冒著相機會有瑕疵的風險從網拍購入。相機種類包括雙眼、單眼、輕便相機等琳瑯滿目，事先搜尋相機資料，再找出一台最適合的機種吧！

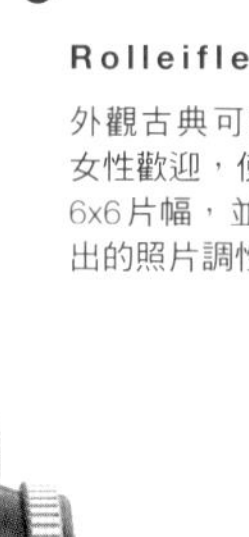

Rolleiflex

外觀古典可愛的雙眼相機，大受女性歡迎，使用120度底片可拍攝6x6片幅，並搭載Planar鏡頭，拍出的照片調性舒服而美麗。

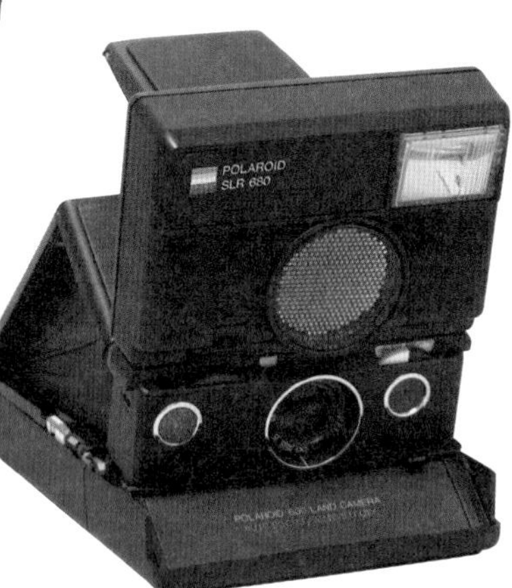

Polaroid SLR680

拍立得相機中最經典的SX 70機種所使用的為100度底片，而之後600度底片成為主流，SLR680應運而生，喜歡600度底成片就選這台相機吧！

Q 要如何選擇底片？

底片有不同的種類，以片幅來區分為350㎜底片與60㎜的120度底片，並依特性分為彩色、黑白底片、負片與正片等。各廠牌所呈現的色調也大不相同，並依感光度而細分，建議購買後實地拍攝看看。

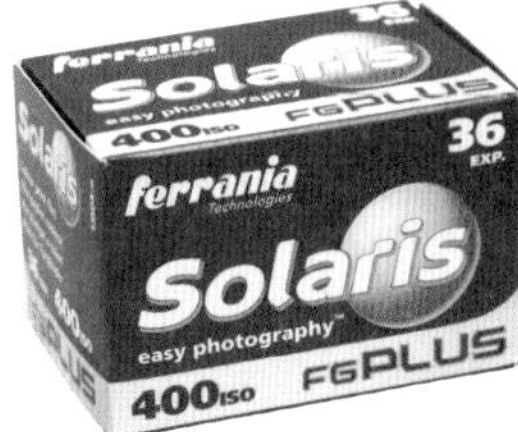

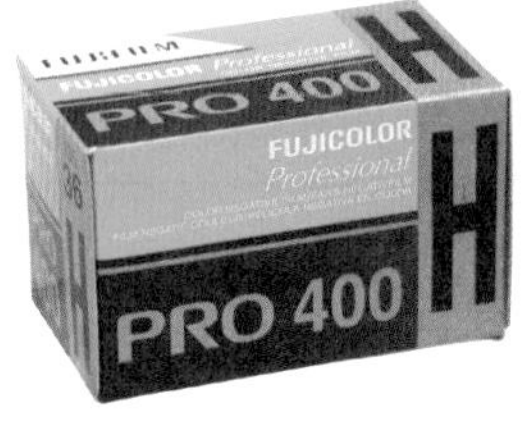

選購不同色調的底片也是一大樂趣，右邊的FUJICOLOR-PRO400H具有偏藍的色調，左邊的Uxi200則具復古的風味。

【 Digital camera Specification 】

推薦機種規格一覽表

在相機的廣告手冊與相機廠商網頁上一定會列出規格表，

在選購相機時先確認一下規格，以便找出合適機種。

在此提供簡明易懂的規格表，如果有看不懂的用語，請參考「相機用語辭典」篇。

數位單眼相機

數位單眼相機			
CANON EOS 1100D	PENTAX K-r	Sony α65	機種名
1220萬畫素	1240萬畫素	2430萬畫素	有效畫素
CMOS	CMOS	Exmor ™ APS HD CMOS	感光元件
程式自動曝光（全自動、閃光燈關閉、創意自動、人像、風景、近攝、運動、夜間人像、程式）、快門先決自動曝光、光圈先決自動曝光、自動景深自動曝光、手動曝光、E-TTL II自動閃光、短片拍攝	AUTO、程式AE（P）、感光度先決、光圈先決（A）、快門先決（S）、手動（M）、B快門、場景模式	AUTO、閃光燈關、AUTO Advanced（AUTO＋）、場景選擇、Sweep Panorama 全景、3D Sweep Panorama 全景、連續進片先決AE、影片、程式AE（P）、光圈先決（A）、快門先決（S）、手動（M）	曝光模式
1/4000～30秒、B快門	1/6000～30秒、B快門	1/4000～30秒、B快門	快門速度
自動曝光拍攝時ISO100～6400自動設定	Auto ISO 200～12800（根據需求，可在ISO 100～25600範圍內調整）	ISO 100-16000、AUTO（ISO 100-1600）	ISO感光度
有	有	有	Live View功能
3：2	3：2	3：2、16：9	長寬比
無	無	有	液晶螢幕角度調整功能
有	有	有	動態錄影
129.9×99.7×77.9mm	約125×97×68mm	約 132.1×97.5×80.7 mm	尺寸
約450g	約544g（約598g）	約 543 g（約622g）	重量※

無反光鏡單眼相機				
OLYMPUS E-PL3	SONY NEX-5N	PENTAX Q	NIKON 1 V1	機種名
1230萬畫素	1610萬畫素	1240萬畫素	1010萬畫素	有效畫素
4/3吋高速Live MOS感應器	Exmor™ APS HD CMOS	背照式CMOS	13.2×8.8mm CMOS	感光元件
iAuto、程式AE、光圈優先AE、快門優先AE、手動、場景選擇AE、藝術濾鏡、水中廣角/水中近拍	iAUTO智慧自動式，程式AE（P），光圈先決（A），快門速度先決（S），手動（M），Sweep Panorama全景，3D Sweep Panorama全景，防止移動模糊，場景選擇	自動影像模式、場景模式、程式自動曝光、快門先決、光圈先決、全手動、B快門、景深控制	帶彈性程式的程式自動；快門優先自動；光圈優先自動；手動；自動場景選擇器	曝光模式
1/4000～60秒、B快門	1/4000～30秒、B快門	1/8000～30秒、B快門	1/16000～30秒、B快門	快門速度
ISO200～12800	ISO100～25600	ISO125～6400	自動ISO感光度控制（ISO 100-3200、100-800、100-400）	ISO感光度
有	有	有	有	Live View功能
4：3、3：2、16：9、6：6、3：4	3：2	4：3、3：2、16：9、1：1	3：2	長寬比
無	有	無	無	液晶螢幕角度調整功能
有	有	有	有	動態錄影
109.5×63.7×37.3mm	110.8×58.8×38.2mm	約98×57.5×31mm	約113×76×43.5mm	尺寸
約265g（約313g）	約210g（約269g）	約180g（約200g）	約294g	重量※

※為機身重量（括弧為包含電池與記憶卡的重量）

消費型數位相機

防塵防水相機		具特殊功能相機				
OLYMPUS Tough TG-615	RICOH PX	Pentax Optio RZ18	NIKON COOLPIX S1200pj	CANON POWERSHOT SX230 HS	PANASONIC LUMIX FX-90	機種名
1400萬畫素	約1600萬畫素	1600萬畫素	1410萬畫素	1210萬畫素	1210萬畫素	有效畫素
5倍	5倍	18倍	5倍	14倍	5倍	光學變焦
5.0-25mm（135mm等效焦長約28-140mm）	5-25mm（135mm等效焦長約28-140mm）	4.5-81mm（135mm等效焦長約25-450mm）	5.0-25.0mm（135mm等效焦長約28-140mm）	5.0-70.0mm（135mm等效焦長約28-392mm）	4.3-21.5mm（135mm等效焦長約24-120mm）	焦距
F3.9-5.9	F3.9-5.4	F3.5-5.9	F3.9-5.8	F3.1-5.9	F2.5-5.9	光圈值
一般：W/T0.6m-∞ 微距：W0.2M-∞、T0.5m-∞（超微距：3cm-60cm）	一般：約3cm-∞（W）、約50cm-∞（T）、約3cm-∞（放大鏡）（從鏡頭前端）	0.4m-∞（W）、1.3m-∞（T）、0.1-0.5m（W）、4cm-30cm（W）	一般：W：約30cm-∞/T：約50cm-∞ 微距：3cm-∞	自動5cm-∞（W）、1m-∞（T）、微距：5cm-50cm（W）	一般：50cm（W端）、1.0m（T端）-∞	對焦距離
1/4～1/2000秒（夜景模式：最長4秒）	8秒、4秒、2秒、1～1/2000秒	1/2000～1/4秒、最長4秒（夜景模式）	Auto：1/1500秒～1秒 4秒（場景模式設為煙火表演）	1/3200～15秒自動	1/4000～8秒星空模式時15、30、60秒	快門速度
自動、高感光度自動、80、100、200、400、800、1600	自動、ISO100、200、400、800、1600、3200	自動、手動（ISO80～6400）	自動、ISO 80、100、200、400、800、1600、3200、6400	自動、ISO100、200、400、800、1600、3200-6400	自動、ilso 100、200、400、800、1600-6400	ISO感光度
有	有	有	有	有	有	動態錄影
99.5×64.5×26.1mm	102.2×56.3×21.6mm	約108×60×34.5mm	107.0×63.4×22.6mm	105.7×61.6×33.2mm	102.2×56.3×21.6mm	尺寸
190g（含電池與記憶卡）	約136g	約170g	約186g	約195g	約132g	重量※

玩具相機			高性能相機				
GREEN HOUSE GH-TCAM30P	PowerShovel minimo-x	Vivitar ViviCam 5050	CANON POWERSHOT SX40 HS	NIKON COOLPIX P7100	RICOH GR DIGITAL IV	FUJIFILM X100	機種名
30萬畫素	320萬畫素	500萬畫素	1210萬畫素	1010萬畫素	約1000萬畫素	1230萬畫素	有效畫素
-	-	-	35倍	7.1倍	-	-	光學變焦
-	9.6mm（135mm等效焦長約40mm）	8.5mm（135mm等效焦長約35mm）	4.3-150.5mm（135mm等效焦長約24-840mm）	6.0-42.6mm（135mm等效焦長約28-200mm）	6.0mm（135mm等效焦長約28mm）	23mm（135mm等效焦長約35mm）	焦距
-	F2.8	F2.8	F2.7-5.8	F2.8-5.6	F1.9-9	F2	光圈值
1m～∞	-	一般：0.5cm-∞、微距：11cm-18cm	一般：0cm- ∞（W）、1.4m-∞（T）、微距：0-50cm（W）	約50cm ∞（W）、80cm-∞（T）、約2cm（W）-∞	約30cm～∞（鏡頭前端）／約1cm～∞（微距攝影從鏡頭前端）	標準：約80cm- ∞、微距：約10cm-2.0m	對焦距離
-	1/5000～1/8秒	-	1/3200～15秒、自動	1/4000～60秒	1/2000～1秒、B快門、計時	1/4000～30秒、B快門（最長60分）	快門速度
-	100	-	自動、ISO100、200、400、800、1600、3200-6400	ISO100、200、400、800、1600、3200-6400	AUTO、AUTOHI、ISO80-3200（1EV、1/3EV為級距選擇）	ISO200～6400	ISO感光度
有	有	有	有	有	有	有	動態錄影
60×43×30mm	38×60×18mm	89.8×59.29×24.95mm	122.9×92.4×107.7mm	約116.3×76.9×48.0mm	108.6×59.8×32.5mm	126.5×74.4×53.9mm	尺寸
約24g	31.5g	90g	約557g	約395g	約190g	約405g	重量※

※為機身重量（括弧為包含電池與記憶卡的重量）

[Camera term dictionary]

相機用語辭典

在此列出相機型錄上經常出現的名詞，
對於專業的名詞總是感到一頭霧水嗎？
本單元為您詳盡解說。

長寬比

指影像的長寬比例，3:2為一般135底片的規格，單眼數位相機也是採用此比例，4:3通常用於電視與電腦螢幕，是大部分消費型數位相機所採用的比例，近年來盛行高畫質電視的16:9比例，也有仿120底片6×6片幅的1:1比例。

ISO感光度

ISO為國際標準化組織（International Organization for Standardization）的縮寫，用來表示底片記錄光線的最大程度，像是ISO400等。ISO是依據底片感光度所訂定的標準，在數位相機上換算成相對應的數值，以相當於ISO400來顯示。

效果模式

Effect在英文中意指效果、影響，目前有許多內建色調效果的機種，拍照時或是拍照後套用效果模式，就能讓影像呈現出底片般的感覺，或是呈現獨特的對焦法，轉換成具顆粒感的黑白照片等，讓影像更具藝術性。像是OLYMPUS PEN系列的「藝術濾鏡」、PANASONIC的「創意控制模式」、CANON的「創意濾鏡」、NIKON的「效果模式」、SONY的「影像效果」、PENTAX的「智慧效果」等，各家廠商都有獨創的效果機能。

AE

Automatic Exposure的縮寫，過去稱為EE（Electric Eye），如同其名是自動測光的裝置，透過光圈或快門來自動調整，並轉換成光圈先決、快門先決等模式，或是程式自動曝光模式。

AF

Auto Focus的縮寫，自動對焦的裝置，1985年MINOLTA公司（之後與KONICA合併改名為KONICA MINOLTA，並將α影像部門轉讓給SONY，完全退出相機領域）首度研發AF裝置，席捲相機業界，引發α大震撼。

液晶螢幕

採用無發光液晶組合物，為平面視覺顯像裝置，拍攝後能透過螢幕觀看影像。數位相機幾乎都有液晶螢幕，甚至還推出可調整角度的可動式螢幕。

F值

又稱為光圈值，是相機光圈的單位，用來顯示光線通過鏡頭的量，F值越小代表光線量越多。標示於鏡頭前方的數字為最大光圈值，代表鏡頭的最大口徑（開放光圈），最大光圈值是取決於鏡頭焦距與口徑，同等焦距下鏡頭口徑越大者其光圈越明亮，至於人類眼睛的最大光圈值據說為F1.0。

自動包圍曝光

透過拍攝複數照片呈現不同的曝光。在自動測光拍攝時，通常會個別拍攝曝光正常、曝光不足、曝光明亮的照片，如果有機種可以同時拍攝多張時，還能使用白平衡、感光度、藝術濾鏡等功能。

紀錄格式

數位相機由於不使用底片，拍攝的照片是以影像格式來記錄，透過與電腦及應用程式具互換性的形式來記錄，各種檔案的畫質與大小也各不相同。一般的紀錄格式為「JPEG」，屬於壓縮格式，優點是能壓縮檔案的大小，至於單眼數位相機的格式為RAW。CCD與CMOS等感光元件由於只能記錄單色資訊，拍攝時影像呈現彩色，各家廠商彩色低通濾鏡的顏色重現水準不同，會對畫質產生影響，因此沒經過顏色處理的加工、拍攝後保存原始檔案的即為RAW格式，透過專門軟體可以針對RAW做調整，並自由輸出各種格式。

儲存裝置

數位相機透過SD記憶卡、CF記憶卡等裝置來保存影像，近年來以SD記憶卡為主流，各機種使用的儲存裝置各不相同，購買時要先行確認。目前市售記憶卡分為SDXC記憶卡、SDHC記憶卡、SD記憶卡、CF記憶卡、XD記憶卡、MS記憶卡6種。

光學變焦／數位變焦

變焦意指鏡頭的可變焦距，拍攝的範圍隨之變化，透過CCD與鏡頭之間的焦距變化，能切換廣角到望遠的稱為光學變焦。以數位相機內建的數位變焦拍攝時，將影像放大後畫質會下降，至於光學變焦的畫質則不會下降。

感光元件

稱為影像感應器，扮演如同底片相機中的底片角色。光線進入鏡頭後透過感光元件轉換成為電子信號。

焦距

光線進入鏡頭前方，鏡頭至對焦點之間的距離，焦距通常用「f」來標示（與光圈的F值不同），焦距100mm標記為f=100，鏡頭的焦距數值越大，能拍攝到更遠的景物，此外數位相機通常會出現「換算成135相機等效焦長」，這是以35mm底片為基準所計算。像是單眼數位相機的APS-C感光元件，由於比135底片相機的底片更小，導致畫角變得狹小，要將APS-C換算成與底片同等的畫角時，就必須延長焦距，大約得乘上1.5倍，這就是換算成135相機的等效焦長。至於與35mm底片同等尺寸的全片幅感光元件，f=50mm的焦距就是原始畫角，APS-C則為50×1.5=75mm。

實際畫素

數位相機中所呈現的總畫素。

玩具相機

如同其名，相機採用塑膠等材質製成，通常泛指結構簡單的廉價相機。跟單眼相機不同，無法控制的效果獲得廣大支持。1983年俄羅斯製造的自動曝光35mm輕便相機—LOMO LC-A引起玩具相機的熱潮，現今仍有許多職業攝影師使用玩具相機拍攝作品。

4/3系統

光線穿透鏡頭後，投射於如同底片角色的感光元件上頭，能將感光元件性能發揮到極致。但全片幅、APS-C等感光元件會造成機身體積過大，因此推出了大約等同全片幅的一半尺寸的「4/3型」規格，主要用於OLYMPUS、PANASONIC等無反光鏡頭相機，根據4/3系統追求更快速、更輕薄的「Micro 4/3」系統，其感光元件尺寸與4/3系統相同。

觀景窗

又稱為取景器，是相機後方的小窗，拍照時透過觀景窗對焦或構圖。市售的數位相機、無反光相機等幾乎都省略觀景窗，只採用液晶螢幕取景，但液晶螢幕在拍照時很難用肉眼辨識影像，因此無反光鏡相機採用EVF觀景窗，光線進入感光元件並轉換成影像後，投射於電子觀景窗上的螢幕。

鏡頭接環

鏡頭接環為可交換式鏡頭相機與鏡頭之間的接合處。單眼數位相機的鏡頭與機身接合處設有3～4個插銷，旋轉鏡頭利用凹凸裝上機身的卡口式接環為主流。自動對焦鏡頭設有電子接點，各廠牌採用的接環也大不相同，在購買前需確認規格是否相符。

有效畫素

感光元件中實際使用的畫素數量，感光元件外部由於難以受光，或是容易受雜訊影響等理由，設計上會將影響影像的多餘畫素去除，因此相對於實際畫素而標記為有效畫素。

可愛貓咪攝影術

ネコ写真の教科書

Cat Photo Lesson Book

CAT PHOTO

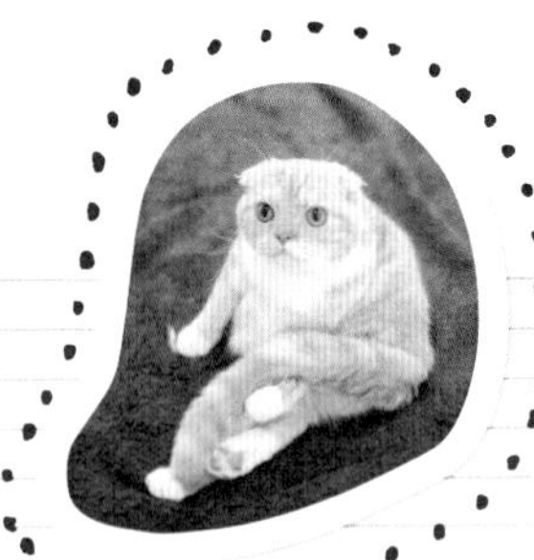

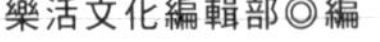

樂活文化編輯部◎編

董 事 長　根本健
總 經 理　陳又新

原著書名　ネコ写真の教科書
原出版社　枻出版社 EI Publishing Co., Ltd.
譯　　者　楊家昌
企劃編輯　道村友晴
日文編輯　陳怡樺
美術編輯　執筆者企業社・洪伊珊

財 務 部　王淑媚
發 行 部　黃清泰
發行 出版　樂活文化事業股份有限公司
地　　址　106 台北市大安區延吉街 233 巷 3 號 6 樓
電　　話　(02)2325-5343
傳　　真　(02)2701-4807
訂閱電話　(02)2705-9156
劃撥帳號　50031708
戶　　名　樂活文化事業股份有限公司
台灣總經銷　大和圖書有限公司
電　　話　(02)8990-2588
印　　刷　科樂印刷事業股份有限公司

售　　價　新台幣 320 元
版　　次　2012 年 5 月初版

I S B N　978-986-6252-30-3
Printed in Taiwan

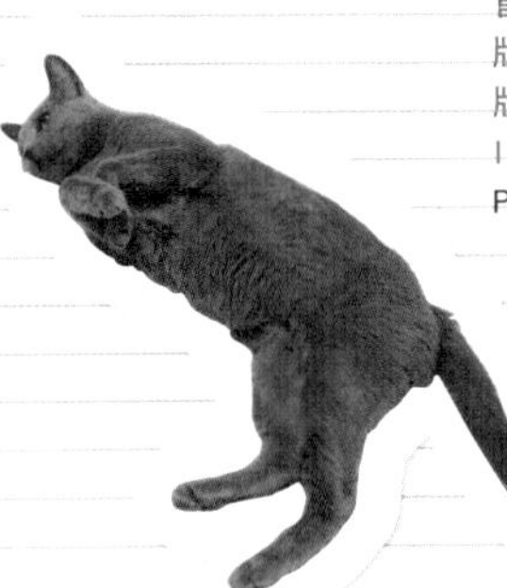